Wicks
Schmuck
selbermachen

Sylvia Wicks

Schmuck
selbermachen

Materialien, Design
und handwerkliche Anleitungen

Aus dem Englischen
von Susanne Keller und Marlene Gerhard

Hugendubel

Die Originalausgabe erschien unter dem Titel
Jewellery Making Manual

Die Deutsch Bibliothek-CIP-Einheitsaufnahme
Wicks, Silvia:
Schmuck selber machen : Materialien, Design und
handwerkliche Anleitungen / Sylvia Wicks. Aus d. Engl. von
Susanne Keller u.Marlene Gerhard-2.Aufl.-München : Hugendubel,
1996
      (Homo ludens)
      Einheitssacht.: Jewellery making manual <dt.>
      ISBN 3-88034-481-7

© Quarto Publishing PLC 1985
2. Auflage 1996
© der deutschspraichigen Ausgabe Heinrich Hugendubel Verlag, München 1990
Alle Rechte vorbehalten

Umschlaggestaltung: Johann Rüttinger, Uehlfeld
Satz: Uhl + Massopust, Aalen
Druck und Bindung: Leefung Asco-Printers, China
Printed in China

ISBN 3-88034-481-7

INHALT

Schmuck heute 6
Was ist Schmuck? 6
Was fasziniert
 den Schmuckgestalter? 6
Wer macht Schmuck? 7

Die Anfängerwerkstatt 12
Der Arbeitsplatz 12
Auswahl der Werkzeuge
 und Materialien 14

Grundtechniken 18
Trennen 18
Bohren 22
Feilen 25
Löten 27
Biegen 34
Hämmern 38
Vollendende Techniken 42

Gestaltungselemente 50
Warum Gestalten? 50
»Instantschmuck« 50
Gestaltungsentwicklung 53
Gestaltungsstufen 56
Gestaltungsdarstellung 58

Spezialtechniken 64
Textilien 64
Kunststoffe 70
Perlen 74
Fassen von Steinen 78
Verschlüsse und Clips 100
Emaillieren 108
Färben von Metall 120
Prägen, Treiben, Stanzen 126
Gießen 134
Flachstichgravieren 140
Reliefgravieren 142
Ziselieren 144

Weiterführende Techniken 148
Einlegearbeit mit Patinierung 150
Gliederketten 152
Verbindungsarten 154
»Druckfreie« Fassungen 158
Fassen eines Einzelsteins 160
Fassen mehrerer Steine 162
Aufbaukonstruktion 164
Karmoisierung 166

Glossar 168
Register 170
Adressen 175
Bildnachweis 176

SCHMUCK HEUTE

Was fasziniert Menschen an der Herstellung von Schmuck? Sie wollen eigene Ideen verwirklichen, sie haben Freude am Konstruieren oder den Ehrgeiz, einmal ein selbstgefertigtes Schmuckstück zu besitzen. Goldschmiede können heute zwischen verschiedenen Arbeitsweisen und zahlreichen interessanten Materialien wählen. Unabhängig davon, ob man über begrenzte oder umfassende Möglichkeiten verfügt, ist es wichtig, kontinuierlich zu arbeiten, um persönliche Fertigkeiten und Sachverständnis zu erweitern.

WAS IST SCHMUCK?

In den letzten zwei Jahrzehnten haben Schmuckgestalter die Gültigkeit vergangener Werte, Traditionen und Techniken sowohl theoretisch als auch in der praktischen Arbeit in Frage gestellt. Diese Neubewertung hat jedoch nicht zur Verwerfung früherer Grundsätze, sondern zu deren Bereicherung geführt. Schmuck wird heute nicht mehr nach seinem Ausgangsmaterial, seinen Statusassoziationen oder dekorativen Eigenschaften bewertet. Starre Regeln oder Beschränkungen sind aufgehoben.

Am ehesten ist man sich wohl darüber einig, daß Schmuck tragbar sein sollte. Tragbarkeit bedeutet aber nicht zwangsläufig auch Bequemlichkeit auf Dauer. Eine Frau, die hohe Absätze trägt, wird ihren Gang, ihre Haltung und den zurückzulegenden Weg den Schuhen anpassen müssen. Genauso sollten nach Ansicht von Goldschmieden Schmuckträger Wert auf Harmonie zwischen ihrer Haltung, ihren Bewegungen und dem Schmuck legen.

Heute sind klassische, zeitgenössische und experimentelle Schmuckstücke Seite an Seite zu sehen. Man entdeckt z. B. einen alten Familienring und Avantgarde-Halsschmuck gleichzeitig an einer Person. Bei der Kleidermode sind einzelne Gruppen vielleicht konformistisch, beim Schmuck jedoch herrscht Vielfalt in bezug auf Alter, Machart und Material. Hier sieht man eine modische Aluminiumkette, dort antiken Kristallschmuck, beim nächsten eine Ansammlung echter und unechter Steine. Jedes Stück hat heute seinen Platz in der Welt des Schmucks.

Schmuck kann also aus jedem tragbaren Ausgangsmaterial gefertigt werden und ist sicherlich etwas sehr Persönliches. Nicht alles, was unter dem Namen »Schmuck« hergestellt wird, ist zwangsläufig gut, aber es lohnt sich, daß man damit weiter experimentiert – neue Materialien sucht, Techniken entwickelt und an den eigenen Fertigkeiten arbeitet. Die Resultate werden mit der Zeit für sich sprechen.

Sarah Osborn, Jurymitglied der großen Schmuckausstellung von 1982 »Jewellery Redefined« im British Crafts' Centre schrieb in der Einführung des Ausstellungskataloges:

Auch eine Vielzahl »verrückter« Materialien kann ein nachgeahmtes, schwaches oder phantasieloses Stück, das lieblos

Heute werden vom antiken bis zum zeitgenössischen Schmuck alle Arten getragen. Meistens läßt sich Schmuck anhand seiner äußeren Merkmale zeitlich einstufen. Welches Stück wann getragen wird, hängt gewöhnlich von der Kleidung oder der Gelegenheit ab. Oder ganz einfach davon, ob es gefällt.

Die 6 cm große Brosche (links) von Sophie Chell (GB) ist aus eloxiertem Silber und Gold. Bei dem antiken Goldohrgehänge (oben) wurden einige der Smaragde ersetzt

»zusammengehauen« wurde, nicht aufwerten. Was zählt, ist das was ein Schmuckgestalter aus oder mit dem Material macht. Es kann so einfach sein: das Gummiartige am Gummi, das Plastikhafte am Plastik, der Papiercharakter von Papier. Wer hier richtig liegt, kann nichts falsch machen.

WAS FASZINIERT DEN SCHMUCKGESTALTER?

Die meisten Goldschmiede tragen selbst kaum Schmuck. Denn nicht immer ist der Besitz des fertigen Produktes das Wesentliche, sondern möglicherweise die Entwicklung der Gestaltung, die Herausforderung einer Konstruktion, das Bedürfnis des Gestalters, einen Gedanken oder Standpunkt auszudrücken. Es kann aber auch der Arbeitsumfang, die Beschaffenheit des Materials oder die Faszination der Technik sein, wodurch der Goldschmied in den Bann seines Subjekts gezogen wird.

Mancher läßt sich durch das Endprodukt inspirieren oder dadurch, daß Schmuck etwas Persönliches, zu Bewahrendes ist oder aber durch die nicht zu leugnende Mystik, mit der Schmuck manchmal behaftet ist. Es gibt auch eine nicht faßbare Anziehung. Schon einige, die zunächst als Amateure begonnen haben, sind schließlich völlig der Faszination des Goldschmiedens erlegen.

WER MACHT SCHMUCK?

Jeder der möchte! Viele heutige Goldschmiede sind in anderen Kunstrichtungen oder gänzlich anderen Berufen ausgebildet. Die Schmuckgestaltung ist einer der wenigen Bereiche, in denen der talentierte Einzelne in Alleinarbeit, mit nur begrenzten Arbeitsmöglichkeiten, bedeutende Leistungen erbringen kann. Alles, was er dazu braucht, ist Engagement, Übung und Ausdauer.

Mit der Schmuckgestaltung muß nicht zwangsläufig eine Ganztagsbeschäftigung verbunden sein. Das Thema ist so facettenreich, daß jemand, der über weniger Zeit verfügt, vielleicht nur in einem oder zwei Spezialbereichen Fertigkeiten erwirbt. Als Beispiel: Ein Diamantring wird, wenn der Stein geschliffen ist, von drei Fachleuten bearbeitet: Der Goldschmied stellt das Metallgerüst her und schickt es zum Polierer, dieser leitet es nach einer vorläufigen Bearbeitung weiter zum Fasser, der den Stein sicher im Metall befestigt. Zum Schluß wird der Ring nochmals poliert.

Heute werden überaus komplizierte Techniken von Hobbygoldschmieden ausgeführt, denen es Spaß macht, sich über lange Zeit mit einer Arbeit zu beschäftigen, die keinen Gewinn abwerfen soll. Professionelle Goldschmiede sind in der Regel gezwungen, ihre Arbeitskosten möglichst niedrig zu halten. Deshalb bleibt ihnen nicht mehr die nötige Zeit für bestimmte Handarbeiten. Es ist z. B. noch nicht lange her, daß es neben massenproduzierten Ketten eine Vielzahl ausgefallener handgefertigter Ketten gab. Eine Kette hat man leicht hergestellt, die Arbeit ist nur recht zeitaufwendig (siehe Seite 152).

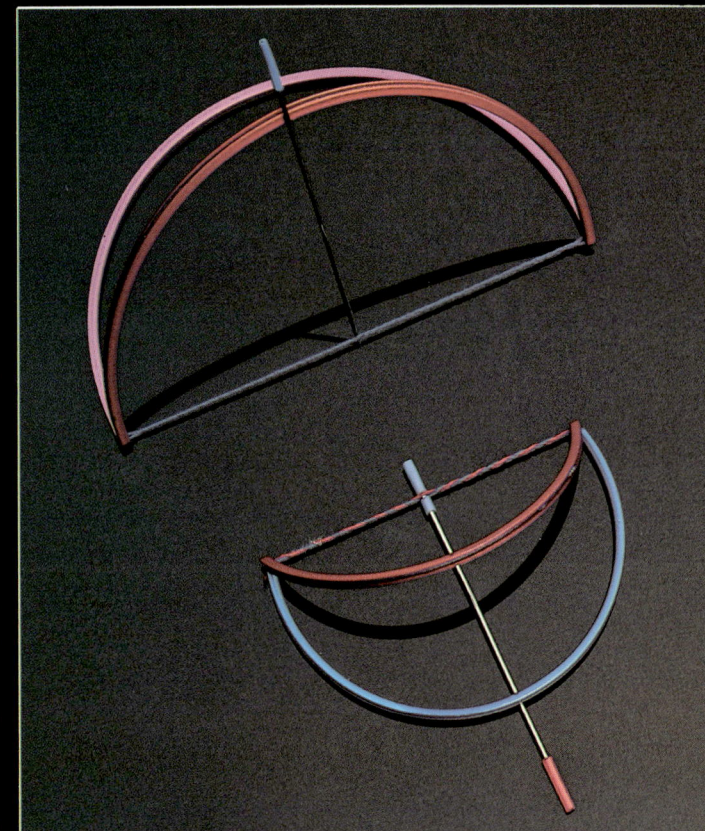

Die eloxierten Aluminiumbroschen (unten) fertigte Eric Spiller 1984. Schmuck ist keine reine Frauendomäne. Einige Männer tragen gerne Schmuck am Revers, Hemdkragen oder Pullover. Diese Stücke mit ihren leuchtenden Farben und strengen Linien werden von beiden Geschlechtern getragen.

SCHMUCK HEUTE

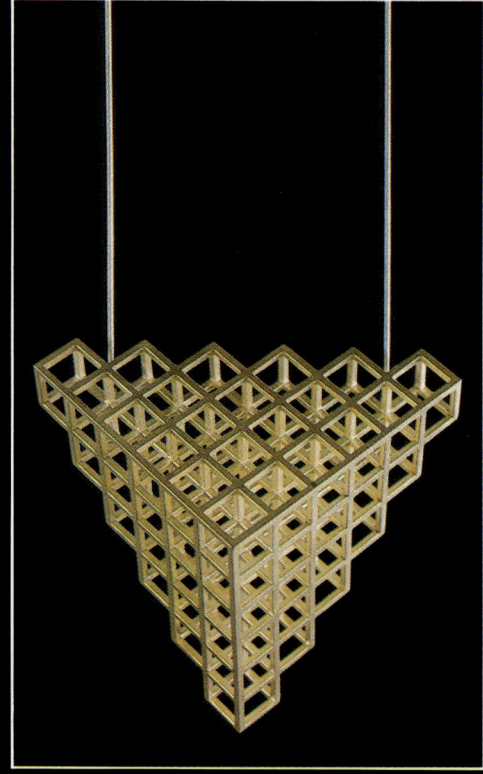

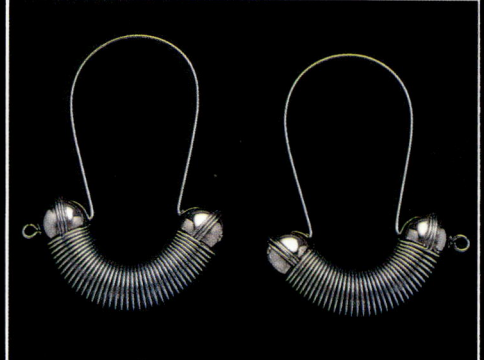

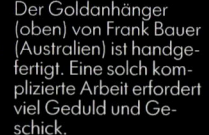

Der Halsschmuck (oben) von Wendy Ramshaw (GB) nennt sich »Circle of Blue Feathers«. Er ist aus vergoldetem Silber; die schimmernden blauen, lila- und türkisfarbenen Emufedern sind ursprünglich blaß und wurden gefärbt.

Arline Fisch (USA) ist bekannt für ihre Arbeiten in textilen Techniken. Sie webt Metallstreifen in Schmuck hinein, häkelt und strickt Draht in Halsschmuck und Armbänder, die somit den textilen Charakter von Kragen und Manschetten wiedergeben. Die Brosche (rechts) ist aus Silber.

Der Goldanhänger (oben) von Frank Bauer (Australien) ist handgefertigt. Eine solch komplizierte Arbeit erfordert viel Geduld und Geschick.

Die Ohrringe (oben) von Shula Nitzani-Laws (GB) bestehen aus Stahlfedern, die in Silberkugeln münden; sie werden durch Stahlbügel gehalten.

SCHMUCK HEUTE 9

Das Ohrgehänge aus 18 ct Gold und Fensteremail (unten) ist von Georgina Follett (GB). Die »Handschmeichler« (unten links) von Howard Fenn (GB) sind aus Schiefer und Silber. Handschmeichler werden als Erinnerung an eine Person oder ein Erlebnis getragen oder einfach, weil sie sich angenehm anfühlen.

Diese Multi-Media-Brosche (links) von Ramon Puig Cayas (Spanien) mißt etwa 19 cm und wurde aus Silber, Stahl, PVC und Acrylfarben hergestellt.

Die Ohrringe (links) von Alan Craxford (GB) bestehen aus graviertem Niob und 18 ct Gold. Ihre Form umschmeichelt die Linien des Gesichts. Alan Craxford ist spezialisiert auf Graviertechniken und arbeitet seit kurzem mit Niob. Die Farben des Metalls unterstreichen die feinen Gravurlinien. Beim Tragen scheint sich die irisierende Oberfläche des gravierten und gefärbten Niobs durch jede Bewegung farblich zu verändern.

Der Halsschmuck und das Armband (unten) von Goudji (Frankreich) sind aus 18 ct Gold. Der Stein ist ein Lapislazuli.

Die beiden Uhren (rechts) von Gordon Burnett (GB) sind Auftragsarbeiten. Die linke Uhr hat ein lackiertes, oxidiertes Messinggehäuse und ein goldenes Zifferblatt, das mit einem Quadrat aus oxidiertem Messing verziert ist. Die rechte Uhr hat ein Stahlgehäuse und ein silbernes Zifferblatt, dessen Zahlen durch Punkte aus 18 ct Gold dargestellt werden. Beides sind Quarzuhren.

Der Anhänger (oben) von Dominique Favey (Frankreich) ist aus Bronze, ein Material, das man eigentlich eher mit Monumenten und Skulpturen verbindet. Bronze läßt sich gut gießen und hat eine satte Farbe. Manchmal soll Schmuck auch dann gezeigt werden, wenn er gerade nicht getragen wird. Roger Morris (GB) entwarf den Ring und die Brosche mit dem Gestell (oben rechts). Die Teile ergeben zusammengesetzt eine kleine Skulptur. Die verwendeten Materialien sind Silber und Acryl.

SCHMUCK HEUTE 11

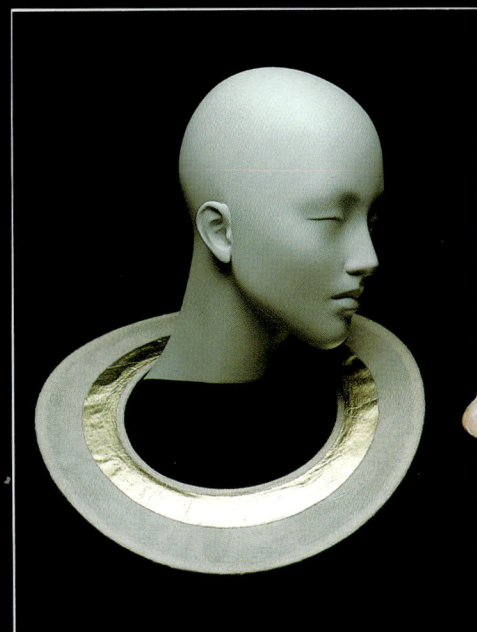
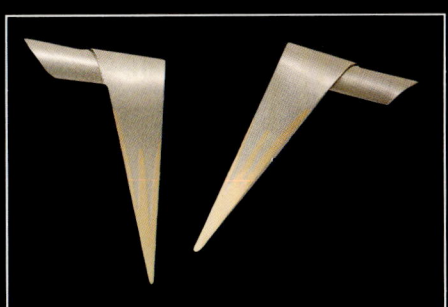

Der Halsschmuck (ganz links) von David Watkins (GB) mit dem Titel »Torus Minos« ist aus Papier, Blattgold und rostfreiem Stahl. Die Gold- und Zinnohrringe (links) sind von Fritz Maierhofer (Öst.). Da Zinn sehr weich ist, lassen sich die Ohrringe aufrollen. Setsu Sato (GB) fertigte die Gürtelschnalle (unten links) im Grubenschmelzverfahren.

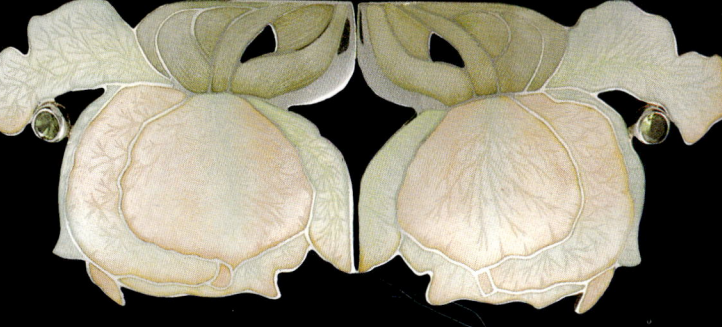

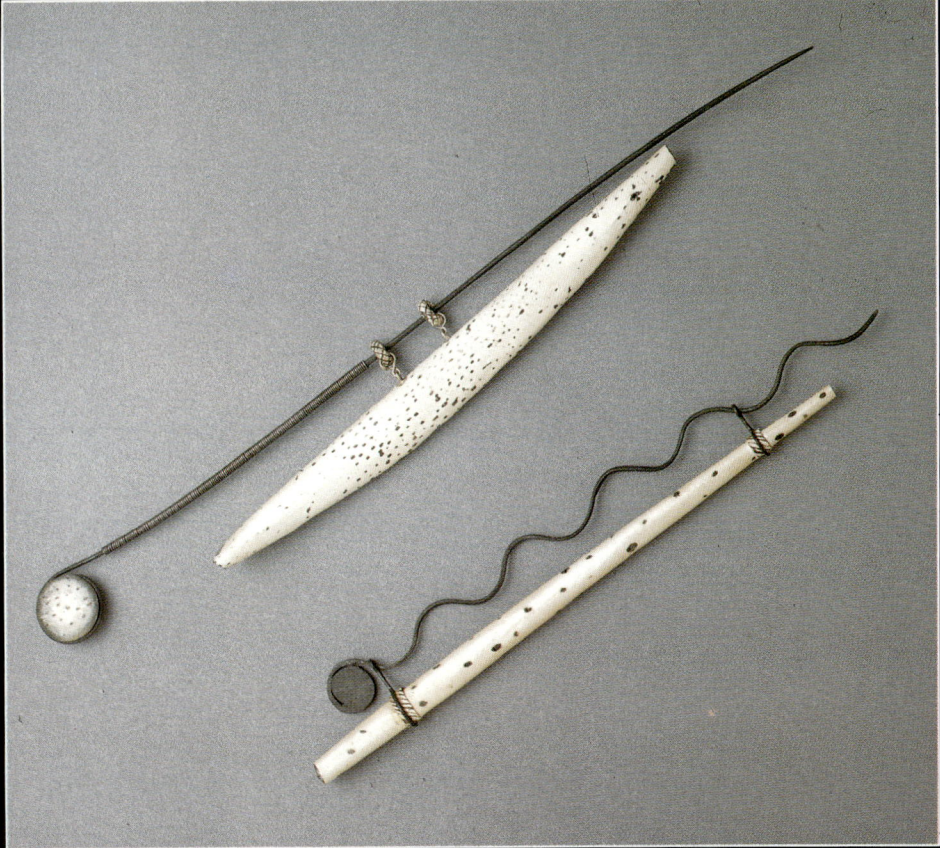

Joel Degen (GB) faßte bei diesem Ring (oben) Korallen in Silber. Die Verzierung besteht aus geschwärztem Silber, Titanringen und Stahlschrauben. Die etwa 10 cm großen Broschen (links) von Cynthia Cousens (GB) sind aus Kupfer, Stahl und Silber.

DIE ANFÄNGERWERKSTATT

Einfacher Schmuck kann aus einer Fülle von Materialien auch in begrenzten Räumlichkeiten mit wenigen Werkzeugen entstehen. Dieses Kapitel behandelt das Aufstellen der Werkbank und gibt einen allgemeinen Überblick über Werkzeug und Materialien, die für Anfänger in Frage kommen.

DER ARBEITSPLATZ

Schon mancher Schmuckgestalter hat mit seinen ersten Arbeiten am Küchentisch begonnen. Die Küche läßt sich ohne Umstände für diesen Zweck herrichten. Man befestigt eine Stützvorrichtung aus Holz, den Feilnagel, an der Tischkante und sorgt für ausreichende Beleuchtung sowie die richtige Höhe der Arbeitsfläche.

Der Feilnagel ist ein wichtiger Ausrüstungsbestandteil, der zur Stabilisierung und Stützung der Arbeit dient. Das keilförmige Holzstück wird mit der schrägen Seite nach oben befestigt und ist fest und sicher anzubringen.

Der Arbeitsbereich sollte hell und direkt beleuchtet sein. Eine verstellbare Leselampe, die (für Rechtshänder) hinten links an der Werkbank befestigt wird, ist ideal. Wichtig ist, daß kein Schatten auf die Arbeit fällt.

Die Arbeitsfläche sollte etwa 1 m hoch sein. Diese über die Standardhöhe von Tischen hinausgehende Arbeitshöhe gewährleistet eine einfache Handhabung von Werkzeugen, insbesondere der Säge, und einen klaren Blick auf das Werkstück. Man kann den Tisch auch auf eine Platte stellen, um die richtige Höhe zu erreichen, oder aber eine niedrigere Sitzgelegenheit zum Arbeiten wählen. Wenn man aufrecht sitzt, sollte sich die Arbeitsfläche etwa in mittlerer Brusthöhe befinden. Zum Auffangen von Metallspänen kann ein Einsatz, den man »Fell« nennt, über den Knien angebracht werden.

Die traditionelle Werkbank ist aus stabilem ca. 5 cm dickem Holz. Sie wird entweder an der Wand befestigt oder steht gesichert auf einem soliden Boden. Das ist wichtig, denn ein wackliges Werkbrett führt zu ungenauem Arbeiten. Die Werkbank hat eine große halbkreisförmige Aussparung. Darunter befindet sich ein Ledereinsatz, in dem Metallspäne aufgefangen werden. Der Feilnagel ist fest in der Mitte der Aussparung angebracht. Feilnägel nutzen mit der Zeit ab, deshalb empfiehlt es sich, sie gelegentlich zu ersetzen. Aus diesem Grunde sollte der Feilnagel besser nicht angeleimt werden. Im Laufe der Jahre ist der Ledereinsatz von Metallspänen durchdrungen. Wenn er ausgewechselt werden muß, kann man ihn gemeinsam mit zusammengekehrten Resten vom Boden bei einer Metallscheideanstalt abliefern. Dort wird das Material verbrannt und auf diese Weise das Metall wiedergewonnen.

Ideal ist eine wachsversiegelte Arbeitsfläche, die verhindert, daß Metallspäne in das Holz eindringen. Sie läßt sich leicht reinigen und durch Nachwachsen lange erhalten.

Stattdessen kann man auch auf Lack- oder Kunststoffflächen arbeiten, die zwar gut zu säubern sind, sich aufgrund ihrer mangelnden Hitzebeständigkeit jedoch nicht als Lötuntergrund eignen (siehe Lötunterlagen Seite 30).

Früher war es Tradition, das halbkreisförmige Stück, das aus dem Werkbrett ausgesägt wurde, mit drei Beinen zu versehen und als Hocker zu verwenden. Auf die Dauer ist eine solche Sitzgelegenheit jedoch ziemlich unbequem. Zweckmäßig ist ein weicherer Stuhl mit Rückenlehne, wie z. B. ein Schreibtischstuhl.

DER ARBEITSPLATZ

In dieser Darstellung einer Goldschmiedewerkstatt aus dem 16. Jh. (unten links) hängen Dreul, Zangen und Hämmer an der Wand. Viele Werkzeuge (unten) haben sich bis heute kaum verändert.

WERKZEUG-GRUNDAUSRÜSTUNG

Säge und 2/0 Sägeblätter
Lotschere zum Lotschneiden
Handfeilen: Dreikant, Vogelzunge
Nadelfeilen: Vierkant, Dreikant, Rund, Vogelzunge, Barett
Parallelzange
Spitzzange/Flachzange
Rundzange
Große Halbrundzange
Spann- und Polierhammer
Holzhammer
Brettamboß
Ringriegel
Lötpistole
Lötunterlage
Flußmittel (Borax, Boraxteller, Pinsel)
Stahlpinzette
Beize
Messingpinzette
Hölzer mit Grob- und Feinschmirgelpapier und Wildleder
Poliermotor und -räder
Stahlmaß
Federzirkel
Reißnadel

AUSWAHL DER WERKZEUGE UND MATERIALIEN

Ein Werkzeugkasten, wie er in jedem Haushalt steht, enthält meistens eine Reihe von Werkzeugen, die sich auch für die Goldschmiede eignen. Außerdem lassen sich gewöhnliche Haushaltsmaterialien wie Kupferleitung, Holzabfälle und Plastikgefäße für die ersten Versuche mit grundlegenden Goldschmiedetechniken verwenden.

Werkzeuge

Neben den allgemeinen Werkzeugen gibt es eine Vielzahl speziell für Goldschmiede entwickelter Arbeitsgeräte. Anfänger sollten sich immer nach Bedarf jeweils nur ein paar Teile zulegen, denn welche Werkzeuge man braucht, hängt von der geplanten Arbeit ab. Es passiert nämlich, daß von einem anfänglich gekauften, großen Werkzeuggrundstock vieles gar nicht benutzt wird, während anderes wiederum fehlt. Das Foto auf Seite 13 zeigt, welche Teile zu einer Grundausrüstung gehören. Genaueres über die einzelnen Werkzeuge wird später in Verbindung mit den dazugehörigen Arbeitstechniken vermittelt.

Materialien

Ein Schmuckgestalter sollte bei der Auswahl der Materialien mit großer Sorgfalt vorgehen und stets die Erfordernisse des geplanten Stückes im Auge behalten. Ein Ehering soll ein ganzes Leben lang schön bleiben. Er muß korrosions- und temperaturbeständig sein. Da ein Ring ständig in Kontakt mit der Haut ist, sollte man ein Material verwenden, das keine Reizungen hervorruft. Gold und Platin erfüllen all diese Voraussetzungen und sind wertvolle Metalle, die sich zur Schmuckverarbeitung eignen.

Modeschmuck dagegen spiegelt Trends wider und kommt und geht mit der Kleidermode, zu der er paßt. Leichte und problemlos färbbare Materialien eignen sich besonders für Modeschmuck.

Bei der Suche nach geeigneten Materialien für ein Schmuckstück sollte man experimentierfreudig sein. Hierdurch lassen sich neue Verwendungsmöglichkeiten für Stoffe finden, und der Schmuck erhält eine individuelle Note. Die Bilder auf diesen Seiten zeigen nur einige der vielen Verarbeitungsmöglichkeiten traditioneller und moderner Schmuckmaterialien.

Materialien für die Schmuckgestaltung
Auf dieser und den folgenden Seiten ist eine Auswahl attraktiver, phantasievoller und ungewöhnlicher Schmuckstücke zu sehen. Eine breite Werkstoffpalette wird gezeigt, vom traditionellen Gold und Silber, über die farbigen, hitzebeständigen Metalle hin zu Plexiglas und Papier. Man sollte mit allen Materialarten – seien sie auch noch so unorthodox – experimentieren, bis man das Geeignete findet. Vielleicht wird ja Neuland entdeckt!

Gold
Leonhard Smith (GB) fertigte den Halsschmuck und die Brosche (rechts) aus Gelb- und Weißgold.

Gold
Die Kette und die passenden Ohrringe (unten) von Reema Pachachi (GB) haben drei unterschiedliche Goldfarben.

Silber
Armband und Ring (rechts) von Yasuki Hiramatsu (Japan) sind aus Feinsilber.

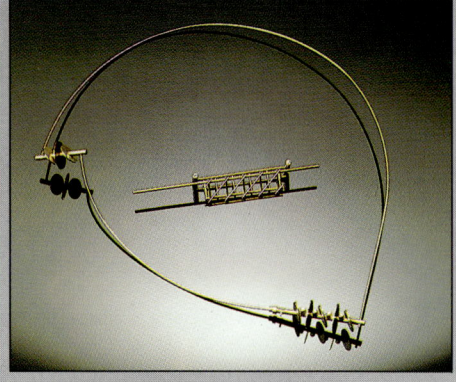

Gold
Diese ungewöhnliche Brosche aus 18 ct Gold mit Walzstruktur und Mokumétechnik (unten) ist von Jacqueline Mina (GB).

WERKZEUGE UND MATERIALIEN **15**

Stahl
Die Stahl- und Silberohrringe (unten) sind von Susan Fortune (GB).

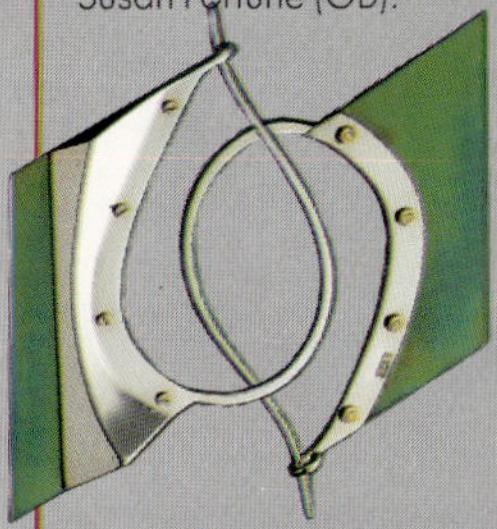

Leder
Das Leder- und Silberarmband (links) stammt von Susan Fortune (GB), der Halsschmuck aus Leder und Metall (oben) von Karla Moon (GB).

Leder war schon immer als Material beliebt. Es ist leicht, geschmeidig, bequem zu tragen und färbbar.

Kunstperlen
Kunstperlen gibt es in unzähligen Farben, Formen und Materialien.

Holz
Die bemalte Holzbrosche (oben) ist von Marjorie Schick (USA).

Gagat
Die Gagat- und Kristallohrringe (unten) sind von Fortini Kafiri (GB).

Hitzebeständige Metalle
Der Niobanhänger (unten) ist von Barry und Sally Milburn (GB). Hitzebeständige Metalle können leuchtend gefärbt werden. Verbindungen durch Löten sind jedoch problematisch.

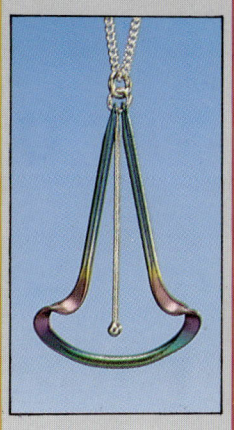

Synthetische Harze
Ohrringe aus Silber und Polyesterharz (unten) von Susan Heron (GB). Sammlung des Crafts Council, London.

Textilien
Stoffhalsschmuck (unten) von Jenny Sedgwick (GB).
Papier
Papiernadeln (unten) von Julia Wallis (GB).

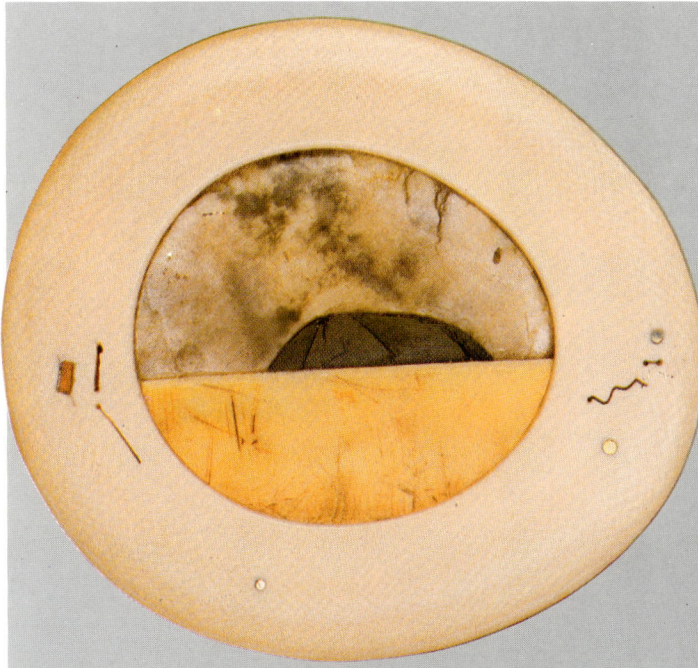

Glas
Die Armbänder (unten) von Svatopluk Kasaly (CSSR) sind aus Glas bzw. Silber und Glas.

Elfenbein
Brosche »The Rock« aus Elfenbein und Knochen (oben) von Ann Brownsworth (Australien).

Plexiglas
Den Halsschmuck aus Stahl und Plexiglas (unten) fertigte Maria Lugossy (Ungarn).

SCHMUCKMETALLE

Metall	Farbe	Schmelzpunkt (ca.)	Ausglühen	Spez. Gewicht (ca.)	Allgemeines	Lote u. deren Schmelzpunkt (ca.)
Feingold	sattgelb	1063°C	nicht notwendig	19,5	Feingold gilt als »nobles« Metall, aufgrund seiner Dauerhaftigkeit und seiner Resistenz gegenüber Sauerstoff und den meisten Chemikalien	hochkarätiges Goldlot
18 ct Gold	gelb, rot, weiß, manchmal grün	gelb: 900°C weiß: 1000°C rot: 875°C	gelb u. rot: 650°C, weiß: 750°C	15,58	18 ct Gold besteht zu 18 von 24 Teilen aus Feingold (750/1000) und hat gute Arbeitseigenschaften	18 ct Lot: streng: 780°–830°C mittel: 730°–765°C leicht: 635°–705°C
14 ct Gold	gelb, rot, weiß	gelb: 960°C weiß: 1000°C rot: 860°C	gelb u. rot: 650°C weiß: 750°C	13,4	14 ct Gold besteht zu 14 von 24 Teilen aus Feingold (585/1000) gutes Arbeiten möglich	14 ct Lot: streng: 750°–785°C leicht: 710°–730°C
8 ct Gold	gelb, rot, weiß	900°C	650°C	11,3	8 ct Gold besteht zu 8 von 24 Teilen aus Feingold (333/1000), gute Arbeitseigenschaften, härter als 18 ct Gold	8 ct Lot: streng: 755°–795°C mittel: 735°–755°C leicht: 650°–720°C
Feinsilber	weißglänzend	961°C	nicht notwendig	10,53	Feinsilber hat reflektierende Oberfläche, ist bieg- und schmiedbar. In Kontakt mit schwefelhaltiger Luft läuft es an	Silberlote
Sterlingsilber	weiß	ca. 890°C	600°–650°C	10,4	Sterlingsilber enthält 925 Teile Feinsilber in 1000. Sterlingsilber ist nicht so stark wie Gold, hat aber gute Arbeitseigenschaften. Beim Erhitzen dringt schwarzes Kupferoxyd an die Oberfläche (Blaufleckigkeit)	Silberlote: Email: 730°–800°C streng: 745°–780°C mittel: 720°–765°C leicht: 700°–725°C
Platin	grauweiß	1755°C	900°–1000°C	21,4	Bieg- und dehnbar, hohe Zugfestigkeit; sehr feine Drähte können verwendet werden; gute Polierergebnisse; extrem korrosionsbeständig	Platinlot: streng: 1420°–1445°C mittel: 1180°–1220°C leicht: 1010°–1030°C
Kupfer	rot	1083°C	650°C	8,94	Gute Arbeitseigenschaften; behält keine pol. Oberfläche	Silberlote
Messing	blaßgelb	940°C	600°–650°C	8,5	Legierung aus Kupfer und Zink; behält keine pol. Oberfläche	Silberlote
Neusilber (Alpaka)	grauweiß	1145°C	650°–680°C	verschieden	Legierung aus Nickel, Kupfer und Zink; ähnelt Silber; gute Arbeitseigenschaften, härtet jedoch sehr schnell	Silberlote
Aluminium	blauweiß	660°C	300°–350°C	2,70	Aluminium kann mit Farbe oder durch Eloxieren gefärbt werden. Eine mit Seife eingeriebene Oberfläche schwärzt bei richtiger Ausglühtemperatur	spezielle bleifreie Lote
Titan	grau	1675°C	nur in der Hochvakuumkammer	4,5	Titan kann durch Eloxieren gefärbt werden; beste Ergebnisse auf geätzten Oberflächen	Normales Löten nicht möglich
Zirkonium	grau	1852°C	nur in der Hochvakuumkammer	6,4	Zirkonium kann durch Eloxieren gefärbt werden und ist bieg- u. formbar	Normales Löten nicht möglich
Niob	grau	2500°C	nur in der Hochvakuumkammer	8,4	Niob kann durch Eloxieren gefärbt werden. Die Farben leuchten auch bei nicht geätzter Oberfläche	Normales Löten nicht möglich

GRUNDTECHNIKEN

Goldschmieden ist ein altes Handwerk: viele Grundtechniken und Werkzeuge, die vor tausenden von Jahren entwickelt wurden, finden heute nach wie vor Verwendung. Der moderne Goldschmied sägt, bohrt, feilt, lötet und biegt Metall oftmals noch auf traditionelle Weise. Fortschritte in der Metallverarbeitung haben jedoch zu enormen Qualitätsverbesserungen bei verschiedenen Werkzeugen geführt; auch hat die Einführung elektrisch betriebener Geräte zur Beschleunigung einiger Herstellungsverfahren beigetragen.

TRENNEN

Zum Trennen von Metall lassen sich viele verschiedene Werkzeuge verwenden. Das Verfahren der Römer, Metall mit einem Meißel zu schneiden, wurde von byzantinischen Goldschmieden übernommen, die kunstvolle feine Muster aus Gold herausarbeiteten. Bei westlichen Goldschmieden ist diese Technik heute kaum verbreitet, vielleicht weil sie nur für ziemlich dünnes Metall in Frage kommt. Die typische gemeißelte Kante ist sehr dekorativ und findet sich heute noch bei Schmuck aus dem Mittleren Osten.

Blech kann mit Spezialscheren geschnitten werden, für Feinarbeiten ist diese Methode jedoch ungeeignet, da sich eine Schnittkante dehnt und verzieht. Die Hebelblechschere hinterläßt zwar einen guten, geraden Schnitt, aber auch hier wird die Kante in Mitleidenschaft gezogen. Die Hebelblechschere verwendet man, wie auch die Blechschere, hauptsächlich dazu, aus einem großen Stück Blech ein kleineres für einen bestimmten Zweck herauszutrennen.

Für kompliziertere Arbeiten benutzt man eine Säge. Die Blitzsäge sieht aus wie eine kleinformatige Furniersäge. Sie wird hauptsächlich zum Sägen langer, gerader Linien eingesetzt. Aufgrund ihrer begrenzten Verwendungsmöglichkeit ist sie jedoch nicht so populär, wie die Goldschmiedesäge, die in der Hauptsache zum Einsatz kommt.

Die Goldschmiedesäge

Die Goldschmiedesäge ähnelt einer kleinen Laubsäge. Durch je eine Flügelschraube an beiden Enden des Sägerahmens wird das Sägeblättchen festgehalten. Der Rahmen besteht aus elastischem Stahl, der für die richtige Spannung des Blättchens beim Sägen sorgt. Da das Sägeblättchen äußerst dünn ist, eignet sich die Goldschmiedesäge für feine Sägearbeiten in Metallblech oder anderen Materialien. Mit etwas Übung ge-

Die Technik »Opus Interasile« ist bei der byzantinischen Goldkette (oben) gut erkennbar. Im 9. Jh. wurde dieses Muster aus Blech gemeißelt. Ein Motiv wie in dem römischen Bronzering (links) ist leicht zu sägen. Die Enden lassen sich zu einem Ring biegen.

TRENNEN **19**

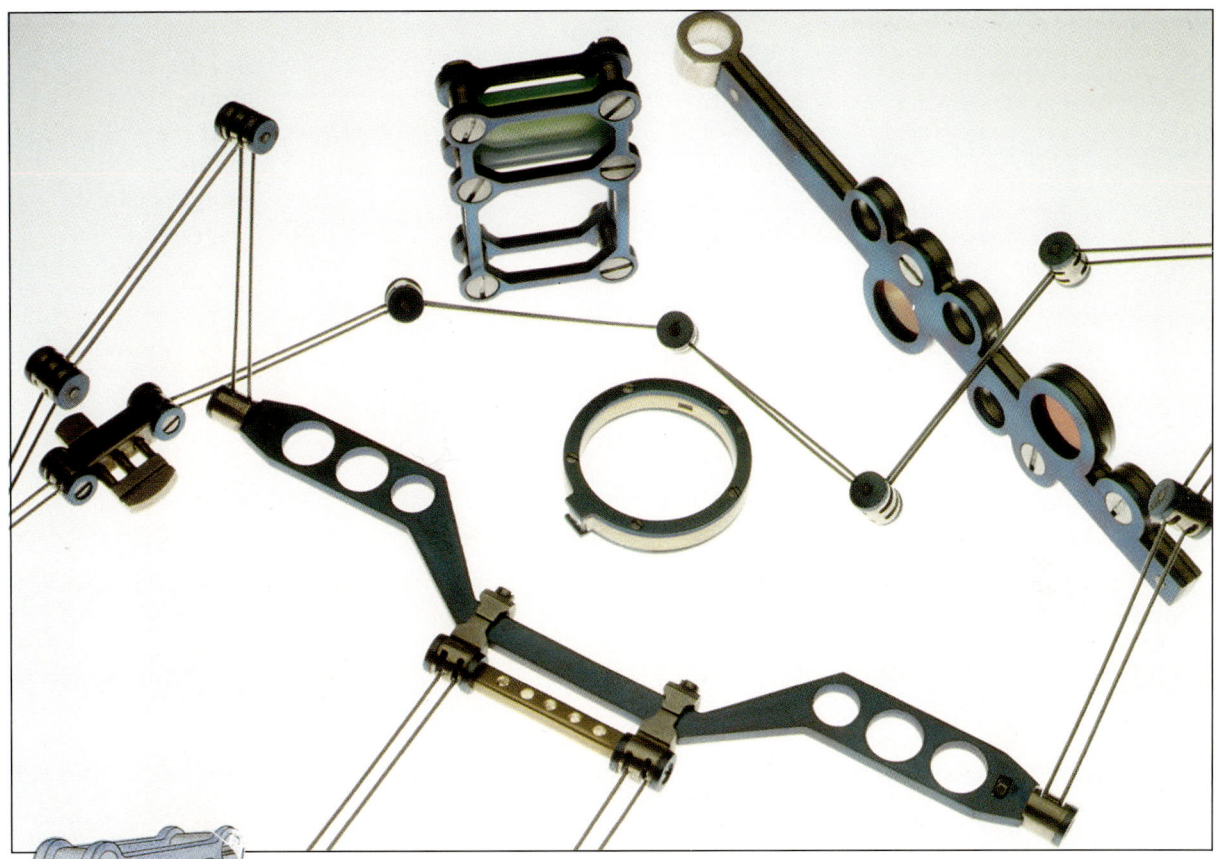

Die Teile für dieses Schmuckstück (oben u. ganz oben) sägte Joel Degen aus Titan. Anschließend wurden die Elemente sowohl aus gestaltungstechnischen wie auch aus praktischen Gründen von Hand verschraubt: Stahl ist zu hart, um sich auf andere Weise verbinden zu lassen.

lingen schon bald akkurate gerade Linien. Durchbrüche in Blech werden mit der Goldschmiedesäge gesägt. Zunächst muß die entsprechende Stelle durchbohrt werden, dann wird das Sägeblättchen durch das Loch gesteckt und das gewünschte Stück ausgesägt.

Sägebogen unterscheidet man anhand ihrer Tiefe (Abstand zwischen Sägeblatt und Rahmenrücken) und danach, ob sie verstellbar sind. In einem verstellbaren Rahmen lassen sich auch gebrochene Sägeblättchen weiterverwenden. Dies ist jedoch in der Regel nicht sehr effektiv, da man mit einem vollständigen Blättchen schneller und genauer sägt.

Ein nicht verstellbarer Sägerahmen mit einer Bügeltiefe von 8 cm ist besonders praktisch und wird deshalb hauptsächlich eingesetzt.

Sägeblättchen

Blättchen für die Goldschmiedesäge sind von groben bis sehr feinen Stärken (siehe Seite 21) erhältlich. Für die meisten Zwecke eignet sich Stärke 2/0. Die besten Sägeergebnisse erzielt man, wenn mindestens 2½ Zähne der Dicke des Materials entsprechen. Grobe Zähne haken leicht in dünnen Werkstoffen fest.

Zum Sägen von Metall sollten die keilförmigen Zähne des Blättchens in gerader Linie liegen. Blättchen für die Holzsäge eignen sich auch für Materialien wie Kunststoff und Muscheln. Zwischen den groben Zähnen fallen Sägemehl und andere Abfallprodukte heraus und das Blatt verhakt nicht im weichen Material. Mit diesen Blättchen läßt sich auch Metall sägen, jedoch ist der Schnitt breiter als notwendig.

Sägeblättchen sind im Dutzend oder im Gros (144) erhältlich.

GRUNDTECHNIKEN

Einspannen des Sägeblättchens

Man sitzt an der Werkbank und klemmt den Sägerahmen zwischen Feilnagel und Brustkorb. Der Holzgriff zeigt in Körperrichtung, die Schrauben nach oben. So hat man beide Hände zum Einsetzen des Sägeblättchens frei. Das Blättchen wird am entfernten Ende des Rahmens befestigt. Die Zähne weisen auf den Betrachter zu.

Nun leicht gegen den Holzgriff lehnen, was bewirkt, daß sich der Stahlrahmen biegt. In dieser Stellung das andere Ende des Sägeblättchens mit der Schraube befestigen.

Zur Überprüfung der Spannung am Blättchen zupfen. Ertönt ein »Ping« ist die Spannung korrekt, ein dumpfes »Plong« weist auf ein zu lockeres Blatt hin, das beim Sägen schnell brechen wird. Zum Nachstellen wird die Schraube an der Griffseite gelockert und das Blatt unter größerer Spannung eingeklemmt.

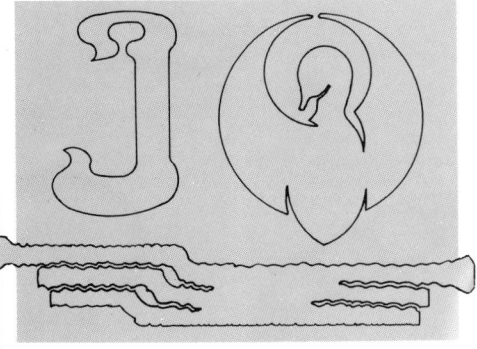

SÄGEARBEITEN
Der Buchstabe »J« hat gerade und geschwungene Linien. Die Sägeschnitte im »Schwan« suggerieren eine Form wie die Linien einer Zeichnung. Erste Sägeversuche sind meistens wenig akkurat. Anfänger beginnen deshalb häufig mit abstrakten Formen, bei denen Unregelmäßigkeiten nicht auffallen oder verwertet werden können.

Materialien
Säge mit 8 cm tiefem Rahmen
Blättchen: Stärke 2/0 für Metall, Stärke 1 für Kunststoff oder Holz
Pauspapier und Bleistift
Plastilin
Reißnadel
Metallblech: Silber, Gold, Neusilber, Tombak, Kupfer oder Messing (am Anfang besser Unedelmetalle verwenden)
1 mm starkes Blech, ausreichend für das Motiv
Kunststoff: 2 mm dicke Platte
Holz: 2 mm dick, dreilagig

Markieren des Materials

Vor dem Sägen muß das gewünschte Motiv aufgezeichnet werden. Da es jedoch schwierig ist, direkt auf eine glatte Metalloberfläche zu zeichnen, nimmt man Pauspapier zur Hilfe. Zunächst wird das Motiv abgepaust. Dann zieht man auf der Rückseite des Papiers mit einem Bleistift die Zeichnung nach. Anschließend eine Kugel oder einen Strang Plastilin über das Metall rollen. Auf die zurückbleibende Schicht kann das Motiv leicht übertragen werden. Nun mit einem Bleistift die gepausten Linien nachziehen. Die Bleistiftlinie auf der Papierrückseite wird dabei auf die Materialoberfläche übertragen. Vorsichtig das Pauspapier hochnehmen und mit einer scharfen Spitze über die blassen Bleistiftlinien fahren (am besten mit einer Reißnadel).

Grundtechnik des Sägens

Das vorbereitete Werkstück wird am Feilnagel bearbeitet. Es ist ratsam, entlang der äußeren Linie der Zeichnung zu sägen, denn besser etwas zuviel Material als zuwenig! Das Sägeblättchen ruht zunächst an der Metallkante und wird dann leicht abwärts gezogen. Es sollte jetzt ansägen; falls dies nicht geschieht, ist zu prüfen, ob die Stärke des Blättchens dem Material entspricht, und ob es korrekt im Rahmen sitzt. Verhakt sich das Sägeblatt, wird der Rahmen leicht geneigt, damit die Zähne in das Metall greifen. Beim Weitersägen den Rahmen allmählich wieder in eine aufrechte Position bringen. Der Gefahr des Verhakens läßt sich auch entgegenwirken, indem man das Sägeblättchen mit Öl oder Bienenwachs schmiert.

Das Sägen wird dadurch erleichtert, daß der Goldschmied niedrig sitzt. Starker Druck oder hektisches Sägen sind nicht notwendig. Wird das Blatt in seiner ganzen Länge langsam auf und ab bewegt, geht das Sägen leicht.

Zum Sägen gerader Linien setzt man das Blatt zunächst schräg an, um eine Führungskerbe zu bekommen. Beim Sägen von Bögen wird der Rahmen aufrecht gehalten. Ecken entstehen, indem die Säge langsam unter ständigem Auf-und-ab-Bewegen gedreht wird, bis das Blättchen in die gewünschte Richtung zeigt.

Eine abgeschrägte Kante wird durch Neigen der Säge bis zum gewünschten Winkel erreicht. Dieser Winkel läßt sich während des Sägens durch allmähliches Verändern der Schräge variieren.

Das Material muß immer gut fixiert werden. Statt in Schraubstock oder Zange sollte das Werkstück mit der Hand gehalten werden, damit keine Kratzer entstehen.

Sägen von Durchbrüchen

Häufig sind Durchbrüche in Blech zu sägen. Zuerst wird der Umriß des Durchbruchs auf

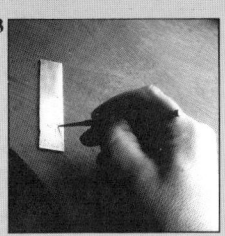

1. Das Motiv abpausen. Mit einem Bleistift auf der Papierrückseite die Linien nachziehen. Auf glatte Metall- oder Kunststoffoberflächen läßt sich die Zeichnung nicht übertragen, des-

SÄGEN

Goldschmiedesägen gibt es mit verstellbarem und nicht verstellbarem Rahmen. Blätter sind im Dutzend oder im Gros (144) erhältlich: mit Stärke 2/0 beginnen. Die Blitzsäge hat eine starke Stützvorrichtung entlang dem Sägeblatt. Mit ihr werden gerade Linien durch dickes Material gesägt. Die Reißnadel markiert Linien.

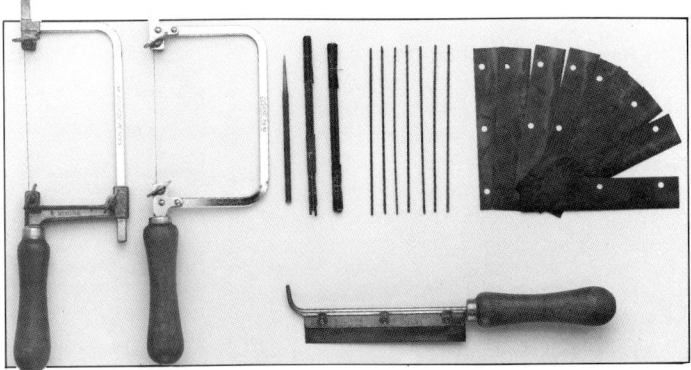

dem Material angerissen. Innerhalb des Abfallstücks bohrt man nun nahe der Randlinie ein Loch. Dieses Loch sollte gerade groß genug sein, daß sich das Sägeblatt hindurchstecken läßt. Die Schraube an der Griffseite des Sägerahmens lösen und das Sägeblättchen von oben durch das Loch fädeln. Dann den Rahmen spannen und die Schraube wieder festziehen. Anschließend wird der Durchbruch ausgesägt.

Der letzte »Schliff«

Nach dem Sägen müssen Anfänger häufig zu einer Feile greifen, um überstehende Metallreste vom Werkstück zu entfernen. Die Säge wird dann wie eine Feile zum Beseitigen scharfer Kanten benutzt. Das Sägeblättchen streicht an der Materialkante entlang, die zum Schluß glatt ist und keiner weiteren Bearbeitung mehr bedarf.

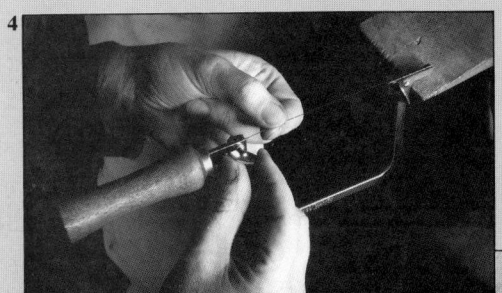

halb vorher Plastilin darüber rollen.
2. Das Motiv möglichst ökonomisch auf das Material legen und mit dem Stift die Linien nachziehen. Die Bleistiftlinie auf der Papierrückseite überträgt sich auf die Plastilinschicht.

3. Mit einer Reißnadel die dünne Bleistiftlinie nachziehen.
4. Leicht gegen den Sägegriff lehnen und das Sägeblatt einspannen. Die Zähne liegen oben und weisen in Betrachterrichtung. Spannung durch Zupfen überprüfen.

5. Die Arbeit fest auf den Feilnagel halten und mit dem Sägen beginnen.
6. Sorgfältig entlang den Linien auf der Abfallseite sägen. Genug Platz für Bögen lassen! Zum Schluß die Kanten mit dem Sägeblatt glattfeilen.

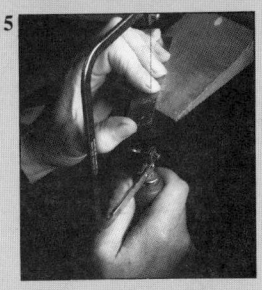
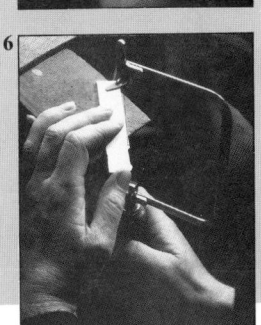

BOHREN

Beim Bohren entstehen runde Löcher. Sie können funktional sein, z. B. zum Durchstecken eines Sägeblättchens, oder dekorativen Charakter haben. Die Größe des Loches hängt von der Größe des verwendeten Werkzeuges ab.

Bohrer

Seit Jahrtausenden werden mit dem Dreul Löcher gebohrt. Der Dreul ist leicht zu handhaben, da er nur mit einer Hand bedient wird, während die andere zum Festhalten des Werkstücks frei bleibt. Die Bohrrichtung und der Druck auf den Bohrer sind gut steuerbar. Als Alternative gibt es den Drillbohrer, ein Gerät von ca. 10 cm Größe. Mit dem Griff gleitet man an einer gedrehten Stahlwelle auf und ab. Hierzu werden jedoch beide Hände benötigt. Die Handbohrmaschine hat den gleichen Nachteil. Die Hängebohrmaschine ist ein elektrischer Motor mit biegsamer Welle. Die Standbohrmaschine arbeitet ebenfalls mit Strom, steht aber fest auf einer Platte oder einem Fuß. Das Werkstück liegt auf einer waagerechten Unterlage, und der Bohrer wird senkrecht nach unten geführt. Diese elektrischen Bohrer sind zwar sehr praktisch, für Anfänger jedoch eine unnötige Ausgabe.

Bohreinsätze und Bohrfutter

Gebohrt wird mit einem Bohreinsatz, der in einem Bohrfutter befestigt ist. Es gibt Universalfutter für Bohreinsätze jeder Größe und auswechselbare Futter, die von der Bohrergröße abhängen. Standardbohreinsätze sind von 0,3 mm an aufwärts erhältlich. Der bekannteste Typ ist der Spiralbohrer, der nur im Uhrzeigersinn wirksam ist (von oben gesehen). In einem Dreul arbeitet er unergiebig, da sich der Bohrer immer abwechselnd von rechts nach links dreht. Für den Dreul nimmt man besser einen Spitzbohrer, der unabhängig von der Drehrichtung schneidet. Durch Schleifen einer Stahlnadel kann man einen Spitzbohrer selbst herstellen.

HERSTELLEN EINES SPITZBOHRERS

1. Die Nadel zwischen zwei Zangen nehmen und durchbrechen. Nicht hinsehen, damit keine herumfliegenden Stahlteilchen in die Augen geraten. Die Nadel sollte sauber brechen, verbiegt sie nur, ist der Stahl zu weich.

2. Die Nadel in einem Reibahlenhalter mit dem Bruchende nach außen befestigen. Zwei flache Kanten schleifen bis das Nadelende keilförmig ist.

3. Den Keil senkrecht auf den Stein halten. Die Nadel zu sich hin neigen und auf die rechte Spitze drehen. Mit ca. 3 Strichen die erste Kante schleifen, dann – ohne die Nadel hochzunehmen – auf die andere Seite rollen und den Vorgang wiederholen.

Materialien
Reibahlenhalter
Carborundum oder Ölstein
2 Zangen
1 Päckchen Qualitäts-Stahlsticknadeln

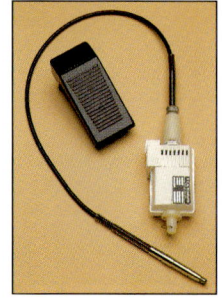
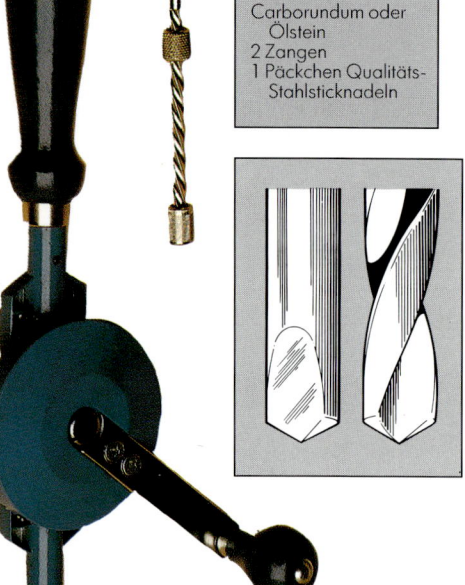

Bohrertypen
Die Standbohrmaschine (oben) erleichtert das Bohren vertikaler Löcher. Hierzu das Werkstück auf einem Brett oder im Maschinenschraubstock fixieren. Die Hängebohrmaschine (rechts) wird durch ein Fußpedal angetrieben. Gerät anschalten und das Pedal leicht heruntertreten. Verstärkter Druck erhöht die Drehgeschwindigkeit. Den Motor nicht »jagen« – ein geschärfter Bohrer braucht keine hohe Geschwindigkeit. Ein kleiner Handbohrer, wie der Drillbohrer (ganz rechts), eignet sich zum Bohren an schwer zugänglichen Stellen. Am praktischsten ist jedoch der Dreul (siehe Seite 24).

BOHREN 23

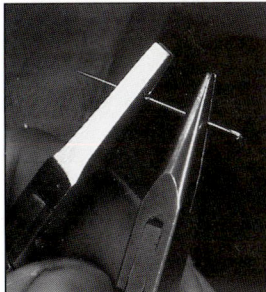
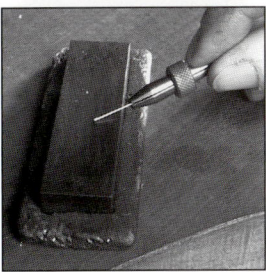
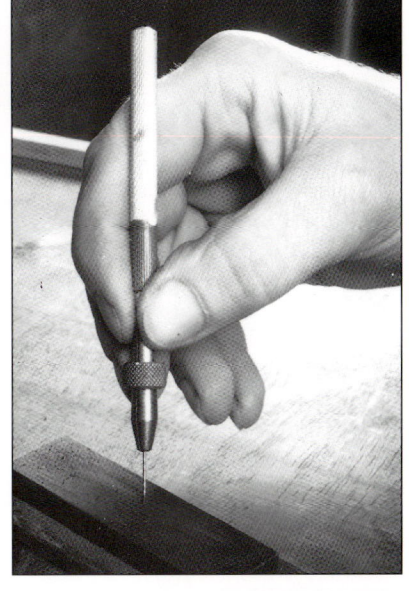

Bohren mit dem Dreul

Einen Bohreinsatz und das dazu passende Futter auswählen. Der Bohrer sollte sich mühelos in das Futter einsetzen lassen. Den Schraubkopf fest anziehen.
Die Bohrstelle wird mit der Reißnadel markiert. Den Bohrer auf die Körnung setzen und den Dreul senkrecht halten. Die Welle drehen, gleichzeitig die Schnur darumwickeln, wodurch der Griff hochgezogen wird. Nun je zwei Finger einer Hand auf die beiden Griffseiten legen und den Griff sanft abwärts bewegen. Das Schwungrad (die schwere Scheibe) hält den Bohrer in Bewegung. Sobald der Griff soweit nach unten geglitten ist, wie es die Schnur zuläßt, schnellt er wieder hoch. Mit der Hand der Bewegung des Griffs folgen. Hat der Griff wieder seine Ausgangsposition erreicht, erneut sanft hinunterdrücken. Bewegt sich der Dreul schließlich gleichmäßig, läßt sich das Tempo steuern. Der Umgang mit dem Dreul ist schnell erlernt.

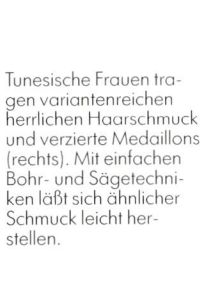

Spitz- und Spiralbohrerköpfe (unten links) sind nicht austauschbar. Der abgebildete Spitzbohrer ist nur in eine Richtung wirksam. Man kann jedoch eine Nadel so anschleifen, daß die Drehrichtung keine Rolle spielt und der Bohrer sich für den Dreul eignet. Der handelsübliche Spiralbohrer schneidet in eine Richtung, wobei die Metallspäne seitlich entweichen können.

Tunesische Frauen tragen variantenreichen herrlichen Haarschmuck und verzierte Medaillons (rechts). Mit einfachen Bohr- und Sägetechniken läßt sich ähnlicher Schmuck leicht herstellen.

24 GRUNDTECHNIKEN

GEBRAUCH DES DREULS

Nach Abschluß dieser Arbeit sollte man mit dem Dreul umgehen können. Außerdem ist dies eine gute Sägeübung.

Materialien

Pauspapier, Bleistift, Plastilin, Reißnadel Dreul u. Bohreinsätze Säge und Blättchen Metallblech: 1 mm stark und ausreichend für das Motiv

1. Motiv abpausen, übertragen und anreißen. Mit der Reißnadel die Bohrstellen markieren. Das Ankörnen, so der Fachausdruck, verhindert das Rutschen des Bohrers über die glatte Fläche.

2. Alle Löche bohren. Dann die Arbeit auf den Feilnagel legen.
3. Sägeblatt an der Griffseite lösen und von oben durch ein Loch stecken.
4. Sorgfältig die einzelnen Löcher aussägen.

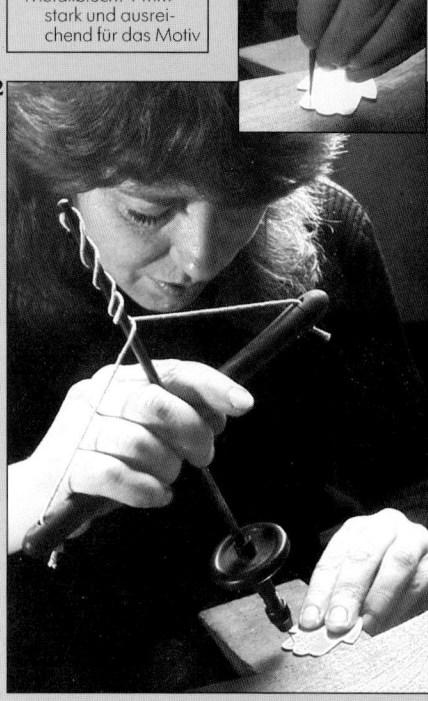

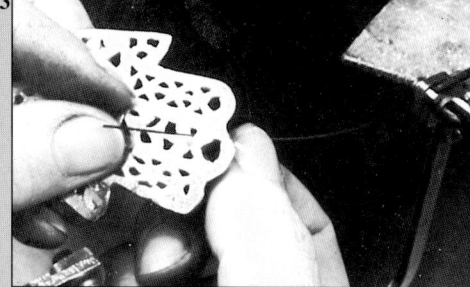

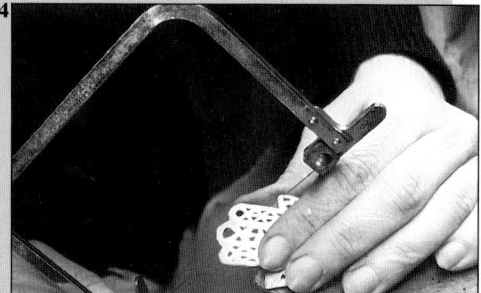

Bohrlöcher können funktional oder dekorativ sein. Die Augen des Würfels (unten) sind durch gebohrte Löcher dargestellt. Der Würfel wurde aus einem 6 mm starken Vierkantstab gesägt. An zwei nebeneinanderliegenden Kanten wurden zwei Löcher so vertieft, daß man eine Öse durchziehen und den Würfel als Anhänger oder Talismann tragen kann. Die Scheiben der Kette (rechts) sind mit unterschiedlich großen und tiefen Löchern verziert. Zum Befestigen der Kordel wurden ebenfalls Löcher gebohrt.

FEILEN

Man feilt ein Werkstück, um es zu formen und um unregelmäßige Oberflächen oder Kanten zu glätten.

Feilentypen

Feilen werden anhand ihrer Form, ihres Hiebs (Anordnung der Zähne) und ihrer Länge definiert. Am häufigsten benutzt man einen mittleren Hieb, den Hieb 2. Hilfreich kann auch eine Feile mit feinem Hieb (Doppelschlicht oder Hieb 4) und eine grobe Feile (Hieb 0) sein.
Nadelfeilen und Handfeilen sind die beiden gebräuchlichsten Typen in der Goldschmiede. Nadelfeilen erhält man in den Längen 10, 14 und 18 cm. Für den Anfang empfiehlt sich eine Länge von 14 cm, Hieb 2, und folgende Formen: Rund, Vierkant, Dreikant, Vogelzunge und Barett.
Bei Handfeilen nimmt man in der Länge 15 cm und folgende Hiebe und Formen: Dreikant, Hieb 2; Barett, Hieb 4; Vogelzunge, Hieb 2; Flach, Hieb 0.

Heft und Angel

Die Nadelfeile hat einen angeschmiedeten Griff, während die Handfeile ein gesondertes Feilheft benötigt. Man wählt ein Heft, das bequem in der Hand liegt und geht bei seiner Befestigung folgendermaßen vor:

Nadelfeilen benutzt man ohne Heft. Handfeilen werden zwar ohne Griff verkauft, da jedoch die Gefahr besteht, daß man sich beim Feilen mit der Angel verletzt, sollte man ein für Feile und Hand geeignetes Heft auswählen.

1. Flachfeile
2. Flachfeile
3. Dreikantfeile
4. Rundfeile
5. Messerfeile
6. flache Schanierfeile
7. Barettfeile
8. Halbrundfeile
9. Flachspitzfeile
10. Vogelzungenfeile

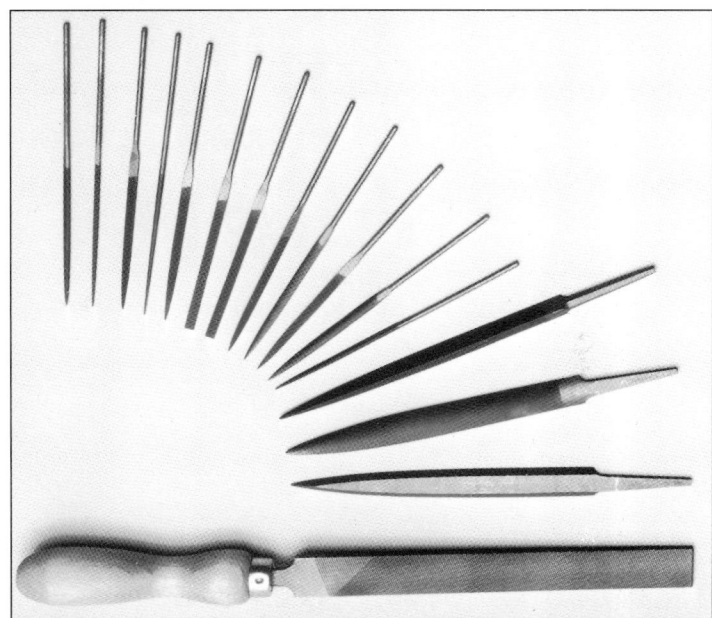

BEFESTIGEN DES FEILHALTERS

1. Die Feile senkrecht halten. Mit der Lötpistole die Angel erhitzen bis sie glüht. Die Flamme nach oben halten, damit der Rest der Feile nicht heiß wird.
2. Die rotglühende Angel sofort in das Heft schieben, damit sich das heiße Metall in das Holz hineinbrennt.
3. Die Feile in einen Schraubstock spannen. Zwischen Feile und Schraubstockbacken Aluminium- oder Kupferblech geben. Die Verwendung von Schutzbacken ist üblich, wenn Werkzeuge im Schraubstock befestigt werden. Das Heft mit einem Holzhammer festklopfen.

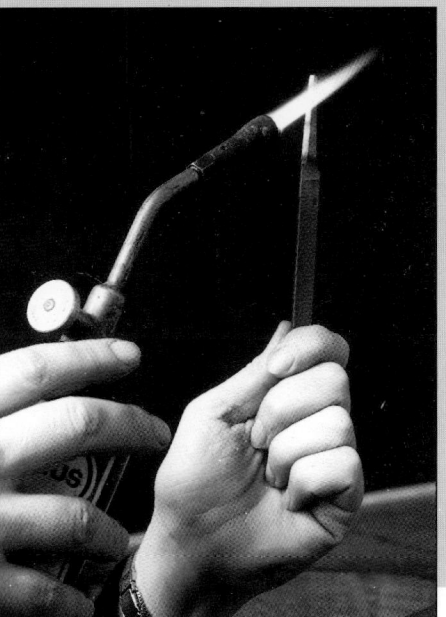

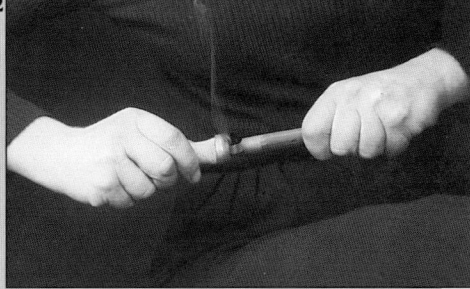

26 GRUNDTECHNIKEN

Formen, wie diese Schloßtürme (rechts), lassen sich aus massiven Metallstäben feilen. Dieser Silberanhänger ist von Robin Kyte (GB).

Wie man feilt

Man beginnt grundsätzlich mit der für die Arbeit größtmöglichen Feile, damit eine gleichmäßige Oberfläche erreicht wird. Normalerweise wird das eine Handfeile sein. Den Hieb der Aufgabe entsprechend wählen: bei einer sehr rauhen Oberfläche, oder wenn große Materialmengen entfernt werden sollen, ist eine grobe Feile zweckmäßig. Umgekehrt, wenn nur wenig Material abzunehmen ist, empfiehlt sich eine Feile mit feinem Hieb (4). Beim Feilen mit Hieb 2 werden Schrammen entfernt, die Hieb 1 hinterlassen hat, entsprechend beseitigt eine Feile mit Hieb 4 die Spuren von Hieb 2. Das Werkstück auf dem Feilnagel fixieren (nur die Feile darf sich bewegen, andernfalls ist genaues Arbeiten unmöglich). Beim Feilen einer geraden Kante liegt die Feile diagonal auf dem Werkstück und wird vor- und zurückgeführt, ohne dabei hochgenommen zu werden. Die Vorwärtsbewegung ist der abnehmende Strich. Sie sollte lang sein und mit konstantem Druck ausgeführt werden. Die zurückführende Bewegung bringt die Feile nur wieder in ihre Ausgangsposition. Bögen werden mit langen Strichen gefeilt. Kurze, unterbrochene Feilbewegungen zerstören die Gleichmäßigkeit einer Rundung.

FEILEN EINES DREI-ECKIGEN OHRRINGS
1. Motiv übertragen und Dreieck aussägen. Das Dreieck gegen den Feilnagel halten und die Sägekanten mit einer Handfeile glätten.
2. Ein Stahlmaß an die gefeilte Kante halten. Fällt noch Licht dazwischen, nachfeilen.
3. An allen drei Seiten Linien für Schrägkanten anreißen.
4. Schrägkanten feilen. Ein Loch für den Bügel bohren.

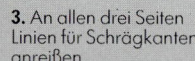

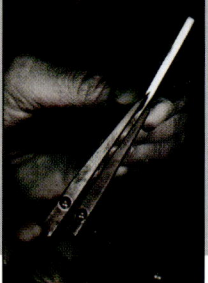
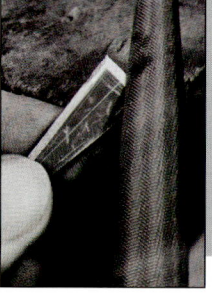

Materialien
Zubehör zur Motivübertragung
Säge und Blättchen
Stechzirkel
Dreikanthandfeile, Hieb 2
Baretthandfeile, Hieb 4, zum Nachfeilen
Metallblech, **Holz**, **Kunststoff**: 2 mm

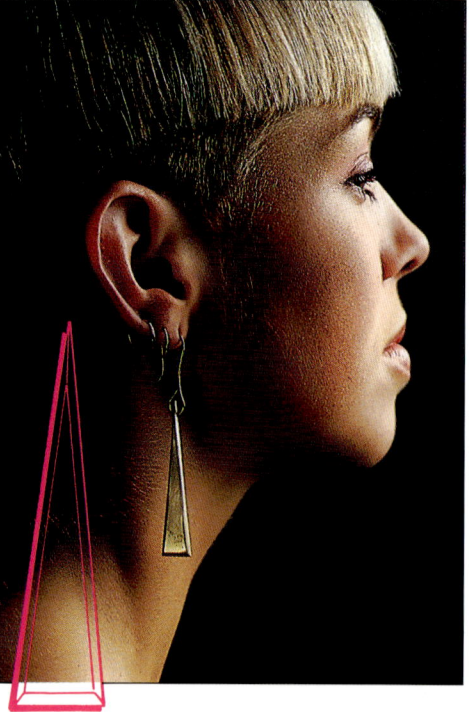

LÖTEN

Metallteile werden in der Regel durch Löten miteinander verbunden, Lot ist das Mittel, das diese Verbindung herstellt. Lot ist ebenfalls ein Metall, jedoch eine spezielle Legierung, deren Schmelzpunkt niedriger liegt, als der des zu lötenden Metalls. Unter Hitzezufuhr schmilzt das Lot und fließt zwischen die Metallelemente. Beim Erkalten erstarrt es und bildet eine dauerhafte Verbindung. Hartlöten und Weichlöten sind die beiden üblichen Verfahren. Hauptsächlich im Elektro-, Elektronik- und Installationsbereich wird weichgelötet. Hier verwendet man Zinnlot, das sich für die meisten Goldschmiedearbeiten nicht eignet, da die entstehende Verbindung relativ schwach ist. Außerdem breitet sich Zinnlot oftmals auf dem Metall aus und hinterläßt Verunreinigungen. Hartlot enthält einen hohen Anteil des zu lötenden Metalls (Silberlot, z. B., besteht hauptsächlich aus Silber) und bildet folglich stabilere Verbindungen. Mit Zusätzen wird der Schmelzpunkt des Lotes reduziert, um es verarbeitungsfähig zu machen. Die Verbindung, die beim Hartlöten entsteht, ist dauerhaft und nach abschließender Bearbeitung unsichtbar.

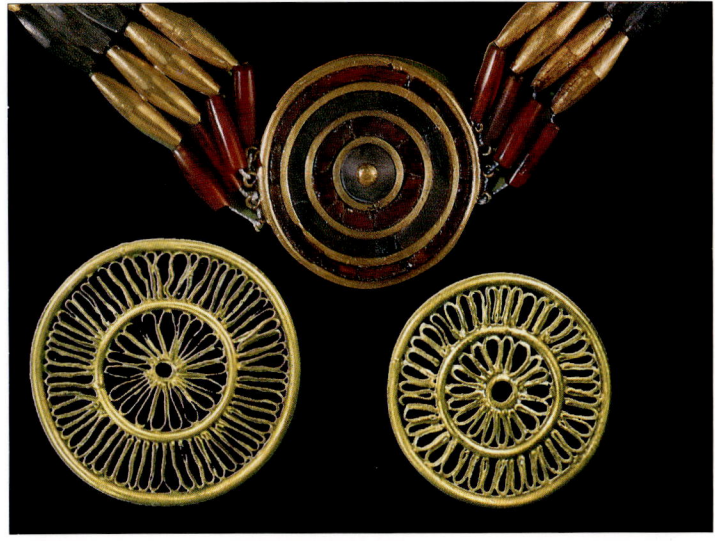

Lötwerkzeuge
1. Holzkohle
2. Lötkreuzpinzette mit Handschutz
3. Messingpinzette
4. Boraxkegel- und -teller
5. Druckluftlötpistole
6. Allgaslötpistole
7. synthetische Lötunterlage
8. Drahtgeflecht
9. Lötkreuzpinzette
10. Zur Erwärmung kann ein kleiner Spiritusbrenner unter den Säurebehälter gestellt werden. Das Lötverfahren hat eine lange Tradition. Die sumerischen Goldobjekte (oben) entstanden ca. 2500 v. Chr. Die Filigranornamente wurden an die Runddrähte gelötet.

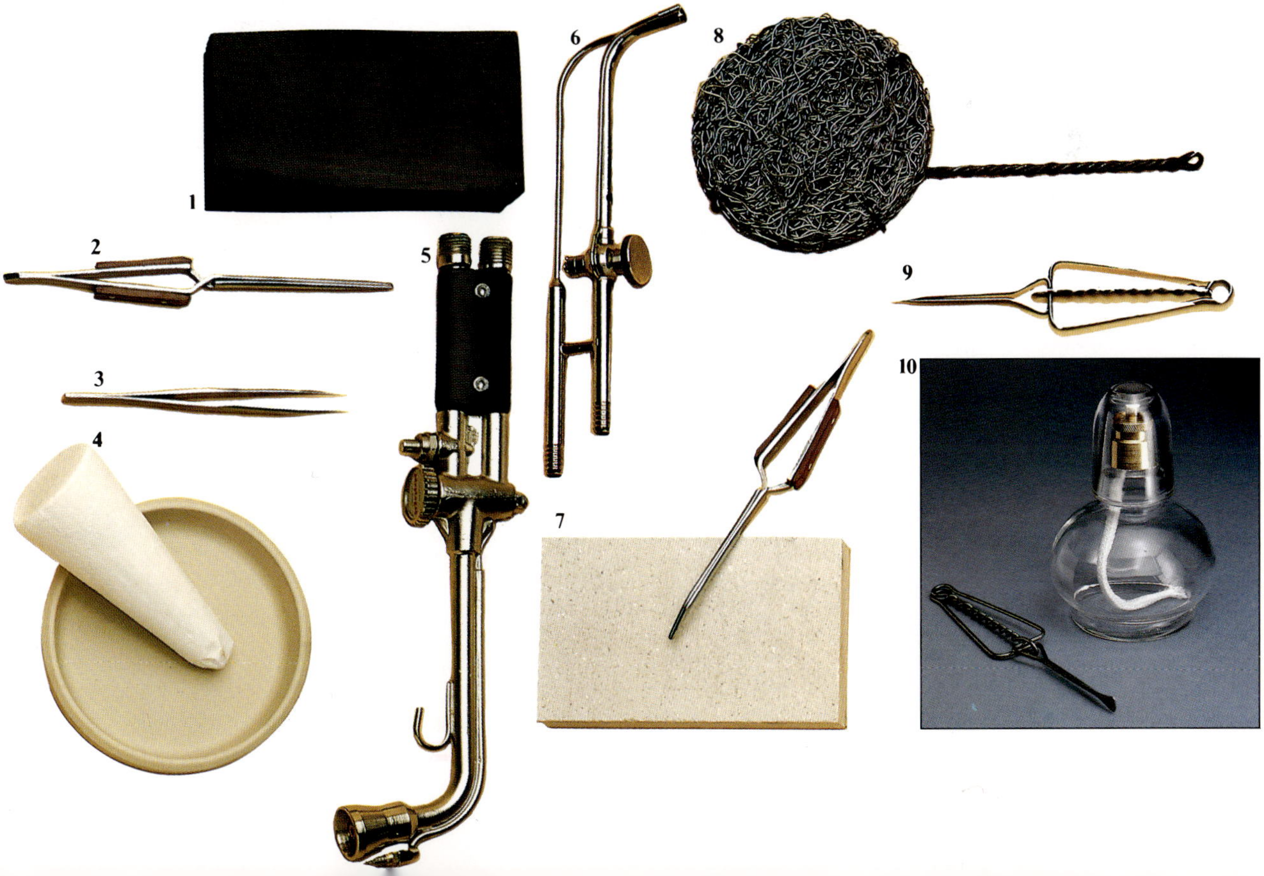

GRUNDTECHNIKEN

Dieses schnell und einfach funktionierende Verfahren eignet sich für viele Metalle, wie Kupfer, Messing, Neusilber, Tombak, Silber, Gold und Platin.

Das Metall reinigen und so ausrichten, daß sich die zu lötenden Teile berühren. Die Lötstelle bleibt sauber, wenn sie mit einer Schutzflüssigkeit, dem Flußmittel, eingepinselt wird. Lot an die Verbindungsstelle legen und Hitze zuführen. Das Lot schmilzt und fügt die Teile aneinander. Nach dem Abkühlen wird das Metall in einer Säurelösung, Beize genannt, gereinigt. Überschüssiges Lot später von der Lötstelle wegfeilen.

Werkzeuge und Materialien

Zum Hartlöten sind folgende Gegenstände notwendig: eine Lötpistole zum Erhitzen, eine Lötunterlage, Instrumente zum Festhalten des Metalls, Lot, Flußmittel und Beize.

Lötpistolen

Eine Lötpistole ist ein Gerät, in dem Luft oder Sauerstoff mit einem brennbaren Gas, wie Erd- oder Propangas, vermischt werden. Dieses Gemisch erzeugt bei seiner Verbrennung Hitze, die in der Goldschmiede für verschiedene Prozesse benötigt wird. Man arbeitet entweder mit Erdgas oder mit Gas aus Kartuschen bzw. Flaschen. Die Luft wird mit dem Mund, mit einem Blasebalg oder mit Hilfe eines Kompressors eingeblasen. Sauerstoff kommt in der Regel aus einer Kartusche. Für welche Art von Lötpistole man sich entscheidet, ist zum einen Traditionssache, zum anderen persönliche Neigung.

Mundlötpistolen: Einige Goldschmiede arbeiten am liebsten mit einem Mundlötrohr, das wie der Bunsenbrenner eine offene Flamme hat. Andere bevorzugen die einfacher zu handhabende Allgaslötpistole mit Gas- und Luftregulierung, bei der die Luft durch ein Mundstück und einen Verbindungsschlauch in das Rohr hineingeblasen wird. Dieses Gerät läßt sich mit Genehmigung der Gaswerke ans Erdgas anschließen oder über einen Druckregler an eine Gasflasche. Eine Allgaslötpistole liegt leicht in der Hand und hat eine sehr variable Flamme.

Die folgenden Arbeitsprojekte verschaffen Praxis beim Löten dreier unterschiedlicher Fugenarten. Die Knöpfe (unten) haben T-Verbindungen, der Blumenanhänger (Seite 30–31) hat überlappende Verbindungen, der Ohrring (Seite 32–33) eine stumpfe Verbindung.

Materialien

- Ausrüstung zur Motivübertragung
- Säge und Blättchen
- Feilen
- Lötunterlage: Holzkohle oder synthetische Unterlage
- Flußmittel: Boraxkegel, -teller oder fertiges Flußmittel
- Boraxpinsel
- Blechschere
- Lötpistole
- Stahlpinzette
- Messingpinzette für Beize
- Kleiner Brettamboß zum Abkühlen
- Beize: Verdünnte Schwefelsäure, Alaun oder Sicherheitsbeize

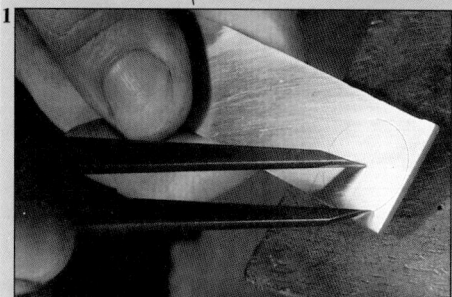

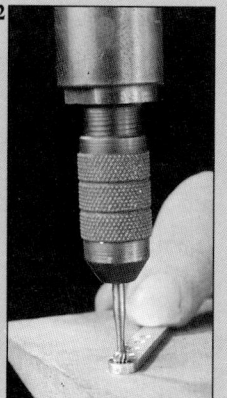
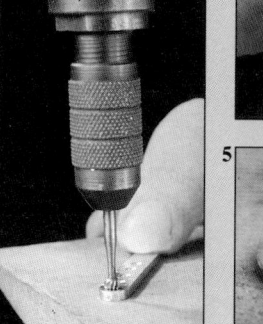

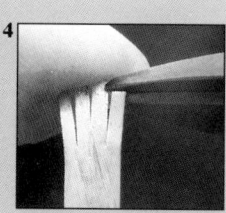

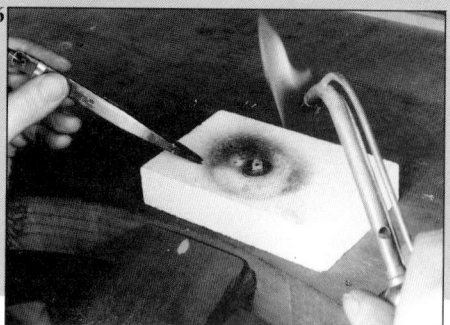

LÖTEN VON T-VERBINDUNGEN

1. Mit dem Stechzirkel Kreise für die Knöpfe anreißen. Aussägen und feilen.
2. Das Ösenmotiv auf einen Metallstreifen übertragen. Es ist praktischer, vor dem Aussägen der Ösen alle Löcher zu bohren.
3. Den Boraxkegel mit etwas Wasser im Boraxteller reiben, bis eine cremige Flüssigkeit entsteht.
4. Das Ende eines Silberlotstreifens »ausfransen«. Die »ausgefranste« Kante mit dem Zeigefinger festhalten und die benötigte Lotmenge abschneiden. Der Finger verhindert, daß die einzelnen Stückchen (Paillen) durch die Werkstatt fliegen.
5. Für eine Lötung genügen 2 Paillen à ca. 1 mm².
6. Den ganzen Kopf mit weicher Flamme erhitzen.
7. Nach dem Abkühlen das Metall zum Entfer-

LÖTEN 29

Durch das Auflöten des Ohrringsteckers kann man das Zusammenfügen kleiner, zarter mit größeren, massiveren Metallteilen üben. Erfolgreiches Löten setzt sauberes Metall und genau passende Lötstellen voraus.

Säurebehälter, Dreifuß, Wärmequelle
Messingbürste
Knöpfe: Metallblech 1,5 mm stark
Blumenanhänger: Metallblech 1 mm stark
Ohrring: Metallblech 1 mm und 1,5 mm stark, Runddraht 0,8 mm Durchmesser, Ausreichend für das Motiv. Silber, Gold, Neusilber, Tombak, Kupfer und Messing sind geeignet.
Für alle Projekte braucht man Lot. Je einen Streifen, streng-, mittel- und leichtfließendes Silberlot besorgen. Für Gold, Goldlot mit entsprechender Karatzahl verwenden.

Druckluftlötpistolen: Die Druckluftlötpistole wird für umfangreichere Arbeiten benutzt oder wenn höhere Teperaturen erforderlich werden. Das Gas wird bei dieser Lötpistole sehr schnell verbrannt. Luftzufuhr durch ein Mundgebläse wäre hier nicht ausreichend. Stattdessen benutzt man einen fußbedienbaren Blasebalg oder einen elektrisch betriebenen Kompressor.

Flaschengaspistolen: Lötpistolen dieser Art werden direkt aus unter Druck stehenden Propan- oder Butangasflaschen gespeist. Die Luft wird hier durch Löcher in den Brennerdüsen zugeführt. Bei kompakten Flaschengaspistolen ist der Brenner oben auf einem kleinen Gaszylinder angebracht, der gleichzeitig als Handgriff dient. Der Zylinder ist entweder nachfüll- oder austauschbar. Bei größeren Flaschengaspistolen ist der Brenner über einen Schlauch und einen Regler mit der Gasflasche verbunden.

All diese Lötpistolen kommen in der Goldschmiede zum Einsatz. Egal für welchen Typ man sich entscheidet, sie sollte immer einen kleinen Brenner haben, damit die Hitze an die erforderlichen Stellen geführt werden kann.

Arbeiten mit der Lötpistole: Man unterscheidet eine harte und eine weiche Flamme. Die weiche Flamme ist blau, etwas buschig und hat gelbe Spitzen. Eine Flamme wird als hart bezeichnet, wenn sie strahlend blau und auf einen Punkt gerichtet ist. Für die meisten Zwecke kommt die weiche Flamme in Frage, nur wenn sehr kleine Abschnitte erhitzt werden sollen, arbeitet man mit harter Flamme.
Nachdem das Gas ein wenig aufgedreht wurde, zündet man eine Flaschengaspistole am Brenner an. Die Flammengröße ist durch ein Ventil regulierbar. Das Gas brennt mit weicher Flamme, wenn das Ventil bis etwa zur Hälfte geöffnet ist, bei der höchsten Einstellung entsteht eine harte Flamme.
Die Allgaslötpistole hält man mit einer Hand und bedient die Stellschraube mit Zeigefinger und Daumen. Ist das Gas angezündet, sollte die Sparflamme bei kleinster Einstellung gleichmäßig brennen.

nen von Borax und Oxid in die Beize tauchen.
8. Unter fließendem Wasser gründlich waschen, um Säurespuren abzuspülen.
9. Zuletzt überschüssiges Lot, scharfe oder unförmige Kanten abfeilen. Knopf so belassen, oder ihn durch Feilen von Bögen oder Schrägkanten verzieren: Eine Feile mit Hieb 4 hinterläßt feine Streifen auf der Oberfläche. Ein matter Schimmer entsteht, wenn die gefeilte Oberfläche unter fließendem Wasser mit der Messingbürste und einem Reiniger bearbeitet wird.

Bei mittlerer Einstellung sollte die Flamme gelb und buschig sein. Durch leichtes Blasen in den Luftschlauch wird sie blau und hat nur noch gelbe Spitzen: dies ist die weiche Flamme. Bläst man bei gleicher Einstellung stärker hinein, entsteht die harte spitze Flamme.
Wo der heißeste Teil einer Flamme liegt, läßt sich erkennen, wenn man sie über der Lötunterlage auf- und abbewegt. Ist die Spitze des leuchtend blauen Abschnitts der Flamme ca. 2 cm von der Lötunterlage entfernt, leuchtet die Glühstelle besonders intensiv

Lötunterlagen

Für Lötarbeiten sind spezielle Stoffe und Zubehörteile erhältlich, die großer Hitze standhalten.
Die heute gebräuchlichen Lötunterlagen werden im folgenden näher besprochen. Arbeitet man sehr genau und sicher, kann die Lötunterlage direkt auf dem gewachsten Werkbrett liegen. Dies gilt jedoch nicht bei lackierten und gestrichenen Brettern sowie Resopal- oder Kunststoffbrettern. Hier braucht man noch eine Stahlplatte oder eine drehbare Lötscheibe als zusätzlichen Schutz.
Die Scheiben sind im Durchmesser von 10, 20 und 30 cm erhältlich.

Holzkohle: Diese Lötunterlagen bestehen entweder aus naturbelassener oder gepreßter Holzkohle. Erstere sind für die meisten Lötarbeiten geeignet. Sie sind haltbarer als gepreßte Holzkohle, die manchmal weiterglüht und leicht zerfällt.
Man hat zahlreiche synthetische Lötunterlagen entwickelt, um die früher verwendeten Asbestblöcke zu ersetzen. Diese neuen Typen sind langlebig und behalten ihre glatte Oberfläche bei. Synthetische Lötunterlagen sind am ehesten für Anfänger geeignet.

Drahtgeflecht: Dieses runde Eisendrahtgeflecht mit einem Durchmesser von 10 cm läßt die Hitze mit geringem Wärmeverlust optimal um das Werkstück fließen.

Holzkohlegranulat: Die Arbeit wird beim Erhitzen in feine Holzkohlekörner eingebettet. Für diesen Zweck eignet sich z. B. Aquarienfilterkohle. Man bewahrt sie in einem flachen Stahlbehälter, wie etwa einer Tabaksdose, auf und benutzt sie auch darin.

Werkzeuge für den Umgang mit heißem Metall

Zangen und Messingpinzetten werden bei starker Hitzeeinwirkung weich, deshalb sollte heißes Metall mit speziellen Lötpinzetten und -zangen gehalten werden. Die Kornzange ist ein stabiles Werkzeug mit feinen Spitzen und empfiehlt sich für Anfänger. Die Spitzen einer Lötkreuzpinzette greifen zu, wenn der Handgriff gelockert wird. So kann man das Werkstück während des Lötvorgangs festklemmen, um die Hände zum Ausrichten der Flamme freizuhalten.

Lot

Man unterscheidet drei verschiedene Lotsorten für das Hartlöten: leicht-, mittel- und strengfließendes Lot. Ersteres schmilzt bei der vergleichsweise niedrigsten Temperatur, das mittlere benötigt größere Hitze, das strengfließende Lot braucht noch höhere Temperaturen, um seinen Schmelzpunkt zu erreichen. Das Lot muß grundsätzlich dem zu lötenden Metall entsprechen.
Beim Löten von Gold sollte folglich das Lot mit der Karatzahl und der Farbe des Goldes übereinstimmen, z. B. wird 8 ct Gelbgold mit 8 ct Gelbgoldlot gelötet, 18 ct Weißgold mit 18 ct Weißgoldlot usw. Platin lötet man mit

---

LÖTEN VON ÜBERLAPPENDEN VERBINDUNGEN
1. Teile vorbereiten. Jedes einzelne Element gründlich säubern, das mittlere auf die beiden anderen plazieren.
2. Borax an beide Lötstellen geben. Mit dem feuchten Boraxpinsel alle 3 mm eine Paille anlegen.
3. Das Ganze vorsichtig erhitzen. Die Flamme auf eine Lötstelle konzentrieren bis das Lot fließt. Die andere Seite löten. Beachte: die Teile so legen, daß sie nicht wackeln, wenn sich Metall und Borax unter Hitzezufuhr bewegen.

LÖTEN 31

Zwei Flammentypen
Eine harte Flamme (oben links) ist blau und spitz wie ein Bleistift. Der heißeste Teil der Flamme befindet sich vor dem leuchtend blauen Bereich. Um diese Stelle zu ermitteln, richtet man die Flamme auf die Kohle und bewegt den Griff der Lötpistole auf und ab. Den glühenden Fleck beachten: er leuchtet dort besonders intensiv, wo die Flamme am heißesten ist. Eine weiche Flamme (links) ist buschig und hat gelbe Spitzen. Die meisten Lötarbeiten werden mit weicher Flamme ausgeführt. Da Lot erst fließt, wenn das zu lötende Metall den Schmelzpunkt des Lotes erreicht, muß das ganze Teil erhitzt werden: eine weiche Flamme hüllt das Werkstück bei gleichmäßiger Hitze ein.

Plantinlot, Silber mit Silberlot. Mit Silberlot läßt sich auch Kupfer, Tombak und Messing löten. Für den Anfang kauft man je einen Streifen Silberlot in den verschiedenen Stärken.

Flußmittel

Lot fließt nur, wenn die Metalloberfläche sauber ist. Wird Metall erhitzt, entsteht durch die umgebende Luft eine »Haut«, Oxyd genannt, die den Lotfluß verhindert. Das Flußmittel beugt dieser Reaktion vor, indem es einen luftundurchlässigen Mantel bildet. Das gebräuchlichste Flußmittel ist Borax. Er ist in gepreßter Kegelform erhältlich und wird bei Bedarf in einem Keramikteller angerieben. Einige Goldschmiede bevorzugen flüssigen Borax. Beide Arten eignen sich für alle Lotsorten.

Reinigungslösungen

Nach dem Löten werden Flußmittel und Oxyd in einer Lösung – der Beize – entfernt. Man kann sogenannte Sicherheitsbeizen kaufen, aber die meisten Goldschmiede verwenden lieber eine Alaunlösung oder verdünnte Schwefelsäure. Alaun ist ungefährlich im Hausgebrauch, arbeitet jedoch ein wenig langsamer als Säure und muß erwärmt werden.
Schwefelsäure in zehnprozentiger Verdünnung ist als fertige Beize erhältlich.
Säure wirkt am besten, wenn sie warm ist. Die Hitze verursacht jedoch das Entstehen giftiger Dämpfe, deshalb muß bei der Arbeit mit Säure für ausreichende Belüftung gesorgt sein. Säure in einer Gasflasche mit Glasstöpsel aufbewahren. ACHTUNG: Aus Sicherheitsgründen Schwefelsäure nicht in der Küche oder an Stellen, zu denen Kinder oder Haustiere Zugang haben, verwenden bzw. aufbewahren.

Löttechniken

Es ist unbedingt notwendig, daß die zu verbindenden Metallteile genau aneinander passen, da das Lot durch Kapillarwirkung in die Lötfuge zwischen den Elementen fließt. Die Bereitschaft des Lotes zu fließen nimmt ab, je größer die Lücke zwischen zwei Flächen ist. Solange noch Licht zwischen den Teilen schimmert, ist das Löten generell problematisch. Da die Kapillarwirkung für den Lotfluß notwendig ist, eignet sich Lot nicht zum Füllen sichtbarer Lücken.
Zum Löten von Metall gehören sechs elementare Arbeitsgänge: Säubern, Auftragen des Flußmittels, Auftragen des Lotes, Erhitzen, Abkühlen und Reinigen. Das klingt zwar kompliziert, ist aber ausgesprochen schnell und problemlos durchzuführen.

Säubern des Metalls

Metall, das gelötet werden soll, muß sauber, d. h. frei von Fett und Oxyd sein. Beides kann durch Feilen oder mit Schmirgelpapier entfernt werden.

Auftragen des Flußmittels

Arbeitet man mit Borax, muß zuerst das flache Ende des Kegels mit etwas Wasser in einem Boraxteller angerieben werden, bis eine cremige Mischung entsteht, die dann als Flußmittel verwendet werden kann. Das Flußmittel mit einem feinen Pinsel im Umkreis von 2 mm um die Lötstelle auftragen, so daß es in ausreichender Menge in die Fuge fließen kann. Fertiges Flußmittel wird direkt aus der Flasche entnommen.

Auftragen des Lotes

Zunächst das geeignete Lot auswählen. Muß an einem Stück mehrfach gelötet werden, führt man die erste Verbindung mit strengfließendem Lot aus. Dann folgen mittel- und leichtfließende Hartlote, die jeweils einen niedrigeren Schmelzpunkt haben. Dadurch wird verhindert, daß erste Lötungen durch nachfolgende wieder aufgehen. Das Lot wird in kleine Stückchen geschnitten. Diese Stückchen, Paillen genannt, schmelzen schneller als große »Brocken« und lassen sich gleichmäßiger verteilen. Mit der Lotschere schmale parallele Streifen von 5 mm Länge und 1 mm Breite anschneiden. Einen Finger gegen die »ausgefranste« Kante halten und 1 mm davon entfernt in Querrichtung kleine Stückchen abtrennen. Die Paillen bleiben am Finger kleben und werden fertig zum Gebrauch in einen Behälter gegeben. Paillen, die nicht mit den Fingern festgehalten werden, gehen leicht verloren.

Um das Lot auftragen zu können, zunächst einen feinen Pinsel in das Flußmittel tauchen. Mit dem angefeuchteten Pinsel die Paillen aufnehmen und entlang der Lötstelle plazieren. Das Lot muß mit beiden Teilen Verbindung haben. Mit der Zeit lernt man, wieviel Lot für eine Arbeit benötigt wird. Anhaltspunkt ist ein Abstand von 3 mm zwischen den Paillen.

Erhitzen des Werkstücks

Das Werkstück auf eine geeignete Lötunterlage legen. In einer Hand befindet sich die Lötpistole, in der anderen eine Stahlpinzette.

Den ganzen Gegenstand mit weicher Flamme kreisförmig erwärmen. Das im Flußmittel enthaltene Wasser verdampft, wodurch der Borax weiß und blasig wird. Weiterhin sanft Hitze zuführen. Mit etwas Glück legen sich Borax und Paillen wieder genau an die Fuge zurück. Falls nicht, werden die Stückchen mit der Pinzette unter fortgesetzter Hitzezufuhr wieder an die richtige Stelle plaziert. Kurz bevor das Lot zu fließen beginnt, verdunkelt sich die Farbe des Borax. Im nächsten Augenblick schmilzt das Lot und sollte in die Fuge fließen. Es zeigt sich in diesem Moment als eine strahlend silberne Linie. Sofort die Flamme wegnehmen.

Das Lot fließt, wenn die Temperatur des zu lötenden Metalls den Schmelzpunkt des Lotes erreicht. Erhitzt man nur das Lot, fließt es zwar, jedoch nicht unbedingt in die gewünschte Fuge. Lot fließt an die heißeste Stelle. Man muß es also mit der Flamme so lenken, daß es durch sein Streben zur größten Hitze gezwungen wird, den vorgeschriebenen Weg einzunehmen.

Kleine Metallteile nicht direkt erhitzen, da sie viel schneller heiß werden als große Teile und möglicherweise schon vor dem Lot schmelzen. Auch kann es passieren, daß das Lot zwar auf die kleinen, jedoch nicht auf die großen, kühleren Metallteile fließt. Um dies zu vermeiden, wird nur der größere Körper erhitzt, der die Wärme dann auf das kleinere Element überleitet.

Bei erneutem Erhitzen geht das Lot eine intensivere Legierung mit der Metallumgebung ein. Durch diese Veränderung seiner Zusammensetzung erhöht sich bei jedem Folgelöten der Schmelzpunkt des Lotes um ein paar Grade. Wenn man also mit einer Lotsorte sorgfältig mehrere Lötungen ausführt, dürften die ersten Verbindungen nicht wieder aufgehen. Jedoch sollten diese Stellen mit Borax bestrichen werden, um das Nachfließen des Lotes zu verhindern. Fließt es überhaupt nicht, muß überprüft werden, ob folgende Voraussetzungen erfüllt sind:

1. Das Metall ist sauber – frei von Oxyd, Fett und Säure.
2. Borax und Pinsel sind sauber.
3. Die Lotstelle ist reichlich mit Borax bedeckt.
4. Die Temperatur des Metalls ist hoch genug.
5. Die Lotmenge reicht aus.
6. Die Metallteile berühren sich.

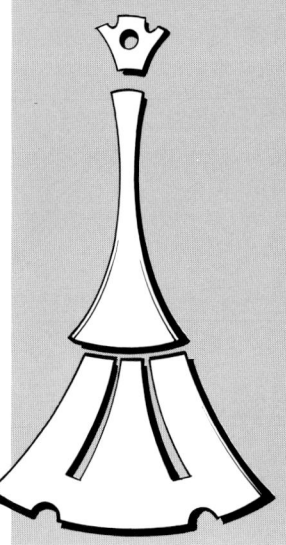

LÖTEN EINER STUMPFEN VERBINDUNG
Am häufigsten werden stumpfe Verbindungen gelötet. Die zu verbindenden Elemente müssen ganz genau zusammenpassen. Beim Hartlöten verbindet sich das Lot unter Hitze mit den angrenzenden Metallteilen. Es dient nicht als Lückenfüller. Eine mit Lot überbrückte Fuge ist selten haltbar, da erneutes Erhitzen der Metallumgebung zu einer weiteren Legierung des Lotes führt. Es zieht sich aus der ungenauen Lötfuge zurück und läßt die Lücke wieder erscheinen.

LÖTEN **33**

Abkühlen und reinigen

Nach dem Löten sollte das Werkstück abkühlen. Es bleibt entweder auf der Lötunterlage oder wird auf einen kleinen Brettamboß gelegt, um den Abkühlvorgang zu beschleunigen.

Zum Reinigen wird die Arbeit etwa fünf Minuten lang in die Säure gelegt. Alaunlösung muß leicht erhitzt werden. Die Lösung kommt in einen kleinen Behälter aus Email, rostfreiem Stahl oder hitzebeständiger Keramik und wird auf einem Herd oder Bunsenbrenner erwärmt. Verdünnte Schwefelsäure kann auch kalt verwendet werden, wirkt aber besser, wenn sie warm ist. Man schüttet eine geringe Menge Säure in einen hitze- und säurefesten Behälter – mit Deckel wegen der Dämpfe – und stellt ihn auf einen Dreifuß. Es genügt, den Behälter von unten mit dem Dauerflämmchen des Bunsenbrenners leicht zu erwärmen.

Das Werkstück mit der Messingpinzette in die Säure legen und damit auch wieder herausnehmen. Stahl reagiert mit der Säure und würde sie verunreinigen. Ist man zufällig mit der Stahlpinzette in die Säure gelangt, muß sie ausgewechselt werden.

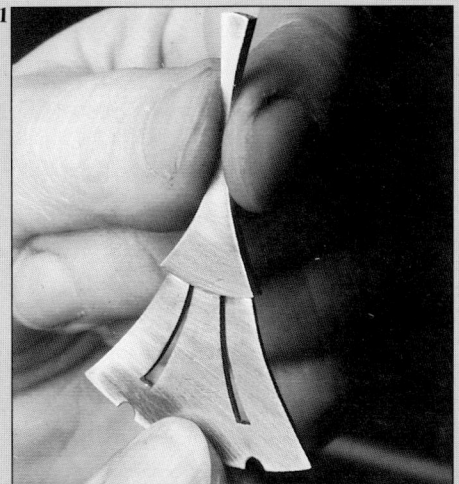

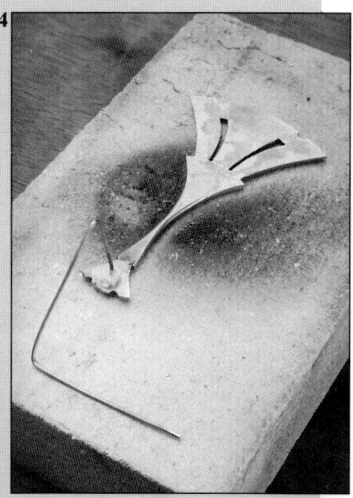

1. Ohrringelemente aussägen. Verbindungsstellen feilen, bis die Teile genau zusammenpassen. Zur Probe gegen das Licht halten. Vor dem Löten alle Lücken schließen.
2. Auf einer flachen Lötunterlage die Teile zusammenlegen. Strengfließendes Lot an die Fuge legen, dabei die Paillen so plazieren, daß sie beide Metallteile berühren. Löten, abkühlen, abbeizen und auswaschen.
3. Das obere Element mit mittelfließendem Lot anlöten: mit der Flamme über den Grundkörper gleiten, der die Hitze in das kleine Element weiterleitet. Durch indirektes Erhitzen verringert sich das Risiko, daß das kleine Teil schmilzt oder das Lot nur auf das obere Element fließt. Sollte letzteres trotzdem passieren, erneut erhitzen und auf die richtige Gesamttemperatur achten. Dann das geschmolzene Lot mit einer Stahlnadel (einer spitzen Stahlpinzette) über die Lötfuge ziehen.
4. Den Ohrsteckerdraht biegen und wie gezeigt auf den Ohrring stellen. Das gereinigte Metall mit Borax einpinseln, leichtfließendes Lot auftragen. Wiederum den Grundkörper erhitzen, damit der feine Draht nicht schmilzt. Das Stück abkühlen lassen und reinigen. Dann den Ohrsteckerdraht auf etwa 12 mm Länge kürzen. Eine Schnecke kaufen oder selbst anfertigen. Als Alternative gibt es auch die preiswerten und bequemen Nylonschnecken.

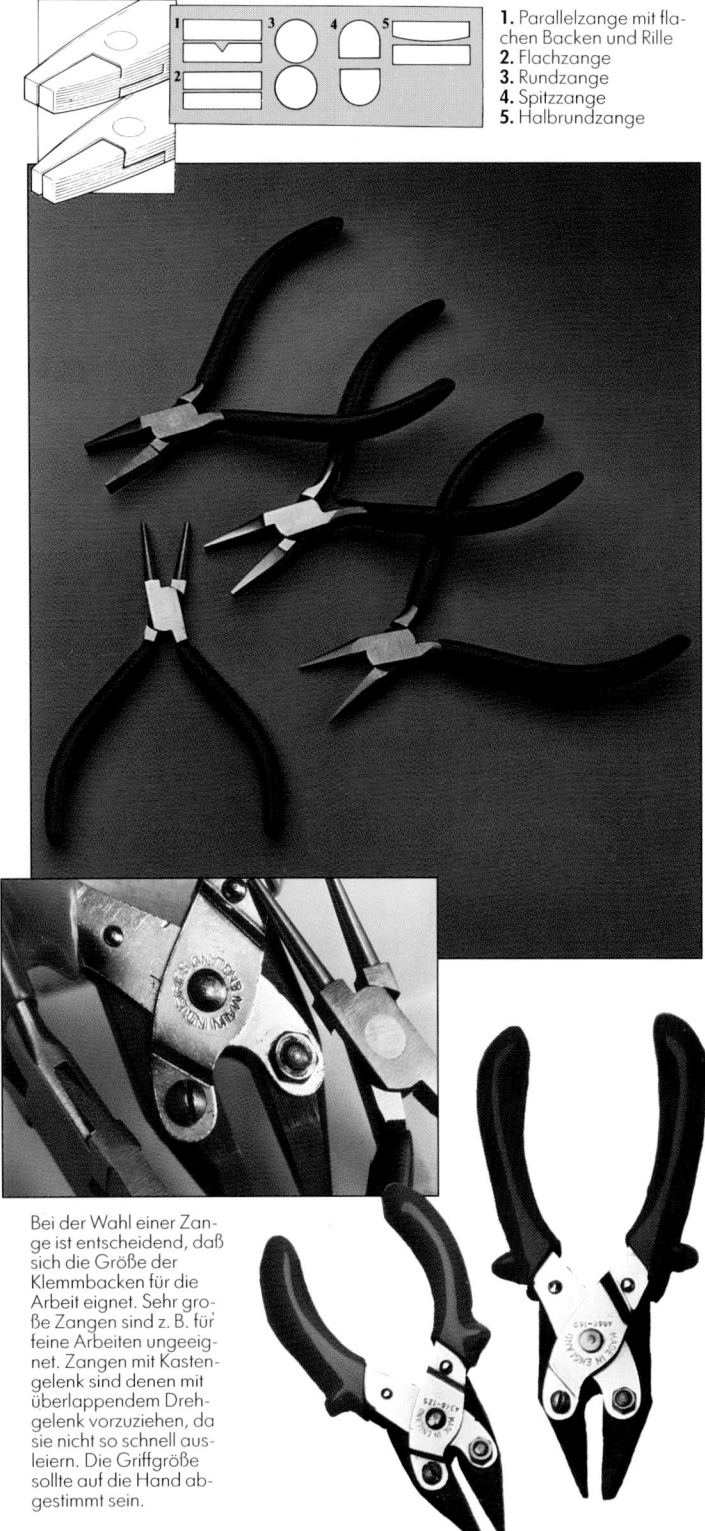

1. Parallelzange mit flachen Backen und Rille
2. Flachzange
3. Rundzange
4. Spitzzange
5. Halbrundzange

Bei der Wahl einer Zange ist entscheidend, daß sich die Größe der Klemmbacken für die Arbeit eignet. Sehr große Zangen sind z. B. für feine Arbeiten ungeeignet. Zangen mit Kastengelenk sind denen mit überlappendem Drehgelenk vorzuziehen, da sie nicht so schnell ausleiern. Die Griffgröße sollte auf die Hand abgestimmt sein.

BIEGEN

Ideal ist es, Metall von Hand zu biegen, da es so am wenigsten Schaden leidet. Da die Finger jedoch nicht immer die geeignete Form haben und nur geringen Krafteinsatz ermöglichen, nimmt man Werkzeuge wie Zange und Hammer zur Hilfe.

Zangen

Goldschmiede benutzen Zangen zum Festhalten, Formen und Biegen von Metall. Zangen unterscheidet man anhand der Form ihrer Klemmbacken und ihres Drehgelenks. Gewöhnliche Zangen haben entweder ein Kastengelenk oder ein überlappendes Drehgelenk. Besser sind erstere, da sich ihre Backen selbst nach langer Beanspruchung kaum lockern.
Die Backen einer Parallelzange öffnen und schließen sich parallel zueinander, was einen komplizierteren Bewegungsnietmechanismus als bei gewöhnlichen Zangen erfordert. Parallelzangen eignen sich hervorragend zum sicheren Festhalten von Werkstücken.

Ausglühen

In den meisten Fällen muß Metall vor dem Biegen »weichgemacht« werden. Dies geschieht durch Ausglühen. Hierzu wird das Metall erhitzt, bis es matt rot schimmert. Dann läßt man es auf einem Bretteisen auskühlen.
Metall wird hart, wenn es mechanischer Arbeit ausgesetzt wird. Diesen Effekt nennt man Härten. Sobald das Metall nur noch schwer zu bearbeiten ist, sollte es wieder ausgeglüht werden. Ausglühen schadet dem Metall nicht, wenn man jedoch versucht, gehärtetes Metall zu biegen, besteht die Gefahr, daß es bricht oder sich verzieht.

Biegen eines Bandringes

Um einen Bandring, wie etwa einen Ehering, zu biegen, nimmt man einen ausgeglühten Metallstreifen und klemmt ein Ende zwischen die Backen einer großen Halbrundzange. Nun mit dem Biegen beginnen. Die halbrunde Klemmbacke befindet sich auf der Innenseite des Bogens. Mit der Zange am Metall entlanggleiten und die nächsten Millimeter biegen.
Auf diese Weise fortfahren, bis der Ring rund ist.

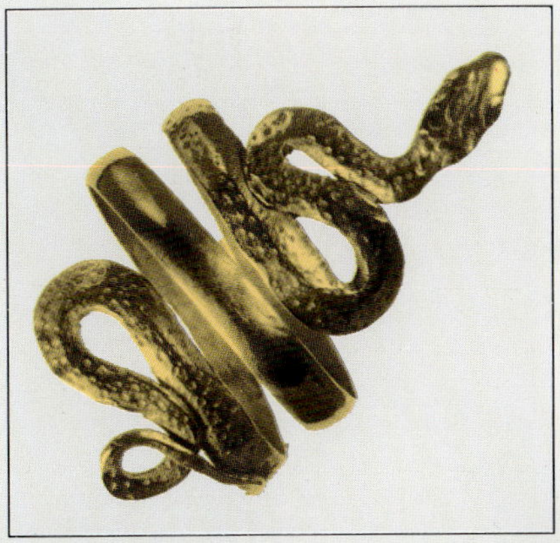

BIEGEN 35

Hellenistischer Schlangenring (links) aus dem 1. Jh. vor Chr. Eine Anleitung für einen ähnlichen Ring folgt auf Seite 37.

18 ct Gold und Sterlingsilber wurden von Arline Fisch (USA) zunächst miteinander verwoben und dann zu dieser außergewöhnlichen Brosche (unten) geformt.

Die Ohrringe (unten) von Joel Degen (GB) sind aus rostfreiem Stahl und hochglanzgeätztem Titan. Die gewellten Teile wurden gepreßt.

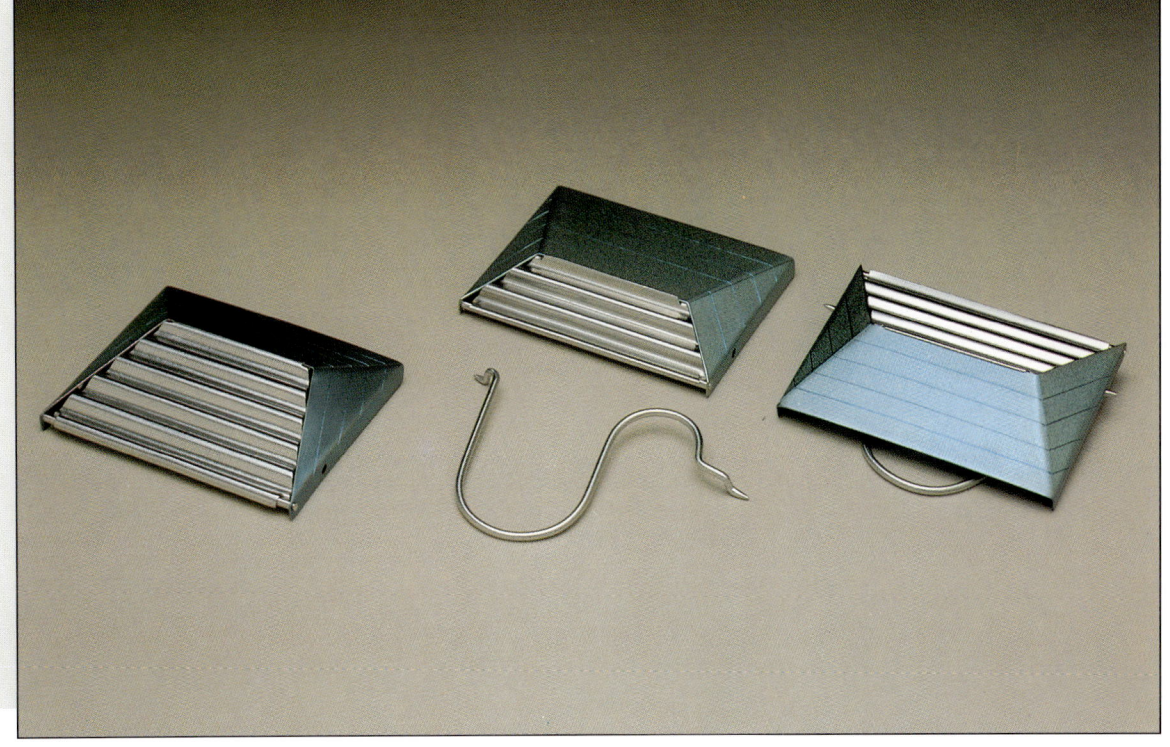

Biegen eines Bandrings

1. Man wählt eine große Halbrundzange mit geeigneter Klemmbacke. Das Metall langsam um die Rundung der Klemmbacke biegen, indem gleichzeitig die Zange gedreht und der Streifen gezogen wird. Sobald das Metall federt oder ungeschmeidig wird, erneut ausglühen. Mit der Zange am Metall entlanggleiten, dabei immer nur kleine Abschnitte auf einmal biegen. Fortfahren, bis der Streifen überlappt und einen vollständigen Kreis bildet. Dort, wo das Metall doppelt liegt durchsägen und die Enden zusammenführen. Wurde akkurat gesägt, passen sie genau zusammen. Löten.

Biegen eines flachen Rings

2. Mit der Säge beide Klemmbacken ca. 8 mm

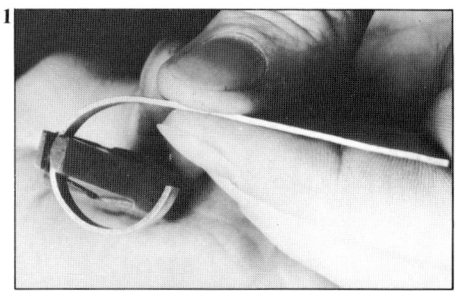

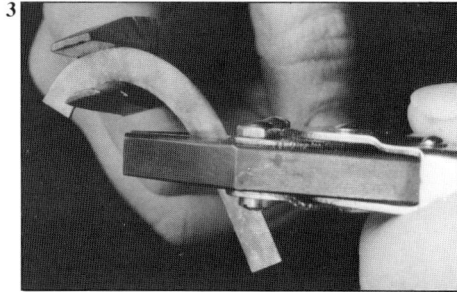

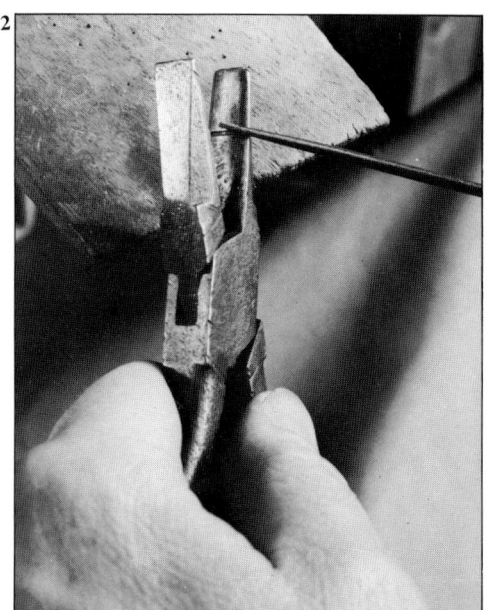

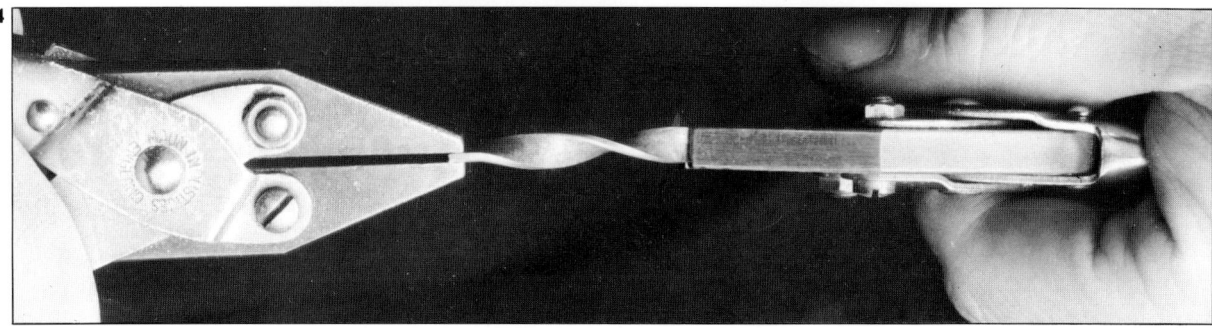

vom Zangenmaul entfernt markieren und mit einer Dreikant-Nadelfeile je eine Rille feilen. Die Rillen müssen einander genau gegenüber liegen und der Form der jeweiligen Klemmbacke folgen. Scharfkantig feilen.
3. Den Metallstreifen zuerst in einer Parallelzange festklemmen und dann in die Rillen der Halbrundzange nehmen. Das Metall in einen Bogen ziehen. Häufig ausglühen: wenn der Streifen beult, mit einem Holzhammer wieder flachklopfen.

Spirale

4. Beide Enden des Streifens in Flachzangen klemmen und drehen.

Biegen eines flachen Rings

Zum Biegen eines flachen Rings, der wie ein Dichtungsring aussieht, benötigt man eine Parallelzange mit flachen Backen und eine Halbrundzange. Damit sich der Metallstreifen mit der Halbrundzange sicherer führen läßt, feilt man in die gewölbte Backe ca. 8 mm vom Zangenmaul entfernt eine Rille. Zuerst mit der Säge eine Linie markieren, dann mit einer Dreikant-Nadelfeile eine V-förmige Rille einfeilen. Sie sollte etwa 1 mm tief sein und der Form der Klemmbacke folgen. Die Zange wird hierdurch um einiges vielseitiger.

Das ausgeglühte Metall mit einer Parallelzange 3 cm vom Streifenende entfernt locker festhalten. Das Ende von der Hand wegschwenken, so daß der Streifen drehbar in der Zange lagert. Der hintere Teil des Metallstreifens schließt gegen das Zangengelenk. Nun die Parallelzange anziehen. Den Streifen in die Rille der Halbrundzange nehmen, wobei sich die gewölbte Backe näher an der Parallelzange befindet. Das freie Ende des Metallstreifens langsam in Richtung Parallelzange biegen. Mit der Halbrundzange weitergleiten und den nächsten Abschnitt biegen.

Häufig ausglühen, um Risse oder Beulen zu vermeiden.

Drehen von Metall

Ein Metallstreifen wird spiralförmig, wenn man beide Enden in je eine Flachzange nimmt und diese in entgegengesetzte Richtungen dreht.

HERSTELLUNG EINES SCHLANGENRINGS

Bei diesem Projekt kann man sich mit unterschiedlichen Biegearten und Zangentypen vertraut machen. Das Metall immer wieder ausglühen, um Risse zu vermeiden.

Materialien

Parallelzange mit flachen Backen
große Halbrundzange
Rundzange
Spitzzange
Feilen
Ausrüstung zum Glühen
Hammer, Holzhammer und Brettamboß zum Nachbessern von Bögen
Ringriegel zur endgültigen Formgebung
Halbrunddraht:
20 × 2,5 mm × 1,5 mm (aus allen zuvor für andere Projekte gelisteten Metallen)
Strengfließendes Lot

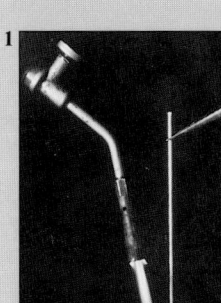
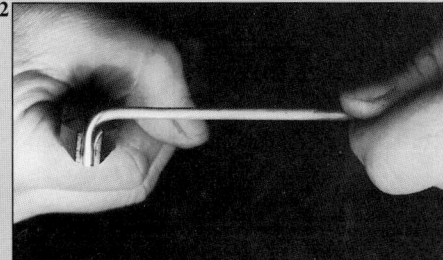

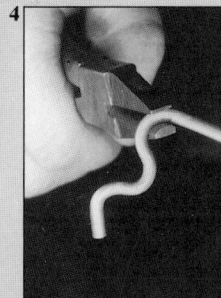
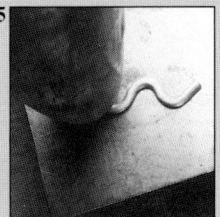
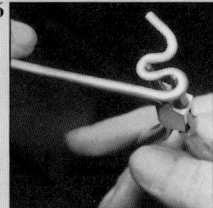

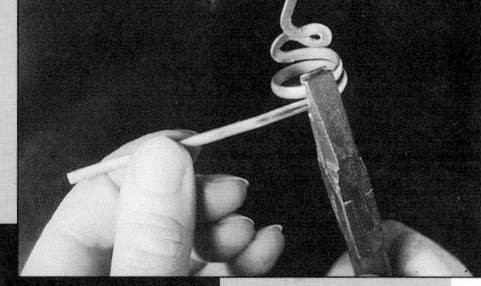
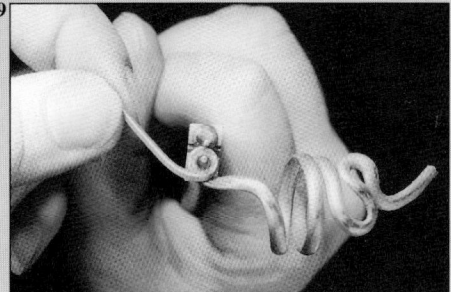
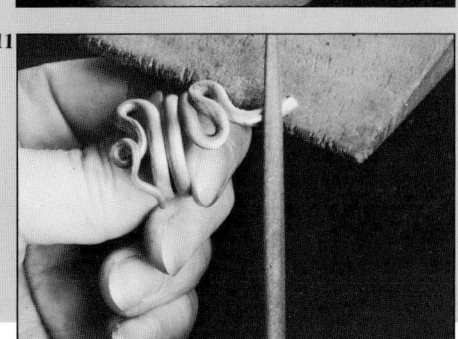
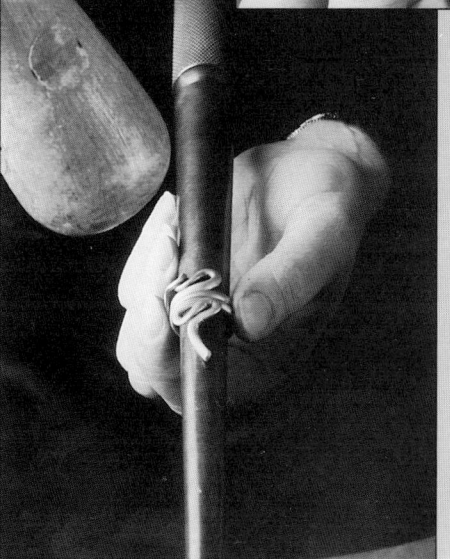

1. Den Halbrunddraht senkrecht in einer Lötpinzette halten und die Flamme von oben auf das Metall richten. Den roten Glühflecken langsam am Draht hinunterführen, um gleichmäßiges Ausglühen zu garantieren.
2. Den ersten Bogen mit der gerillten Halbrundzange ausführen.
3. Verzieht sich das Metall, wird es mit einem Stahlhammer auf dem Brettamboß wieder gerichtet.
4. Zwei weitere Bögen mit der Halbrundzange biegen.
5. Unerwünschte Buckel mit dem Holzhammer auf dem Brettamboß wieder flachklopfen.
6. Den zweiten und dritten Bogen enger machen, indem man die Spitzen einer Rundzange in die Bögen setzt und dreht.
7. Den dritten Bogen durch Zusammendrücken mit der Parallelzange überlappen lassen.
8. Zum Herstellen des Ringkörpers den Draht mit einer großen Halbrundzange zu einer Spirale biegen.
9. Die Schwanzkurven mit einer Rundzange fertigstellen.
10. Falls notwendig, den Ring auf dem Ringriegel mit einem Holzhammer gleichmäßig rundklopfen.
11. Den Kopf feilen, Kratzer entfernen. Den Schwanz an den Körper löten. Mit der Feile (Hieb 4) strukturieren oder den Ring polieren (siehe Seite 42). Größere Ähnlichkeit mit dem Ring Seite 35 erreicht man durch Bearbeiten mit einem Kugelhammer.

HÄMMERN

Es gibt viele verschiedene Hammertypen, die dem Formen, Dehnen und Gestalten von Metall dienen. Die meisten Hämmer haben einen Stahlkopf, mit dem Metall geformt, gedehnt und strukturiert wird. Holzhämmer formen Metall und dehnen ein wenig, hinterlassen jedoch bei vorsichtiger Anwendung keine Spuren. Der Lederhammer formt, ohne zu dehnen oder zu markieren. Gelegentlich benutzt man einen Hornhammer zum spurlosen Formen von Metall.

Das Metall wird auf einem flachen oder ausgeformten Amboß mit dem Hammer bearbeitet. Der Amboß trägt mit zur Formung des Metalls bei. Er besteht immer aus einem stabilen Material, das Hammerschlägen standhält und ist in verschiedenen Größen und Formen erhältlich.

Walzen

Metall kann mit einer handbetriebenen Walze gedehnt, dünner gezogen und strukturiert werden. Zwar gehört die Walze kaum zu den ersten Dingen, die sich ein Anfänger anschafft, jedoch besteht oft in Lehranstalten Zugang zu diesem nützlichen Gerät. Es gibt glatte Stahlwalzen für Blech, gerillte für Draht oder gemusterte zum Strukturieren von Metallstreifen. Beim Walzen wird ausgeglühtes Metall durch entsprechend eingestellte Stahlwalzen gerollt. Die Stärke des Metalls sollte nicht zu schnell reduziert werden, da es sonst rissig werden kann. Das Silberarmband (rechts) von Susan May wurde mit einem Hammer geschmiedet. Die gehämmerte tunesische Gliederkette (ganz rechts) ist aus vergoldetem Messing.

Drei wichtige Werkzeuge für die Metallbearbeitung sind der Hornamboß, der Ringriegel zum Dehen und Formen und der Brettamboß zum Richten von Metall (oben von links nach rechts).

1. Spann- und Polierhammer
2. Bretthammer
3. Ziselierhammer. Der kugelige Griff ermöglicht ein sanftes Aufschlagen beim Ziselieren.
4. Schlichthammer zum Schlichten von Metall
5. Schmiedehammer
6. Bossierhammer
7. Holzhammer
8. Lederhammer

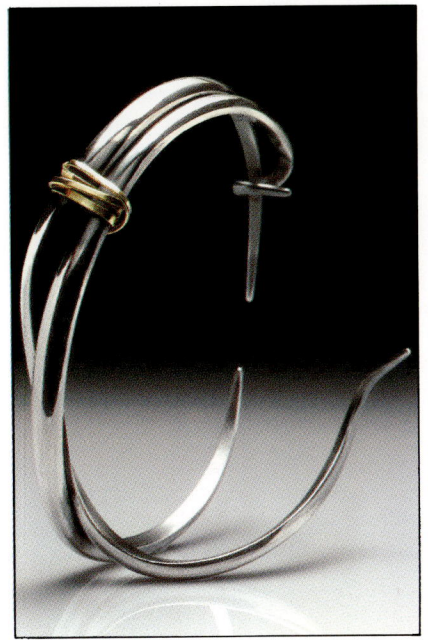

Hammer, Holzhammer und Amboß

Ein Spann- und Polierhammer mit einem Gewicht von 115 g ist ein ausgesprochen praktisches Werkzeug. Mit einer kugelförmigen und einer runden, flachen Bahn ist er für zahlreiche Aufgaben geeignet. Ein Schmiedehammer hat rechteckige Schlagflächen. Für die meisten Schmiedearbeiten ist ein Hammergewicht von 225 g zweckmäßig. Sehr nützlich sind außerdem der Lederhammer (3,8 cm) und der Bossierhammer (5 cm).

Die wichtigsten Amboßtypen sind der Brettamboß aus Werkzeugstahl (7,5×7,5 cm) und der Ringriegel. Der Ringriegel ist ein nach oben spitzer zulaufender Stahlstab, mit dem Ringe und ringförmige Metallobjekte in Form gebracht werden. Ein Durchmesser von 8 mm bis 3,3 cm deckt die meisten Erfordernisse ab.

Formen und Dehnen von Metall

Bevor Metall mit dem Hammer bearbeitet wird, muß es durch Ausglühen gefügig gemacht werden. Nach dem Ausglühen an einer Stelle des Werkstücks mit dem Hämmern beginnen und das Metall, sobald es seine Form verändert, weiterschieben und das nächste Stückchen bearbeiten. Metall wird durch Hammerschläge gehärtet, deshalb ist bei Schmiedearbeiten häufiges Ausglühen notwendig.

Verschiedene Techniken des Hämmerns

Hammerschläge härten das Metall, deshalb sofort ausglühen, wenn es widerspenstig wird. Mit Geschick und Erfahrung erkennt man den richtigen Zeitpunkt zum Ausglühen am Klang und am Schlaggefühl. Zuerst fährt der Hammer dumpf in das geschmeidige Metall. Wird es hart, beginnen die Schläge zu klingen, wenn das Metall gegen den Amboß trifft. In den folgenden Übungen wird Metall auf einem Brettamboß bearbeitet:

1. Ein Bogen entsteht durch Entlangschlagen an einer Seite des Streifens mit einem flachen oder kugeligen Hammer. Auf der gehämmerten Seite dehnt sich das Metall, so daß der Streifen auf der anderen Seite einen Bogen bildet.

2. Breiter wird der Streifen, wenn er mit der Schlagfläche des Schweifhammers längsseitig bearbeitet wird.

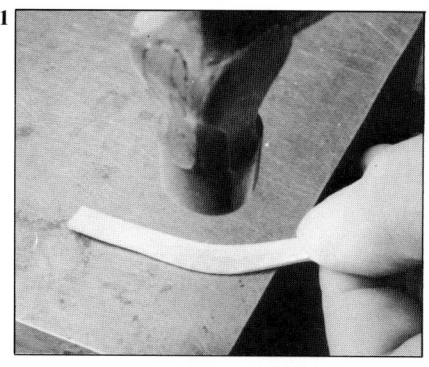
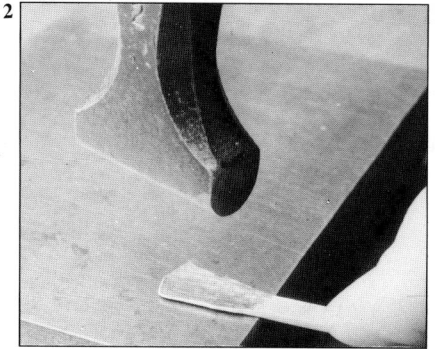
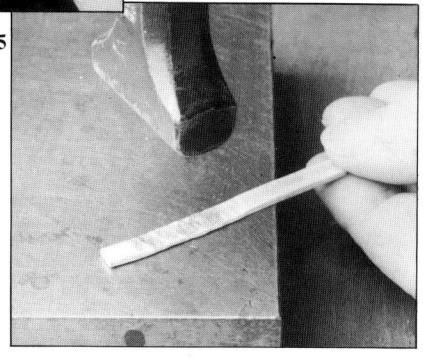

3. Eine Wölbung erreicht man durch Schlagen konzentrischer Kreise mit einem Kugelhammer.
4. Die Wölbung wird mit einer flachen Hammerbahn wieder geschlichtet.
5. Länger wird der Streifen durch Schlagen mit dem Schweifhammer. Der Hammerkopf arbeitet im rechten Winkel zum Metallstreifen.

Sobald das Metall, anstatt seine Form zu verändern, zurückspringt, erneut ausglühen. In welcher Weise das Metall modelliert wird, hängt von der Form der Hammerbahn und von der Amboßart ab. Die Schlagwirkung eines Hammers mit runder Schlagfläche, z. B., ist nach allen Seiten gleich, bei einem rechteckigen Hammerkopf wirkt die Verdrängung an den langen Seiten stärker. Um eine möglichst starke Formung zu erreichen, legt man das Werkstück auf einen Stahlamboß und bearbeitet es mit einem Stahlhammer.

Ein Metallstreifen wird gedehnt, indem man ihn quer mit einem länglichen Hammerkopf

HERSTELLUNG EINES ARMREIFS

Materialien	
Ausrüstung zur Motivübertragung Säge und Blättchen Feilen Holz- oder Lederhammer Schlichthammer Amboß: Stahl- oder Holzstab mit 5 cm Durchmesser	**Metallblech:** 1 mm stark. Mit einem Papierentwurf die richtige Länge und Breite ermitteln, evtl. bereits vor dem Metallkauf.

Dies ist eine Anleitung für einen ähnlichen Armreif, wie die abgebildeten kolumbianischen Goldarmreifen (um 1500). Zuerst sollte man sich über Länge und Breite des Schmuckstücks und die Form seiner Enden klar werden. Die gezeigten Objekte sind beispielsweise nur 8 cm breit. Die Länge ermittelt man durch Anpassen eines Papierstreifens um das Handgelenk: einen Spielraum von 3 cm für problemloses An- und Ausziehen einkalkulieren. Die Enden werden von Hand oder mit dem Zirkel aufgezeichnet.

1. Man benötigt einen Stahl- oder Hartholzamboß mit geeignetem Durchmesser. Der Durchmesser kann ruhig ein wenig geringer, jedoch nicht größer als der des Armreifs sein.

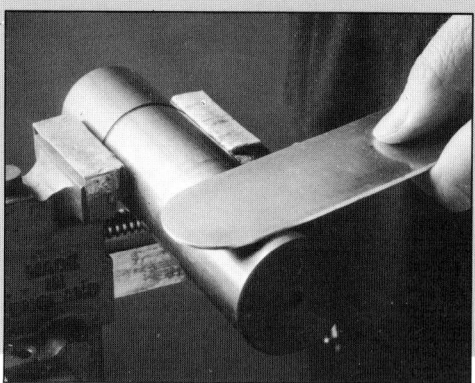

schlägt. Breiter wird der Streifen, wenn man ihn mit demselben Hammerkopf längsseitig bearbeitet. In beiden Fällen liegt das Metall auf dem Brettamboß.
Schlägt man in die Mitte eines auf dem Brettamboß liegenden Blechs, wird die seitliche Verdrängung des umgebenden Metalls herabgesetzt. Folglich bewegt sich der Mittelbereich nach oben, und es erscheint eine Ausbuchtung. Schlägt man das Blech jedoch in Kantennähe, tritt das Metall seitlich heraus, wodurch eine gerundete Kante entsteht.

Unebenheiten auf der Hammerbahn übertragen sich auf das Metall. Dies läßt sich zum Schaffen einer Oberflächenstruktur verwerten. Zunächst ein Rillenmuster in die Bahn feilen. Dann das ausgeglühte Metall auf den Brettamboß legen und mit dem Hammer die gewünschte Struktur schlagen.

Schlichthammer muß kratzerfrei und poliert sein: je besser der Hammer, desto besser das Oberflächenergebnis. Den Armreif auf den Amboß legen und mit gleichmäßigen Schlägen gerade Linien hämmern. Das Werkstück sollte Berührung mit dem Amboß haben und die Schläge ein klingendes Geräusch verursachen. Ein hohler Klang zeigt an, daß Metall und Amboß nicht richtig in Kontakt sind. Eine gut geschlichtete Oberfläche hat einen matten Schimmer. Die gehämmerten Goldarmreife (unten) sind aus der Ausstellung »The Gold of Eldorado« der Royal Academy, London, im Jahre 1978. Sie stammen aus Kolumbien.

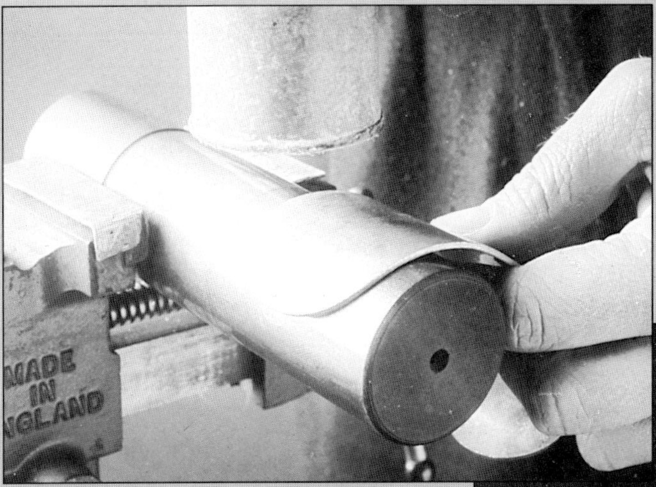

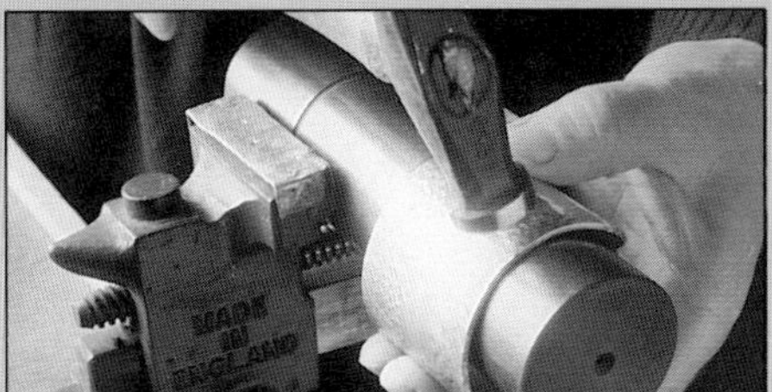

2. Das Metall ausglühen und auf den Amboß legen. Mit einem Holz- oder Lederhammer ein Ende bearbeiten. Dann das andere Ende hämmern. Einen gleichmäßigen Bogen erreicht man, indem man den Reif zentimeterweise schlägt und dann auf dem Amboß weiterschiebt. Ausglühen, bevor der mittlere Abschnitt erreicht ist.

3. Das Glätten der Oberfläche und Aushärten des Metalls nennt man Schlichten. Der

VOLLENDENDE TECHNIKEN

Im allgemeinen erhält ein Werkstück zur endgültigen Fertigstellung eine Oberflächenbehandlung, z. B. attraktive Hochglanzpolierung. Manchmal kann auch eine matte Oberfläche passender oder eine strukturierte Oberfläche interessanter sein.

Polieren von Metall

Strahlender Glanz kann sowohl von Hand als auch mit der Maschine erzielt werden, vorausgesetzt man arbeitet sorgfältig, was recht langwierig sein kann. In einer kommerziellen Werkstatt nehmen manchmal die verschiedenen Polierstufen genausoviel Zeit in Anspruch, wie die übrige Fertigstellung. Bevor man mit dem Polieren beginnt, müssen Feilkratzer und andere größere Schönheitsfehler durch Schmirgeln von der Oberfläche entfernt werden. Die Weiterbehandlung erfolgt mit immer feiner werdenden Schleifmitteln.

Vorbereitende Techniken

Nach dem Feilen wird die Metalloberfläche in der Regel mit einem groben Schmirgelpapier bearbeitet. Zum Schmirgeln von Hand faltet man das Schmirgelpapier je nach Form des Metalls zu einem kleinen Kissen oder man wickelt es um einen langen schlan-

Große Maschinen
1. Die Werkstücke kommen gemeinsam mit polierten Stahlkügelchen in die Poliertrommel und werden einige Stunden durcheinandergewirbelt. Auf diese Weise lassen sich viele Teile auf einmal polieren, jedoch nur solche, die weder ebene Flächen noch feine Vorsprünge haben. Rauhe Oberflächen können auch mit einem Schleifmittel geglättet werden. Die gezeigte Poliertrommel arbeitet mit Vibration. Die meisten Geräte haben rotierende Hexagonaltrommeln.
2. Im Ultraschallbad werden Fett- und Schmutzrückstände vom Poliervorgang entfernt.
3. Diese Poliermaschine mit doppelter Spindel hat eine Luftabsaughaube. Die niedrig angebrachte Haube schützt die Augen vor herumfliegenden Teilchen und Staub. Vor der Maschine stehend sieht der Bediener nur das Polierrad und das zu polierende Werkstück. Man sollte sich angewöhnen, die linke Seite zum Schleifen und die rechte zum Polieren zu benutzen.
4. Schleif- und Polierrädchen für die Hängebohrmaschine
5. Scheiben für die Poliermaschine

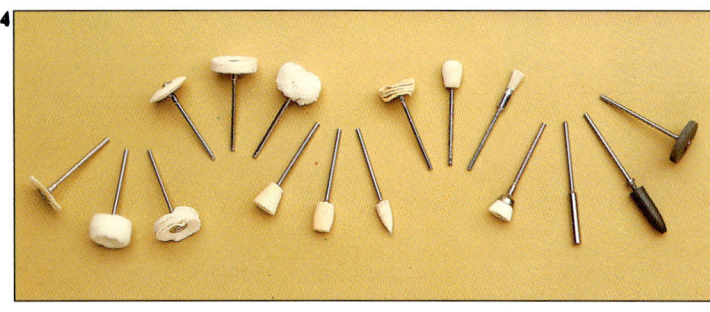

ken Holzstab. So entsteht ein Schmirgelholz. Siliziumfeilen haben eine leicht schleifende Wirkung. In nassem Zustand beseitigen sie tiefere oder schwer zugängliche Kratzer. Da das Steinmaterial sehr weich ist, läßt es sich für die jeweilige Arbeit zurechtformen. Erhältlich sind Siliziumfeilen in quadratischer Kontur mit einer Länge von 10 cm. Die Breite variiert von 3 mm bis 2,5 cm.

Die vorbereitenden Arbeiten enden mit Schmirgelpapier, Körnung 2/0. Je nach Bedarf ein Kissen falten oder ein Schmirgelholz zurechtmachen.

Schleif- und Polierpasten

Strahlender Glanz läßt sich mit nur zwei Bearbeitungsstufen erzielen. Die Allzweckschleifpaste Tripel benutzt man in der ersten Stufe. Anschließend folgt das Polierrot. Diese extra feine Polierpaste schafft eine gute Politur ohne allzuviel Fett.

Handpolierwerkzeuge

Mit Wildleder beklebte Stäbe unterschiedlicher Form und Größe sind ausgesprochen praktisch. Tripel und Polierrot auf getrennten Hölzern verwenden.

Löcher und schmale Zwischenräume poliert man mit Ziehfäden oder Zahnstochern, die man zuvor mit Polierpaste präpariert hat.

Poliermaschinen

Die Hängebohrmaschine ist ein elektrischer Motor mit regulierbarer Geschwindigkeit, der mit einer biegsamen Welle verbunden ist, an deren Ende sich der Handgriff mit dem Spannmaul befindet. Gute Hängebohrmaschinen werden durch ein Fußpedal bedient. Die kleinen Bürsten und Rädchen, die in das Futter eingespannt werden, eignen sich hervorragend zum Bearbeiten kleiner Teile, jedoch nicht für größere Flächen. Große Flächen werden mit der leistungs-

Dynamische Effekte sind oft das Resultat einer phantasievollen Oberflächenbehandlung. Die Möglichkeiten sind grenzenlos, und durch Experimentieren läßt sich immer wieder Neues entdecken. Die faszinierenden Krater in den Ringen (unten) von Siglinde Brennan sind durch ein schlichtes Rechteck umrahmt, das je zwei Finger bedeckt.

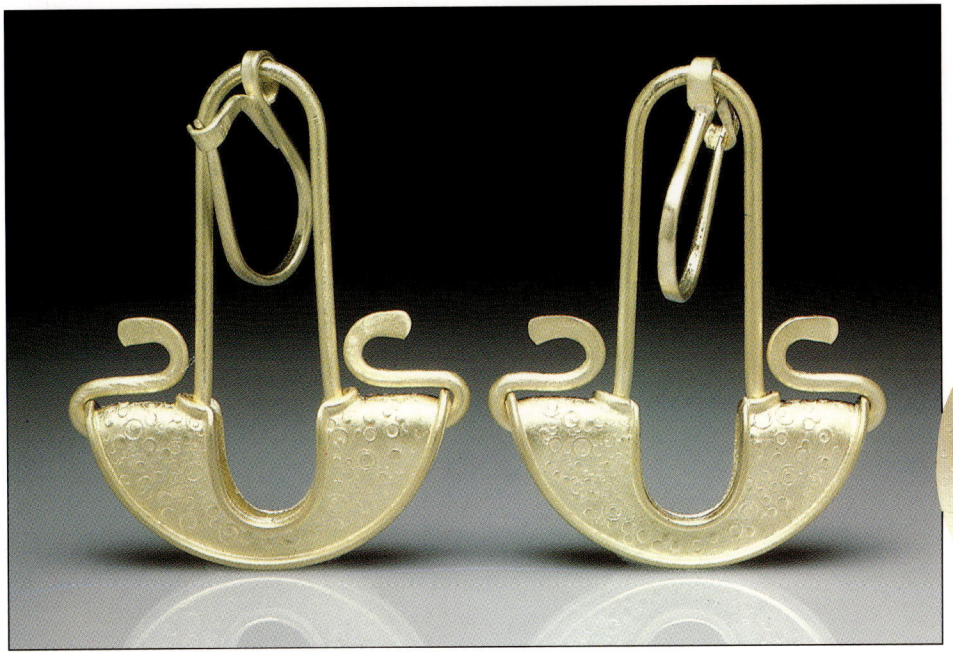

Der Einsatz verschiedener Oberflächenbehandlungen an einem Objekt kann subtil oder auffällig wirken. Ein gelungenes Beispiel zeigen die Arbeiten von Yehuda Tigat (links und unten). Die Ohrringe (links) und die mit Opal und Topas besetzte Brosche (unten) sind aus 18 ct Gold.

starken Poliermaschine behandelt. An der Motorspindel werden unterschiedliche Schleif- und Polierscheiben befestigt. Ein Motor mit 2800 bis 3000 U/min erzeugt bei Edelmetallen die beste Politur. Es gibt Motoren von 1/12 PS an aufwärts. Für Hobbygoldschmiede ist ein Motor mit 1/4 PS zweckmäßig.

Zubehör für die Poliermaschine

Es gibt unzählige Zubehörteile für Polierarbeiten. In der Hängebohrmaschine benutzt man Filz- und Stoffrädchen für Tripel und Wollräder für Polierrot. Ihre jeweilige Form ist auf die Anforderungen des Stücks abzustimmen. Die Rädchen nutzen schnell ab, deshalb ist es ratsam, gleich mehrere auf einmal zu kaufen. Schleifen kann man auch mit Gummirädern und -spitzen. Mit Hilfe von Schmirgelpapierröllchen, die in einer gespaltenen Spindel befestigt werden, lassen sich Arbeiten, wie z. B. das Schmirgeln einer Ringschiene, enorm beschleunigen. Von den vielen Zubehörteilen für die Poliermaschine benötigen Anfänger zunächst ein ungestepptes, hartes Stoffrad (7,6 cm) für Tripel und ein Wollrad (7,6 cm) für Polierrot. Filze benutzt man zum Lapidieren (Polieren glatter Oberflächen). Für Anfänger sind sie allerdings ungeeignet, da schnell zuviel Material abgenommen wird, wenn man nicht ganz sorgfältig arbeitet.

Für stark strukturierte Flächen kann eine kleine schwarze Bürste nützlich sein.

Es gibt spezielle Filzkegel zum Polieren von Ringschienen. Für Anfänger empfehlen sich Kegel mit Holzkern, da sie starr und somit einfacher zu handhaben sind.

An der Poliermaschine kann man auch schleifende Gummiräder benutzen. Aufgrund ihrer stark abtragenden Wirkung ist hier jedoch Vorsicht geboten. Anfängern sei deshalb von Gummirädern abzuraten.

Vorbereitungen

Mit Grobschmirgelpapier alle Unreinheiten entfernen. Für schwer zugängliche Stellen kleine Kissen aus Schmirgelpapier falten. Tiefe Kratzer mit einer nassen Siliziumfeile entfernen. Schleifreste mit einem Tuch häufig abwischen, damit das allmähliche Verschwinden der Kratzer sorgfältig überwacht werden kann und nicht versehentlich mehr Metall als notwendig abgenommen wird. Will man mit kleinen Gummirädern und -spitzen arbeiten, muß zunächst die Spindel im passenden Bohrfutter der Hängebohrmaschine befestigt werden. In einer Hand das Werkstück, in der anderen den Griff der biegsamen Welle halten. Um ein Ausrutschen zu vermeiden, sollten beide Handgelenke auf der Werkbank liegen. In dieser Haltung hat man gerade genug Bewegungsfreiheit, um das rotierende Schleifinstrument sanft über die Metalloberfläche gleiten zu lassen.

Sehr praktisch sind Schmirgelpapierröllchen. Einen Schmirgelpapierhalter kann man kaufen oder selbst herstellen, indem man eine alte Spindel ausglüht und sie dann von oben in der Mitte aufsägt. Danach wird ein Stück Schmirgelpapier durch den Schlitz geführt und in Rotationsrichtung um die Spindel gewickelt.

Die vorbereitenden Arbeiten werden mit feinem Schmirgelpapier abgeschlossen. Die gesamte Oberfläche, je nach Erfordernis, mit dem Schmirgelholz oder einem Kissen schmirgeln.

1. Werkstück immer fest gegen die Scheibe halten.
2. Mit straff gespannten Ziehfäden Schlitze und Löcher polieren. Werkstück schnell hin- und herreiben, um Rillenbildung zu vermeiden.
3. Zunächst ein 2×3 cm großes Stück Schmirgelpapier ausschneiden.
4. Papier in den Schlitz des Schmirgelpapierhalters für die Hängebohrmaschine führen und durch Drehen der Spindel aufwickeln.
5. Eine Kette wird poliert, indem man sie um einen Holzblock legt und beide Enden festhält.
6. Herstellen eines Schmirgelholzes: Papier eng um den Stab wickeln. Mit Bindedraht oder Heftzwecken befestigen.

VOLLENDENDE TECHNIKEN 45

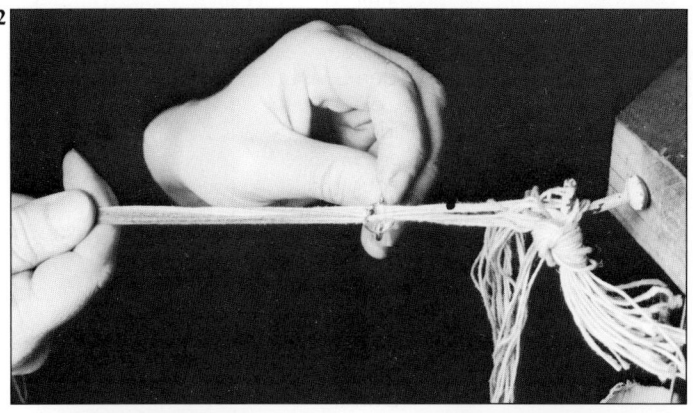

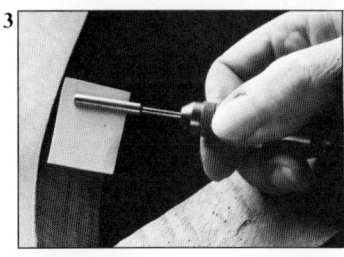

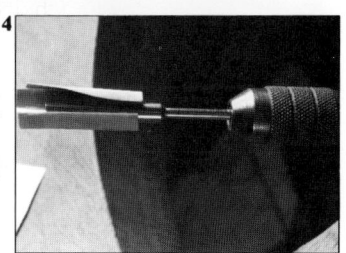

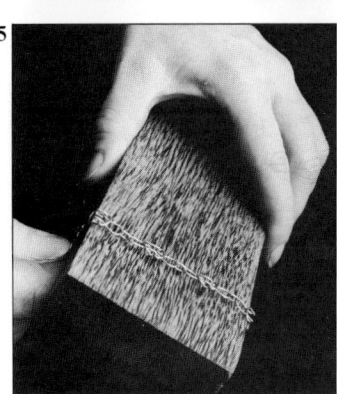

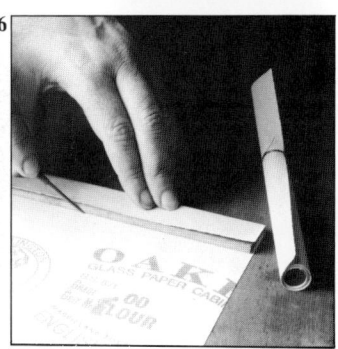

7. Ein Polierrad wird durch Entfernen der losen Fasern zurechtgemacht. Die Angel einer alten Feile in das rotierende Rad halten.
8. Vorstehende Fasern durch ganz kurzes Abbrennen beseitigen.

Schleifen

Zuerst wird mit der Schleifpaste Tripel gearbeitet. Zum Schleifen von Hand reibt man die Paste auf ein Wildlederholz. Mit kräftigen Strichen über das Metall fahren. Dabei der Form des Metalls folgen, so daß z. B. an Wölbungen keine flachen Stellen entstehen. Zum Schleifen mit der Hängebohrmaschine wird die Spindel eines Rädchens in das Futter eingespannt. Das rotierende Rädchen in die Schleifpaste halten und anschließend über das Metall führen. Gleichmäßig schleifen, unsichere Bewegungen können dazu führen, daß ebene Flächen Vertiefungen bekommen, die man eventuell erst später bei bestimmtem Lichteinfall sieht. Zum Schleifen mit der Poliermaschine eine zugerichtete Stoffscheibe an das Gewinde der Spindel schrauben. An einer Seite haben die Räder sichtbare Heftklammern. Aus Sicherheitsgründen sollten diese grundsätzlich zur Maschine hin zeigen.
Nach dem Befestigen der Scheibe ein wenig zurücktreten und die Maschine anschalten. Das Rad sollte sich auf den Bediener zu drehen. Das Werkstück genau unterhalb der Spindelebene gegen die Scheibe halten. Hält der Bediener es zu hoch, kann es vibrieren und herausgeschleudert werden, hält er es zu niedrig, wird es ihm womöglich entrissen und in die Maschine gezogen.
Zunächst das rotierende Rad mit Tripel präparieren. Das Werkstück fest in die Hand nehmen und dagegen halten. Führende Kanten niemals einer laufenden Scheibe aussetzen, weil das Teil dem Bediener dadurch entrissen wird. Das Werkstück fest gegen das Schleifrad halten und drehen, damit es von allen Seiten gleichmäßig bearbeitet wird. Nach dem Schleifen die Maschine abstellen.

Polieren von Ketten

Das Polieren loser Ketten ist ausgesprochen gefährlich, da sich eine Kette im Polierrad verfangen und die Hand mit in die drehende Maschine ziehen kann. Um dies zu vermeiden, legt man die Kette um einen Holzklotz und hält beide Enden von der anderen Seite fest. Dann wird die Kette von der Mitte des Holzes zu den Kanten hin poliert. Die Kette umdrehen und von der anderen Seite polieren. Den nächsten Abschnitt der Kette nach vorne schieben und genauso verfahren.

Schleifen in Löchern und Zwischenräumen

An schwer zugänglichen Stellen müssen spezielle Techniken angewendet werden. Für winzige Arbeiten, wie z. B. das Schleifen einer verzierten Steinfassung, befestigt man ein Bündel Ziehfäden an der Werkbrettkante und hält die freien Enden in der Hand. Schleifmittel aufstreichen und das Werkstück kräftig an den Fäden hin- und herziehen. Zum Schleifen größerer Teile, z. B. einer Ringschiene, lassen sich auch Wildlederstreifen verwenden.

Kleine spitze Stifte kommen an Stellen, die mit anderen Instrumenten nicht zugänglich sind, zum Einsatz. Die Stifte werden entweder von Hand oder in der Hängebohrmaschine mit Schleifpaste präpariert.

Auswaschen

Nach dem Schleifen mit Tripel wird das Werkstück in Wasser und Reinigungsmittel gründlich ausgewaschen. Hartnäckige Fettreste löst man mit einer Mixtur aus 50 % Salmiakgeist und 50 % Reiniger. Gründliches Auswaschen ist notwendig, da sonst das Feinpolierergebnis beeinträchtigt wird.

1. Fadenstichelgravur
Die eng beieinander liegenden, gleichmäßigen Linien wurden mit einem Fadenstichel graviert. Immer nur kurze Abschnitte stechen, um Krümmungen zu vermeiden.

2. Zahnbohrerstruktur
Mit Effekten experimentieren. Hier wurde mit einem Zahnbohrer über das Metall gekritzelt.

3. Flachstichelgravur
Tiefe, aufeinander zulaufende Rillen mit einem Flachstichel graviert, reflektieren das Licht in entgegengesetzte Richtungen. Dreht man den Ring, schimmert er.

4. Gehämmerte Struktur
Dieser Kräuseleffekt entsteht, wenn Metall auf dem Brettamboß mit einem Kugelhammer geschlagen wird.

5. Schmorstruktur Eine verästelte Oberfläche entsteht durch Erhitzen des Metalls bis zum Schmelzpunkt. Dann sofort die Flamme entziehen. Diese Strukturierung erfolgt generell vor der Verarbeitung.

6. Walzstruktur Hier wurde ein Kupfergeflecht zwischen zwei ausgeglühte Silberbleche gelegt und das Ganze anschließend gewalzt.

Endpolieren

Poliert wird mit Polierrot. Die Arbeitsweise ist die gleiche wie beim Schleifen. Sorgfältig darauf achten, daß nicht dieselben Räder oder Hölzer benutzt werden, denn Tripelspuren verschmutzen das Polierrot.

Nach dem Polieren das Teil wieder in Wasser und Reiniger auswaschen und anschließend trocknen lassen. Goldschmiede legen die Stücke zum Trocknen in einen Holzkasten mit Sägemehl. Dadurch entstehen keine Wasserflecken auf der Oberfläche.

Technische Tips

Manchmal bilden sich beim Polieren von Silber dunkle Flecken auf dem Metall. Man spricht dann von Blaufleckigkeit. Die Flecken entstehen durch oxidiertes Kupfer auf der Silberoberfläche. Ein solcher, nur wenige Moleküle dicker Fleck, läßt sich problemlos durch Feilen und anschließendes Schmirgeln beseitigen. Nicht versuchen, ihn wegzupolieren! Da Kupferoxid härter ist als Silber, fährt das Polierrad über den Fleck hinweg und höhlt das umgebende, weiche Silber aus.

Kerben oder Feilkratzer sind ebenfalls nicht durch Polieren zu entfernen. Die Fasern des Polierrades dringen in die Vertiefungen ein und vergrößern sie. Die Wirkung ist wie bei einem Schlagloch, über das ein LKW nach dem anderen fährt: anstatt daß sich der Boden glättet, werden die Ränder aufgebrochen und der Schaden verschlimmert.

Strukturieren von Metall

Strukturierte oder rauhe Oberflächen sind weniger lichtreflektierend als glatte und treten folglich optisch in den Hintergrund. Setzt man also eine strukturierte neben eine glatte Fläche, erscheint die strukturierte Fläche als Schatten und hebt die danebenliegende polierte Fläche hervor. Manchmal soll die Oberflächenstruktur an ein natürliches Material, wie z. B. Pelz, erinnern.

Die Standardtechniken zum Strukturieren von Metall sind Hämmern, Schmoren, Gravieren und Kratzen mit einem Schleifstein oder Fräser (Zahnbohrer) in der Hängebohrmaschine.

Für eine gehämmerte Struktur benutzt man entweder einen gewöhnlichen Hammer, oder man feilt ein Motiv auf die Bahn eines alten Hammers. Mit dem Hammer auf das ausgeglühte Metall schlagen, um das Motiv zu übertragen. Es erscheint spiegelbildlich auf der Oberfläche. Rillen auf der Hammerbahn sieht man als Wellen auf dem Metall. Eine Oberfläche wird geschmort, indem man sie ohne Flußmittel erhitzt, bis sie zu schimmern beginnt. In diesem Moment die Flamme zurückziehen. Ein Augenblick des Zögerns kann das ganze Stück zum Schmelzen bringen. Ohne Flußmittel hält das während des Erhitzens entstandene Oxid die Oberfläche gerade solange intakt, daß der gewünschte Struktureffekt erzielt wird.

Ein Stichel ist ein Schneidewerkzeug, das es in vielen Formen zu kaufen gibt. Zur Strukturierung von Oberflächen eignet sich am besten der Fadenstichel. Für den Stichel benötigt man ein rundes Stichelheft, das genauso wie ein Feilheft befestigt wird.

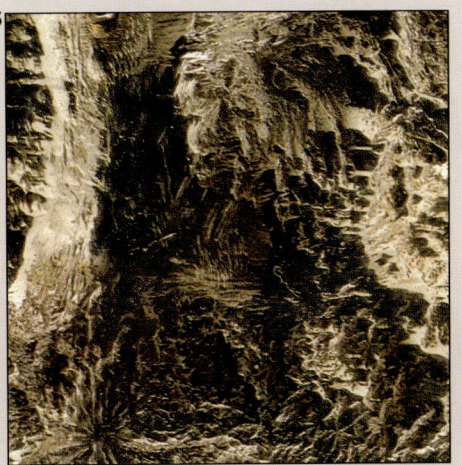

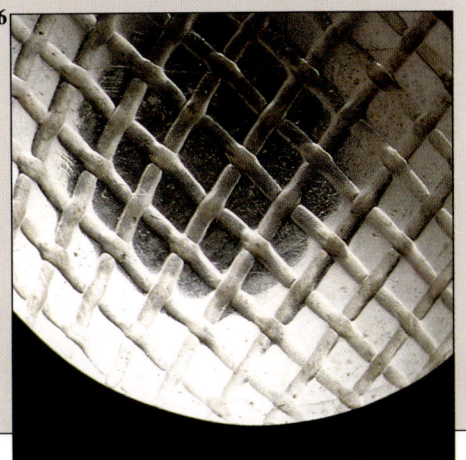

SICHERHEIT BEIM POLIEREN

1. Lose Kleidungsstücke, wie Schals und Krawatten, zurückbinden.
2. Langes Haar zurückbinden oder Kappe aufsetzen.
3. Schutzbrille tragen.
4. Niemals Handschuhe tragen. Sie können sich im Polierrad verfangen.
5. Eine Person, die an der Poliermaschine arbeitet, nicht stören oder erschrecken.
6. Schutzvorrichtungen korrekt anbringen.
7. Verfängt sich ein Teil im Polierrad, sofort die Maschine ausschalten. Zurücktreten und erst, wenn das Rad steht, den Gegenstand herausholen. Niemals über ein rotierendes Rad greifen.
8. Keine losen Ketten polieren. Immer mit einem Holzblock sichern.
9. Niemals die Maschine von Hand anhalten. Den Motor abstellen und warten bis das Rad steht.
10. Kettenende nur mit gesperrtem Verschluß über einem Holzblock polieren.

Das Stichelheft liegt bequem in der Handfläche, die Spitze wird zwischen Daumen und Zeigefinger geführt. Mit dem Stichel experimentieren, bis sich der gewünschte Effekt einstellt.

Mit einem Schleifrad oder Fräser in der Hängebohrmaschine lassen sich zahlreiche Strukturen erzeugen. Ein alter Zahnbohrer kann auch verwendet werden. Für die Behandlung von Zähnen zu stumpf geworden, wird er sich immer noch für die meisten Schmuckmaterialien eignen.

Mattieren von Oberflächen

Eine matte Oberfläche bietet sich an, wenn die Farbe des Metalls wichtiger ist als sein Glanz. Das Werkstück wird wie zum Schleifen vorbereitet, indem man es zunächst feilt und schmirgelt. Dann mit einer Glas- oder Messingbürste abreiben, damit ein matter Glanz entsteht.

Eine Glasbürste mit einziehbaren Fasern ist besser als eine mit gebundenen Fasern. Die gebundenen Glasfasern können sich während des Gebrauchs lösen und schmerzhaft in die Haut eindringen.

Messingbürsten werden immer zusammen mit Wasser und einem Reiniger verwendet, weil anderenfalls Messingrückstände auf dem Metall zurückbleiben können, die es fleckig-gelb aussehen lassen. Messingbürsten sind für den Handgebrauch und für Polier- und Hängebohrmaschinen erhältlich. Arbeitet man mit der Maschine, empfehlen sich wegen der Spritzgefahr Schutzkleidung und -brille.

Für die Poliermaschine gibt es spezielle Bürsten mit beweglichen Stahldrahtbüscheln. Man bekommt sie in feiner, mittlerer und grober Stärke. Für Anfänger sind die feinen Schleuderbürsten am ehesten geeignet. Die groben Bürsten schneiden recht tief und erzeugen einen Borkeneffekt. Beim Gebrauch der Schleuderbürste sollte immer eine Schutzbrille getragen werden, da sich während des Betriebs Drähte lösen können.

Polieren mit Polierstahl- und Stein

Durch Abziehen mit einem Polierstahl oder einem Achat entsteht eine glänzend polierte Oberfläche. Insbesondere Kanten werden auf diese Weise poliert, da sich keine unerwünschte Rundungen bilden, wie es manchmal beim Polieren mit der Scheibe geschieht.

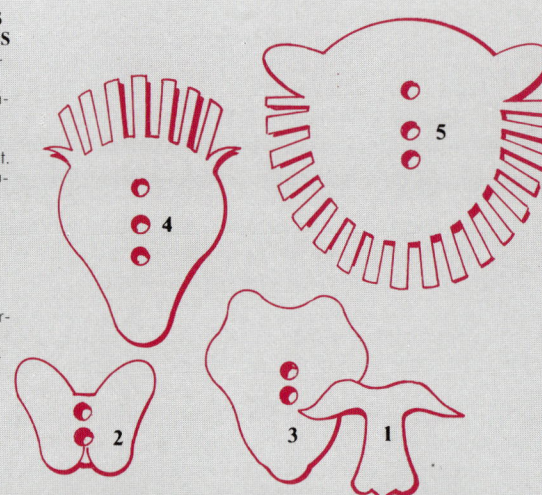

HERSTELLEN EINES LÖWENANHÄNGERS
Bei den 5 Anhängerelementen wurden verschiedene Oberflächentechniken angewandt. Die Einzelteile sind mit Scharnierdraht vernietet.
1. Fünf Elemente abpausen, aussägen und feilen. Vier davon wie gezeigt bohren. Drei Stücke Scharnierdraht von etwa 6 bis 8 mm Länge absägen. Die drei Scharnierdrähte in Übereinstimmung mit den Bohrlöchern auf das erste Element löten.
2. Oberflächenkratzer zuerst mit grobem Schmirgelholz bearbeiten.

3. Dann die Kanten mit einem Kissen aus grobem Schmirgelpapier schmirgeln. Schritt 2 und 3 mit Feinschmirgelpapier wiederholen.
4. Element 1 mit Tripel schleifen. In Reinigungsmittel auswaschen, dann mit Polierrot polieren und wieder auswaschen.
5. Die Oberfläche und Kanten von Element 2 grobschmirgeln, dann

VOLLENDENDE TECHNIKEN

die Fläche mit Fräser oder Zahnbohrer in der Hängebohrmaschine strukturieren. Kleine kreisförmige Bewegungen ergeben den gezeigten Effekt.

6. Kanten mit Polierstahl abziehen bis sie schimmern. Die beiden Löcher im zweiten Element stimmen mit den Röhrchen auf Nr. 1 überein. Die Teile zusammenstecken.

7. Um das dritte Scharnierstück eine Öse als Abstandshalter passen. Element 3 mit einem Grobschmirgelröllchen, das in einer gespaltenen Spindel der Hängebohrmaschine steckt, schmirgeln. Von Hand oder maschinell schleifen und polieren. Auswaschen.

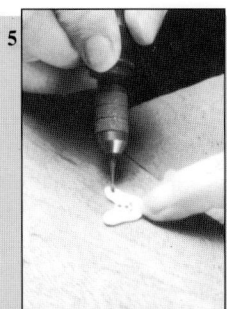

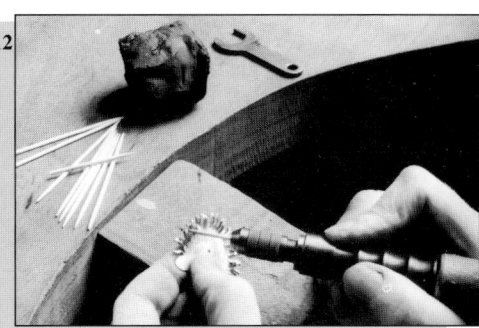

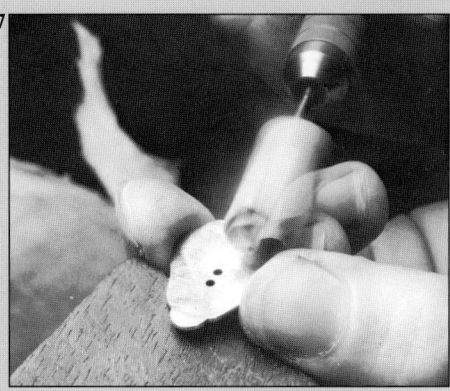

11. Element 4 hinter die übrigen drei stecken.
12. Zum Schleifen der Mähne einen mit Tripel bestrichenen Zahnstocher in die Hängebohrmaschine spannen.
13. Löcher auf der Rückseite von Element 5 ausfräsen. Teil 5 hinter die vier anderen setzen.
14. Die Röhrchen bis auf 0,5 mm Überstand absägen. Zum Vernieten die Spitze der Reißnadel in ein Loch stecken und darin herumrollen.

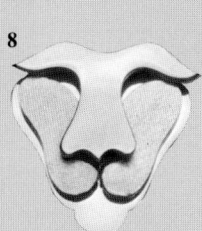

8. Element 3 hinter die beiden anderen stecken.
9. Element 4 mit einem Fadenstichel dem natürlichen Fall einer Mähne entsprechend strukturieren.
10. Die Rückseite mit einem Filzrad in der Hängebohrmaschine schleifen; aus Sicherheitsgründen für die Mähne keine großen Räder nehmen.

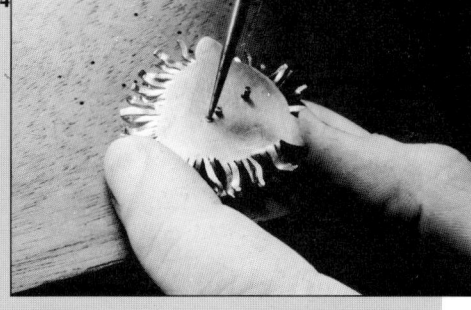

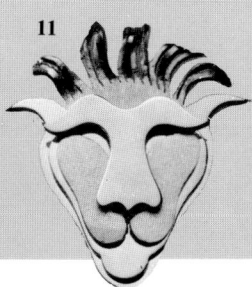

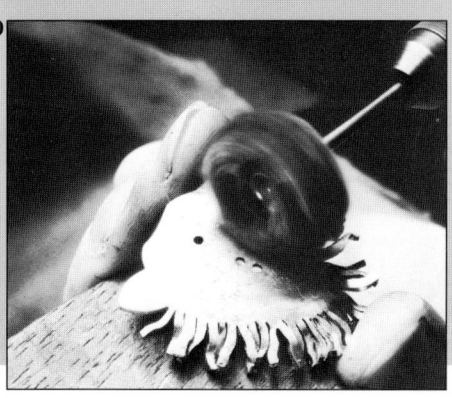

Materialien

Ausrüstung zur Motivübertragung
Säge und Blättchen
Bohrer und 1,5 mm Bohreinsatz
Feilen
Schmirgelhölzer mit Grob- und Feinschmirgelpapier
Lederhölzer zum Handschleifen oder Poliermotor mit Schleif- und Polierscheiben
Tripel zum Schleifen
Polierrot zum Polieren
Hängebohrmaschine und Fräser zur maschinellen Strukturierung oder Feilen zur Strukturierung von Hand
Ovaler Polierstahl zum Polieren von Kanten
Zahnstocher oder Ziehfäden zum Schleifen schwer zugänglicher Stellen
Reißnadel zum Vernieten des Scharnierrohrs
Metallblech: 0,8 bis 1 mm stark, ausreichend für das Motiv, 3 cm Scharnierrohr, Außendurchmesser 1,5 mm
Grob- und Feinschmirgelpapier

GESTALTUNGSELEMENTE

Zielgebundenes Beobachten, Aufnehmen, Auswählen, Analysieren, Umsetzen und Arrangieren visueller Information – dies sind die Voraussetzungen für gestalterisches Arbeiten. Inspirationen entspringen realen, aber auch imaginären Quellen. Die Zielsetzung mag sein, ein konkretes Schmuckstück anzufertigen, eine Idee zu verwirklichen, mit neuen Materialien zu experimentieren oder eine Vorstellung zu vermitteln. Im industriellen Bereich bedeutet Gestaltung auch die Planung der technischen Aspekte und deren logische Organisation.

WARUM GESTALTEN?

Es gibt Situationen, da sucht man ein ganz bestimmtes Schmuckstück und findet es einfach nirgends.

Dies ist der geeignete Zeitpunkt, um mit dem Gestalten zu beginnen. Jede Arbeit sollte jedoch einem Plan folgen. Indem man bereits im voraus die Reihenfolge der Arbeitsschritte festlegt, können mögliche Fehler rechtzeitig erkannt und vermieden werden. Manchmal gibt es durchaus gute Zufallsprodukte, aber häufiger wird bei planlosen Arbeiten nur eine Menge Zeit und Material vergeudet.

Das Design ist oft Träger von Gedanken oder Ideen. Ein Schmuckstück kann eine Botschaft übermitteln oder ein Ereignis dokumentieren, wie bei einem Verlobungs- oder Ehering; Kreuze oder politische Abzeichen stehen für bestimmte Überzeugungen. Vielleicht möchte der Goldschmied aber nur die Aufmerksamkeit auf ein nettes Motiv, wie z. B. eine Blume, lenken.

Unabhängig vom jeweiligen Beweggrund sollte das Ergebnis, also das Schmuckstück, einen eigenen Reiz haben, ob nun ein offensichtliches oder ein geheimnisvolles Motiv gewählt wurde.

»INSTANTSCHMUCK«

Viele Dinge, die man fertig kaufen kann, lassen sich leicht in modischen und originellen »Instantschmuck« verwandeln. Hierfür ist meistens keine besondere handwerkliche Begabung, jedoch gestalterisches Talent erforderlich. Die Gegenstände, aus denen man solchen Schmuck fertigt, müssen sorgfältig ausgewählt und so eingesetzt werden, daß sie zum Objekt und zum Tragezweck passen. Geschick beim Aussuchen geeigneter Materialien gehört zur ersten Voraussetzung für gelungenes gestalterisches Arbeiten.

Ausgangsmaterial für »Instantschmuck« findet man fast überall: beim Schreibwaren- oder Eisenwarenhändler, im Kaufhaus oder sogar in der eigenen Kramkiste. Erfindergeist bei der Auswahl kann zu neuem und originellem Schmuck führen.

Cocktailpicker und -löffel als Anstecknadeln

Cocktailpicker und -löffel gibt es in zahllosen Formen, Größen und Farben. Meistens sind sie aus Kunststoff, manchmal auch aus Glas, Papier oder Holz. Mit etwas Phantasie lassen sie sich fast alle in Schmuck verwandeln. Eine große Auswahl hat man sicher in Einrichtungsgeschäften, die auf Gläser und Getränkezubehör spezialisiert sind. Auch Warenhäuser, Schreibwaren- und Weinhandlungen führen in der Regel Cocktailpicker- und löffel.

Cocktailpicker

Ein kleiner Cocktailpicker verwandelt sich sofort in eine Anstecknadel, wenn man ihn

Mit Cocktailpickern werden die Anstecknadeln (oben) von Susan Small (GB) am Pullover befestigt. Die Plastikstücke sind passend zur Kleidung austauschbar. Ein Gummiuntersetzer ist Grundlage für den Halsschmuck (oben rechts). Die rote, durch Bohrlöcher geschnürte Kordel ist gleichzeitig Zierde und Verschlußvorrichtung. Ein Federohrring (rechts) entsteht, indem man ein paar Federkiele in ein Kunststoff- oder Metallröhrchen klebt. Das Röhrchen verhindert, daß die Federkiele splittern. Zum Befestigen des Steckers ein Loch in das Röhrchen bohren oder, wie hier, eine Öse einkleben, durch die der Ohrbügel gesteckt wird.

in einen Pullover steckt. Cocktailpicker werden je nach Pullover einzeln oder zu einem Muster arrangiert getragen.

Cocktaillöffel
Da Cocktaillöffel meistens ein kugelförmiges Ende haben, müssen sie bearbeitet werden, bevor man sie tragen kann: Die Kugel absägen und eine kleine Spitze feilen. Die Spitze sollte nicht zu scharfkantig sein. Anschließend das gefeilte Stück schmirgeln und mit Kunststoffschleifpaste auf einem Lederholz schleifen.
Die Nadel kann auf verschiedene Weise getragen werden: einfach durch einen lockeren Strickpullover, ins Haar oder in ein Knopfloch stecken.

Aufkleber
Aufklebbare Buchstaben, Zahlen, Pfeile und andere Symbole aus Aluminium, die man im Bastellgeschäft bekommt, lassen sich als »Instantplaketten« tragen. Die kleineren halten eventuell ein paar Tage, während sich die größeren nicht eignen, da sie durch ihr Eigengewicht schnell wieder abfallen.

Federohrringe
Aus den kleinen, farbleuchtenden Federn eines Staubwedels lassen sich attraktive Ohrringe herstellen. Da der Federkiel im allgemeinen rauh und bruchempfindlich ist, muß er zunächst geschützt und verstärkt werden. Ein feines Plastikröhrchen ist hierfür ideal. Beim Heimwerkerbedarf erhält man Plastikschlauch nach Größen und Farben sortiert. Ein Stückchen Elektrokabel kommt eventuell auch in Frage.
Die Kunststoffisolierung wird vom Draht getrennt, indem man mit einem scharfen Messer oder einer Rasierklinge einmal um die Außenhaut herumschneidet. Dabei nicht den Draht beschädigen. Nun sollte sich das Plastikstück von Hand abziehen lassen. Ist dies nicht der Fall, mit der Drahtschere etwas nachhelfen.
Den Federkiel mit Alleskleber in das Röhrchen kleben. Ein Loch, in das die Befestigungsvorrichtung gesteckt wird, durch die Spitze des Röhrchens und des Federkiels bohren. Je nachdem, wie der Ohrring getragen werden soll, ob als Stecker, ob flach am Ohr oder als Gehänge, eine passende Furnitur aussuchen. Der Abschnitt über Ohrringfurnituren (siehe Seite 106) zeigt detailliert die Möglichkeiten.
Zum Schluß die Furnitur durch das Loch im Röhrchen stecken. Bei dieser kniffligen Arbeit kann es hilfreich sein, das Plastikstück in einer Spitzzange festzuhalten.

Tisch-Sets als Halsschmuck
Aus flexiblen Plastik-Tischsets läßt sich interessanter Halsschmuck herstellen. Zunächst mit einem Muster aus starkem Papier die richtige Stelle und geeignete Größe für den Halsausschnitt ermitteln. Der Ausschnitt kann in der Mitte oder seitlich liegen, so groß sein, daß er über den Kopf paßt, oder relativ klein, damit der Reif eng am Hals anliegt. Ist das Loch kleiner als der Kopf, einen Schlitz zum Überziehen schneiden.
Mit Hilfe des Papiermusters die Stelle für den Ausschnitt kennzeichnen. Das Set auf ein Schneidbrett legen und das Loch mit einem Skalpell oder Handwerksmesser ausschneiden. Ein genauer Schnitt hinterläßt eine Kante, die nicht weiter bearbeitet wer-

den muß. Unregelmäßige Kanten mit der Schere nachbessern.
Für den Schlitz schneidet man einfach eine gerade Linie von der Mitte zum äußeren Rand. Unter Umständen ist es nicht notwendig, bis ganz zum Rand zu schneiden. Die Geschmeidigkeit und das Gewicht des Gummis sollten den Halsreif in Form halten. Ist dies nicht der Fall, kann ein Schnürsenkel, der durch Bohrlöcher an der Innenkante gezogen wird, den Reif stabilisieren und zusätzlich schmücken.

Tischsets als Armreifen
Ein kleiner geschmeidiger Kunststoffuntersetzer läßt sich ganz einfach in einen Armreif verwandeln, indem man ein Loch hineinschneidet.
Ist das Loch rund, so steht das Armband vom Handgelenk ab. Solche Reifen sehen besonders gut aus, wenn man zwei oder drei davon trägt. Bei einem elliptischen Ausschnitt schmiegt sich der Armreif ans Handgelenk, oder er kann zu einer Art Manschette zurückgeklappt werden.
Vor dem Schneiden sollte die richtige Größe für das Loch bestimmt werden. Am einfachsten geschieht dies, indem man mit Papiermustern arbeitet. Ist die geeignete Größe gefunden, wird der Kreis entweder zentral oder seitlich mit Hilfe des Stechzirkels auf den Untersetzer übertragen.
Zum Schneiden von Kunststoff kann man verschiedene Werkzeuge benutzen. Für einige Materialien ist die Schere geeignet, andere werden mit einem Skalpell oder einem Handwerksmesser geschnitten. Manchmal muß man mit der Säge arbeiten. Bei einem akkuraten Schnitt ist keine Weiterbehandlung notwendig. Eventuelle Unebenheiten oder scharfe Kanten werden geschmirgelt und anschließend mit einem Wattebausch und Kunststoffschleifpaste bearbeitet.
Falls man statt des runden lieber einen elliptischen Ausschnitt haben möchte, müssen Platz und Länge hierfür festgelegt werden. Wieder mit Papiervorlagen den optimalen Sitz ermitteln. Die Schnittkante anreißen und an beiden Enden je ein Loch mit einem Durchmesser von 2 bis 3 mm bohren. Das Material reißt dann nicht so leicht. Mit einem geeigneten Schneidwerkzeug die beiden Löcher durch einen Schnitt verbinden. Falls notwendig, schmirgeln und schleifen.

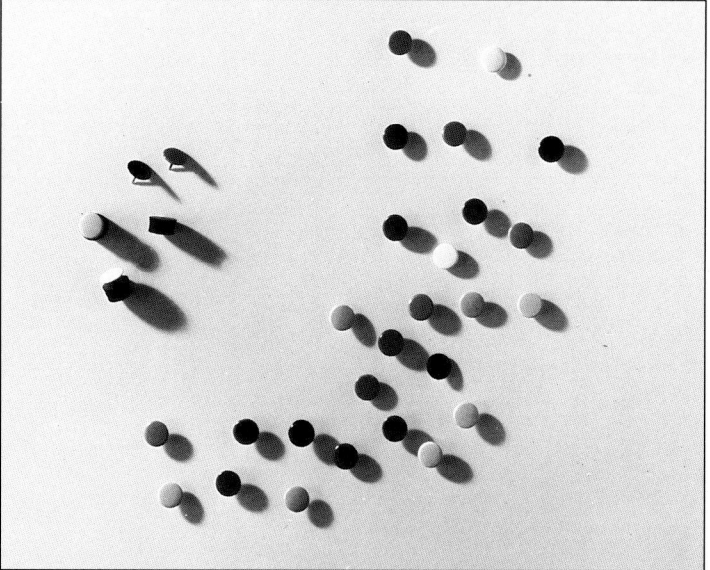

Pinwandstifte und Heftzwecken
Ein Pinwandstift läßt sich z. B. als Ohrstecker, ein Heftzweck als Reversschmuck tragen. Mehrere Heftzwecken können zu einem Muster auf dem Pullover arrangiert oder in einer Reihe auf Schulter oder Ärmel gesteckt werden. Schmuck dieser Art läßt sich jedesmal wieder neu anordnen. Auch die Kunst des Arrangierens muß beherrscht werden.

Pinwandstifte als Ohrstecker
Pinwandstifte eignen sich eher zum Ohrstecker als Heftzwecken, da sie einen längeren Drahtstift haben, mit dem man sie besser am Ohr befestigen kann.
Zuerst mit einer Drahtschere die Spitze des Stiftes entfernen.
Mit einer Barett-Nadelfeile das Stiftende abrunden, damit man sich beim Anziehen des Steckers nicht verletzt. Da die Fläche nach dem Feilen immer noch etwas rauh ist, wird sie zuerst mit grobem, dann mit feinem Schmirgelpapier nachgearbeitet. Die Arbeit mit Kunststoffschleifpaste auf einem Stück Wildleder abschließen. Manchmal ist es praktischer, das Leder zuvor auf einen Holzstab zu kleben. Eine passende Nylonschnecke für den Stecker kaufen. Eine Schnecke ist eine kleine runde Scheibe mit einem konischen Loch. Den Stecker durch das Ohrloch schieben und die Schnecke von hinten zur Befestigung aufstecken.

Otto Künzli (BRD) machte diese Heftzweck-Broschen, die mit kleinen Gummikissen befestigt werden (oben)

GESTALTUNGSENTWICKLUNG

Gestaltung beinhaltet die Planung der äußeren Erscheinung eines Stückes und die Arbeitsschritte seiner Herstellung. Jeder Einzelne arbeitet auf seine individuelle Weise. Anfänger haben oft das Problem, einen Gestaltungsansatz zu finden, der zu ihrer Arbeitsweise paßt. Folgende Beispiele zeigen, wie drei Schmuckdesignerinnen an unterschiedliche Gestaltungsprobleme herangingen.

Sportlicher Schmuck von Carolyn Sewell

In diesem Fall hatte die Designerin den Auftrag, sportlich-legeren Schmuck zu entwerfen. Das Endprodukt sollte farbenfroh, preiswert und massenproduzierbar sein.
Sie beschäftigte sich mit der Technik des Stanzens, um daraus eine Idee zu entwickeln. Stanzen ist ein häufig eingesetztes Verfahren bei der Herstellung von preiswertem Modeschmuck.
Da Carolyn schon zuvor in dieser Technik gearbeitet hatte, besaß sie noch einige Versuchsstücke. Sie zeichnete die früheren Formen nach und probierte Alternativen aus. Eine Form, die die gesuchte Assoziation mit Bewegung und Aktivität zu vermitteln schien, war das Dreieck, da es sie an eine Pfeilspitze erinnerte.
Carolyns Schmuck sollte nicht nur zu lässiger Kleidung passen, sondern vielleicht sogar im aktiven Sport tragbar sein. Da auch bei heftigen Bewegungen ein sicherer Sitz gewährleistet sein sollte, hätten konventionelle Broschierungen ein Sicherheitsrisiko bedeutet. Die Designerin löste dieses Problem, indem sie die gestanzten Dreiecke an einer Kordel aufreihte, die um Taille, Arm, Schulter oder Bein geschlungen wird und dabei dekorativ, bequem und sicher zugleich ist.
Die nächste Überlegung galt dem Material. Der Schmuck sollte farbenfroh, leicht und zum Stanzen geeignet sein. Nach Auskunft der Abteilung für Schmuckgestaltung einer Kunsthochschule und einem Bibliotheksbesuch wurde klar, daß sich Niob hervorragend eignen würde. Es ist leicht färbbar, sehr geschmeidig und kann durch Hämmern oder Stanzen geformt werden.

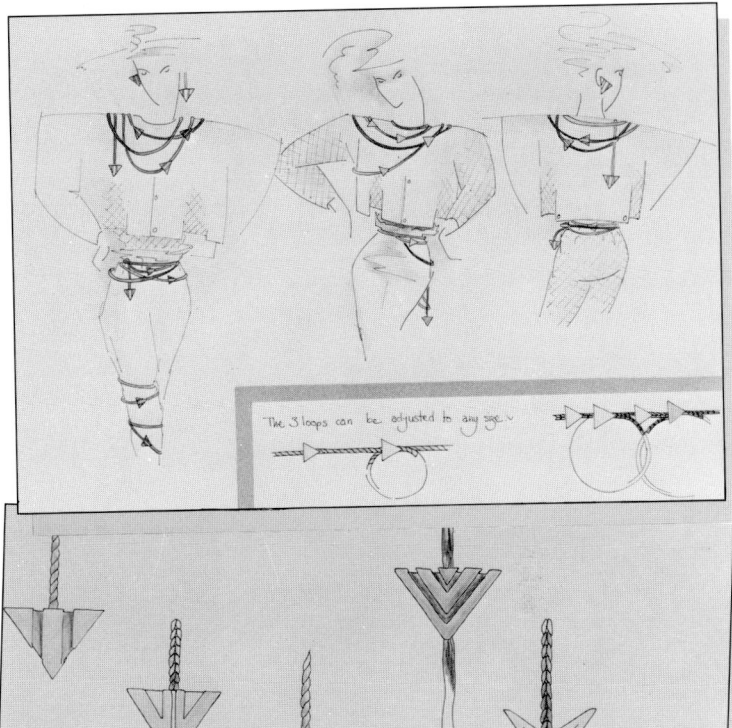

Nachdem sich Carolyn für die dreieckige Grundform entschieden hatte, mußte sie die Oberflächendetails festlegen und die Form bestmöglich gestalten. Die Zeichnungen (unten) zeigen verschiedene Alternativen, mit denen sie experimentierte. Zu beachten ist, daß sie immer die Kordel in ihre Zeichnung einbezogen hat. Die Wirkung des Dreiecks wird durch die kräftige Linie der Kordel beeinflußt. Hätte Carolyn sie bei der Gestaltung außer acht gelassen, wären später die Proportionen von Dreiecken und Kordel vielleicht weniger ansprechend gewesen. Schließlich zeichnete Carolyn verschiedene Möglichkeiten, wie man den Schmuck tragen könnte. Die Stimmung der Skizzen (oben) steht im Einklang mit dem Anliegen, »sportlichen« Schmuck darzustellen. Ein Talent zum Zeichnen spart viel Zeit. Ohne die Fähigkeit, auf diese Art ihr Endprodukt zu visualisieren, hätte Carolyn den Schmuck erst anfertigen müssen, um seine Wirkung beurteilen zu können. Carolyn bot schließlich noch Alternativen an, wie man die Stücke abändern könnte. Technische Einzelheiten müssen in diesem Stadium geklärt sein, da sie möglicherweise die Reihenfolge der Arbeitsschritte beeinflussen.

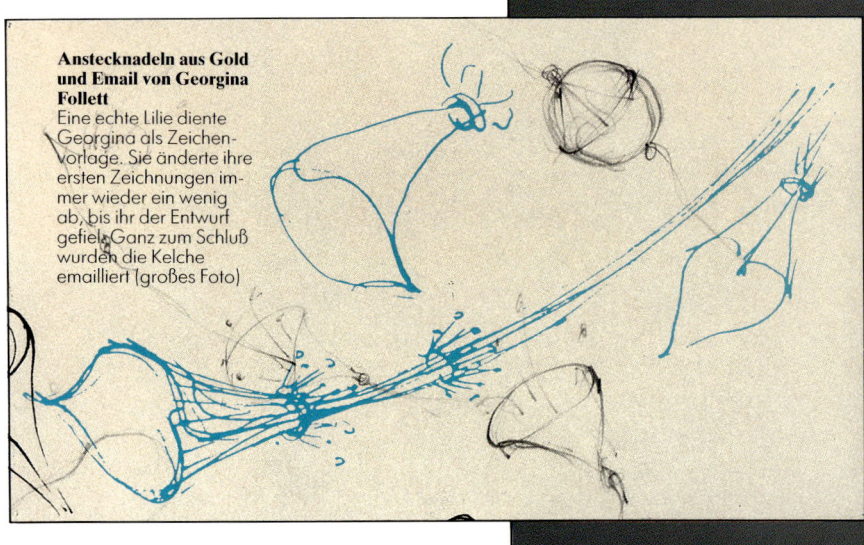

Anstecknadeln aus Gold und Email von Georgina Follett
Eine echte Lilie diente Georgina als Zeichenvorlage. Sie änderte ihre ersten Zeichnungen immer wieder ein wenig ab, bis ihr der Entwurf gefiel. Ganz zum Schluß wurden die Kelche emailliert (großes Foto)

Anstecknadeln von Georgina Follett

Georgina hatte den Auftrag, eine goldene Anstecknadel für besondere Gelegenheiten zu entwerfen. Sie entschied sich für ein florales Design und fand einige Lilienarten, die ihrer Vorstellung entsprachen.

Georgina wollte mehr, als nur einfach die Form der Blume in Metall wiedergeben. Das Schmuckstück sollte den zarten Charakter einer Lilie einfangen, aber trotzdem gut zu tragen und für die Konstruktion aus Metall geeignet sein. Wird ein Objekt aus Metall gefertigt, so wirkt es völlig anders, als wenn es aus einem anderen Material, wie z.B. Holz, gearbeitet wäre. Metall ist ideal, wenn eine dünnwandige, hohle, jedoch starke Form gewünscht ist.

Vor diesem Hintergrund begann Georgina zuerst mit dem Zeichnen der Lilie. Sie wandelte ihr Motiv allmählich ab, bis sie die ideale Form gefunden hatte.

Nachdem Georgina Klarheit über die Grundform gewonnen hatte, ging es darum, zu entscheiden, wie die Nadel getragen werden sollte. Ein langer Stift, sozusagen als Stengel, der in den Pullover gesteckt und mit einem feinen Kettenverschluß befestigt wird, bot sich hier an. Die Arbeit auf dem Papier war nun beendet, die verschiedenen Arbeitsschritte geplant, was jedoch nicht das Ende des Gestaltungsprozesses bedeutete. Während der Anfertigung beobachtete die Goldschmiedin aufmerksam das sich wandelnde Stück und war immer bereit, eventuell noch Details zu verbessern.

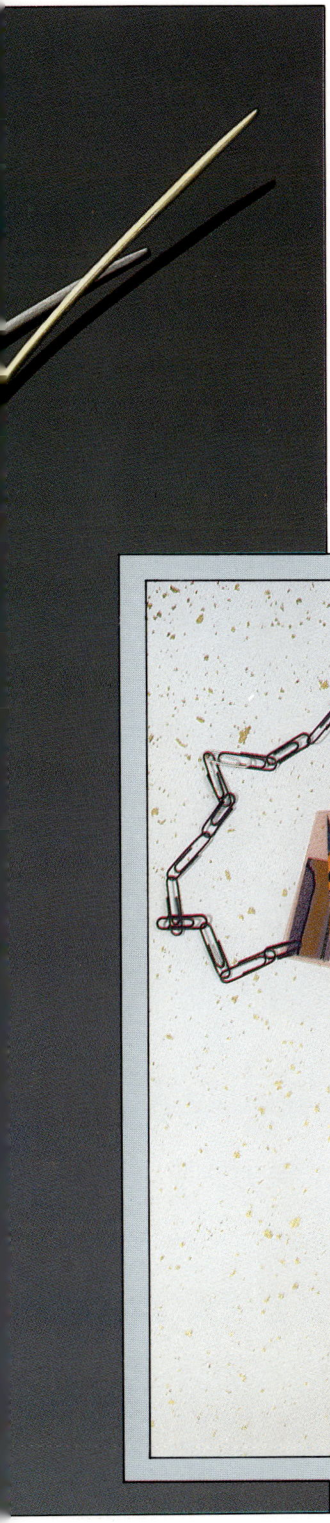

GESTALTUNGSENTWICKLUNG 55

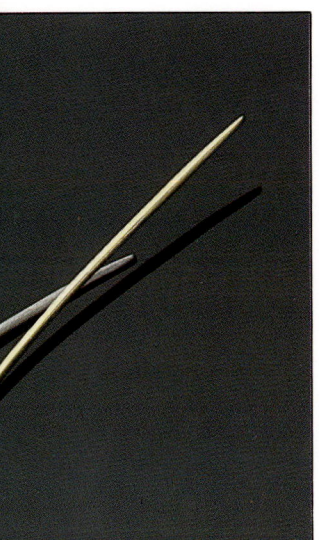

Papierschmuck von Christine Tomas

Christine hatte keinen bestimmten Auftrag zu erfüllen. Ihr ging es darum, einen eigenen Arbeitsansatz zu entwickeln. Zwei Faktoren beeinflußten sie in ihrem Vorgehen – Fotografieren und Mode. Beides sollte auf irgendeine Art in ihrer Arbeit untergebracht werden.

Bei einem früheren Parisbesuch hatte Christine den Eiffelturm aus verschiedenen Blickwinkeln fotografiert. Diese Fotos wollte sie nun als Basis für ihre Gestaltungsarbeit verwerten. Sie wählte solche Bilder aus, auf denen Tragbalken zu sehen waren. Dann legte sie die Fotos übereinander, pauste Linien ab und entwickelte so ein Muster nach ihrem Geschmack.

In dieser Phase wußte Christine noch nicht, wie sie das Motiv in einem Schmuckstück umsetzen sollte. Nach einiger Überlegung, schnitt sie die Zeichnung in Stücke und arrangierte diese zu einer Kette, um zu sehen, ob die neue Anordnung der Linien sie auf eine Idee brächte. Sofort wurde ihr klar, daß die Papierstücke selbst Glieder der Kette werden könnten. Sie schnitt jedes einzelne so zurecht, daß seine Form in Einklang mit seinem Linienmuster stand. Als nächstes war das Problem des Haltbarmachens der Papierstücke zu lösen. Christine erprobte Lacke und Kunststoffbeschichtungen. Zum Schluß entschied sie sich für eine durchsichtige Klebefolie.

Das Verbinden der Glieder mit Büroklammern bot sich als Erweiterung des Themas Papier an und gab der Kette gleichzeitig die notwendige Flexibilität. Mit einem starken Klebstoff wurden die Büroklammern an den Kettengliedern befestigt.

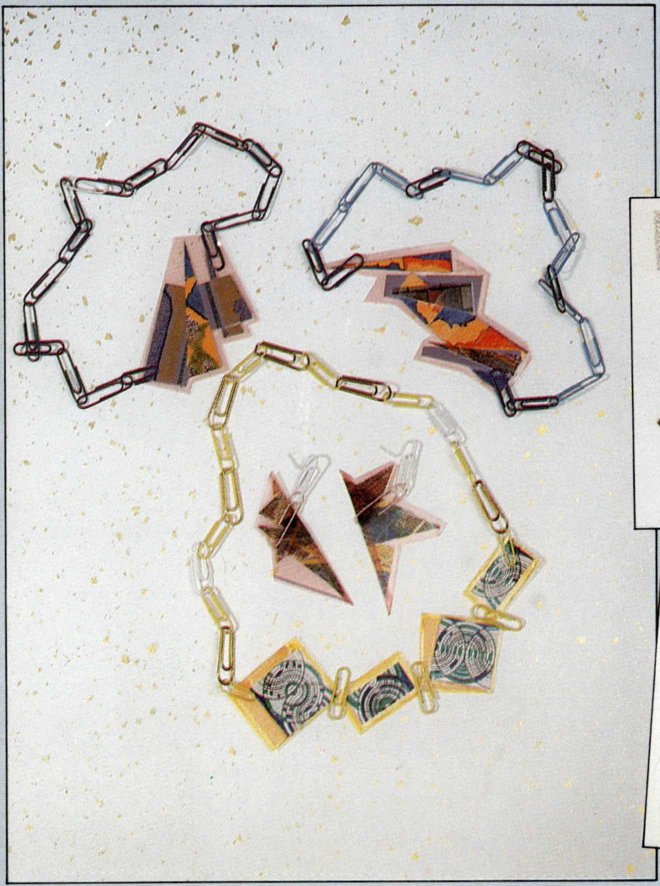

Papierschmuck von Christine Tomas
Christine wählte die Fotos nach geeigneten Mustern aus. Dann experimentierte sie mit Farbe und untersuchte die strukturellen Möglichkeiten der Bildoberfläche. Schließlich beschichtete sie die Oberflächen mit Kunststoff und klebte die Elemente zusammen. Moderne Klebstoffe und Kunststoffbeschichtungen machen diese Schmuckstücke haltbar.

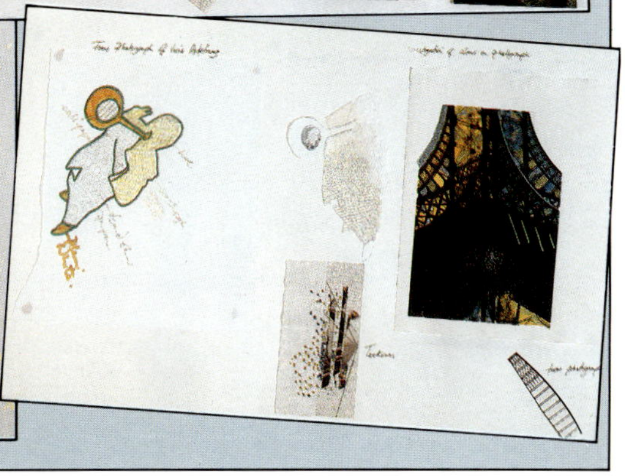

GESTALTUNGSSTUFEN

Ein Gestaltungsablauf beinhaltet im allgemeinen folgende sieben Stufen:

1. Erkennen des Problems
2. Bestimmen eines Ausgangspunktes für die Gestaltung
3. Untersuchen der Idee
4. Sammeln relevanter Information
5. Entwickeln der Gestaltung
6. Auswählen des Materials und Festlegen der Arbeitstechniken
7. Ausführung

Das Erkennen des Problems ist manchmal die schwierigste Aufgabe, jedoch Voraussetzung für ein zufriedenstellendes Ergebnis. Selbst wenn man einfach nur »etwas« machen möchte, muß man genau wissen, was einem gefällt und was nicht. Die Antworten auf solche Fragen führen vielleicht schon zu einem Anhaltspunkt.

Die drei zuvor besprochenen Projekte gehen alle von verschiedenen Ansätzen aus: Carolyn begann mit einem bestimmten Verfahren – dem Stanzen; Georgina hatte ein Objekt – die Lilie – als Vorlage und Christine machte den Anfang mit Fotos. Als möglicher Ausgangspunkt käme vielleicht auch ein Gefühl (z. B. Wut) oder eine Vorstellung (z. B. etwas »Geheimnisvolles«) in Frage.

Die persönliche Umgebung sollte aufmerksam beobachtet werden. Jedesmal wenn eine Idee, ein Bild oder eine Bilderfolge auftaucht, wird dies sofort notiert (entweder im Gedächtnis oder schriftlich sowie durch Fotografieren, Zeichnen und Sammeln von Bildern). Es stellt sich meistens heraus, daß manche Motive häufiger auftreten als andere. Sie können als Ausgangspunkt für die Gestaltung verwertet werden.

Aus dem gesammelten Material werden dann nur die wesentlichen Dinge ausgewählt, damit die Gestaltungsentwicklung auf einen Zweck gerichtet ist. Nicht versuchen, zuviel Informationen und zu viele Ideen in einem Entwurf unterzubringen.

Die Fähigkeit, eine Auswahl zu treffen, spielt eine besonders wichtige Rolle bei der Ge-

Jeder Designer entwickelt seine Ideen auf individuelle Weise. Häufig beginnt sie/er mit einem Entwurf, der stufenweise verändert wird, bis allmählich ein völlig neues Bild entsteht. In der unten gezeigten Abwicklung ging Bert Kitchen (GB) anders vor. Er begann mit einer unbestimmten Mischung aus Linien und Tönen. Kitchen gab das Endergebnis nicht vor, sondern ließ sich von den Zeichen auf dem Papier zum nächsten Schritt inspirieren. Ganz allmählich entstand ein klares Bild aus dem amorphen Hintergrund. Eine solche Entwicklung geht weder schnell vonstatten, noch läßt sie sich auf dem Rücken einer Zigarettenschachtel in der U-Bahn realisieren. Konzentration und gleichbleibende Wachsamkeit gegenüber der sich verändernden Arbeit sind notwendig.

staltungsarbeit. Ein Design zu entwickeln, bedeutet, es graduell zu verändern bis es »stimmt«. Man braucht Zeit und Übung, um abschätzen zu können, wann die Gestaltungsarbeit abgeschlossen ist.

Bei der Auswahl des Materials darauf achten, daß es zu dem Entwurf und seinem Zweck paßt. Die anzuwendenden Arbeitstechniken werden normalerweise durch das Material bestimmt.

Schließlich sollte man sorgfältig überlegen, ob das geplante Stück funktioniert. Sitzt eine Brosche mit dem vorgesehenen Verschluß? Die Gestaltungsphase ist nun beendet, trotzdem sollte man immer auf die Notwendigkeit weiterer Veränderungen zu einem späteren Zeitpunkt gefaßt sein.

Skizzenbücher und Sammelalben

Viele Schmuckgestalter führen »Informationskarteien«, auf die sie bei Bedarf zurückgreifen. Information wird auf verschiedene Arten gesammelt und aufbewahrt. Meistens geschieht dies mit Hilfe von Skizzenbüchern und Sammelalben. Im Skizzenbuch finden sich keine perfekten Entwürfe, sondern eher schnelle Notizen und Zeichnungen. Hier können Ideen ausprobiert werden. Wird ein Gestaltungsproblem erkannt, erst einmal im Skizzenbuch nachsehen, ob nicht vielleicht schon ein Ansatz für die Gestaltungsentwicklung vorhanden ist. Die Größe des Skizzenbuches spielt keine Rolle. Manche verwenden spezielle Zeichenbücher, andere DIN A4-Blöcke mit dünnem Papier. Ein Sammelalbum enthält Fotos, Postkarten, Zeitungsausschnitte und dient somit als weitere nützliche Informationsquelle. Gesammelt werden Bilder jeder Art. Manchmal spricht das Objekt, manchmal die Farbe, manchmal eine Linienstruktur den Betrachter an.

Für welchen Zweck sich Bilder oder Skizzen verwerten lassen, muß nicht sofort offensichtlich sein. Sie liefern jedoch bisweilen Ansatzpunkte für spätere Arbeiten oder helfen, ein bestimmtes Interessengebiet zu erkennen.

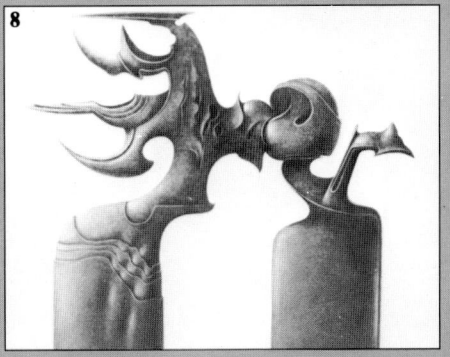

SILBER KONVEX

GOLD KONKAV

GESTALTUNGSDARSTELLUNG

In der Gestaltungsphase gezeichnete Skizzen sind oft grob und dienen hauptsächlich als Gedächtnisstütze. Manchmal ist vor Arbeitsbeginn eine genaue Darstellung des Objekts notwendig, z. B., wenn andere mit einer Arbeit betraut werden sollen. In einem solchen Fall muß klar sein, was genau sich der Designer vorstellt. Macht man Schmuck für andere, ist es generell ratsam, sich zuerst über die Gestaltungsdetails zu einigen. Oft ist dies auch der einzige Weg, zu vermitteln, wie ein fertiges Schmuckstück aussehen wird. Stehen mehrere Alternativen zur Debatte, ist es sicherlich wirtschaftlicher, die Stücke zu zeichnen, als sie einzeln anzufertigen.

Illustration

Abbildungen sollen Informationscharakter haben und nicht als eigenständige Kunstwerke angesehen werden. Viele Illustrationstechniken vermitteln die Illusion fertigen Schmucks. Für Anfänger gibt es eine Reihe bewährter Methoden, Schmuck in einfacher, stilisierter Form darzustellen. Die meisten Schmuckgestalter entwickeln hieraus mit der Zeit ihren persönlichen Illustrationsstil.

POLIERTES SILBERBLECH

SILBERVIERKANTDRAHT

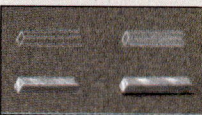

POLIERTES GOLDROHR

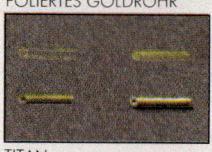

TITAN

STRUKTURIERTES GOLDBLECH

GOLDSCHARNIERDRAHT

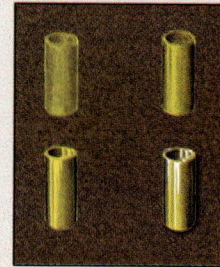

EMAIL

Darstellung von Metallobjekten
Eine Metallillustration muß die Härte des Materials widerspiegeln. Hilfreich sind scharfe klare Linien; Form wird durch Linie, Licht und Schatten bestimmt. Immer zuerst die Kontur zeichnen. Für eine gleichmäßige Tünche wird die Farbe mit reichlich Wasser vermischt und über das Papier gestrichen. Mit einem trockenen Pinsel überschüssiges Wasser abnehmen. Falls notwendig, weitere Tünchen auftragen, bis der gewünschte Farbton erreicht ist. Zwischendurch trocknen lassen.

Silber Konvex Dünnes Weiß nach rechts unten verblassend auftragen. Eine dünne graue Schattenlinie einbringen und eine strahlend weiße Sichel malen.
Gold Konkav Wie bei der konvexen Silberform verfahren, Gelb verwenden, weiße Glanzlichter setzen.
Poliertes Silberblech Dünne weiße Farbe auftragen, bevor die kräftigen weißen Streifen gemalt werden.
Strukturiertes Goldblech Dünnes Ockergelb auftragen. Mit trockenem Pinsel ein leuchtendes Gelb sanft auf die Oberfläche streichen. Dunkelbraune Schatten auftupfen.
Polierter Silbervierkantdraht Wie beim polierten Silberblech verfahren.
Poliertes Goldscharnier An einer Seite dünne gelbe Farbe entlangziehen, an der anderen eine dunkelbraune Schattenlinie malen. Gelbe und weiße Glanzlichter setzen.
Poliertes Goldrohr Gleiche Vorgehensweise wie beim polierten Goldscharnier.
Titan Eine kräftige Tünche aus weißer wasserfester Tinte gleichmäßig auftragen. Die Farben einbringen und an den Übergängen ineinander verlaufen lassen.
Email Das ganze Motiv mit dünner gelber Farbe ausmalen. Dann den Emailteil umreißen und mit verdünnter weißer wasserfester Tinte ausfüllen. Mit dickerer weißer Tinte die Strukturlinien des Email darstellen, danach die Emailfarbe aufpinseln. Metall und Email dunkelbraun schattieren. Mit Weiß Glanzlichter auf den Metallteil setzen.

GESTALTUNGSDARSTELLUNG 59

Darstellung von Steinen
Hier wird gezeigt, wie man den Gesamteindruck eines Steines wiedergibt. Sogar Anfänger können mit etwas Übung wirkungsvolle Ergebnisse erzielen. Hilfreich ist ein dunkler Hintergrund. Möglichst wenig Farbe verwenden und mit der Kontur beginnen.

Diamanten Den Umriß mit verdünnter weißer Farbe ausfüllen. Feine Facettenlinien malen – gebogene Linien sind am wirkungsvollsten. Mit kräftigem Weiß Glanzlichter setzen, ebenfalls mit Weiß blasse und helle Dreiecke aufpinseln, die Lichtreflexe suggerieren. Schattenwirkung geben.

Farbsteine Mit Gouache geht es leichter, wasserfeste Tinte erzielt jedoch einen lebhafteren Effekt. Gouache-Methode: wie bei den Diamanten verfahren, aber als erstes die gewünschte Farbe und danach eine dünne Schicht Weiß auftragen. Tinten-Methode: statt weißer Farbe, wasserfeste weiße Tinte verwenden. Glanzlichter mit weißer Gouache setzen. Zuvor noch eine zweite dünne Farbschicht auftragen.

Durchscheinende Cabochons
Im unteren rechten Bereich etwas dünne weiße Gouache verschwimmen lassen. Oben links ein rundes weißes Glanzlicht malen, die Farbe nach rechts und links ziehen. Lichtreflexe suggerieren und Schatten einbringen.

Opale Den Stein mit Gouache umreißen und mit wasserfester weißer Tinte ausfüllen. Dünne Streifen und Tupfer in Lindgrün, Ringelblumengelb und Brilliantgelb aufpinseln. Für die Sichel dünne weiße Gouache verwenden.

Undurchsichtige Cabochons
Vorgehensweise wie bei den durchscheinenden Cabochons, unten rechts jedoch dünne schwarze Gouache verstreichen. Oben rechts eine schmale weiße Sichel malen. Glanzlicht wie gezeigt.

Cremeperlen Den unteren rechten Teil schattieren, den Bereich links oben hell hervorheben. Für das Glanzlicht leuchtend weiße Gouache verwenden.

Schwarze Perlen Ein schwarzgrünes Farbgemisch auftragen und wie gezeigt Akzente setzen.

DIAMANTEN UND FARBSTEINE: GOUACHE-METHODE

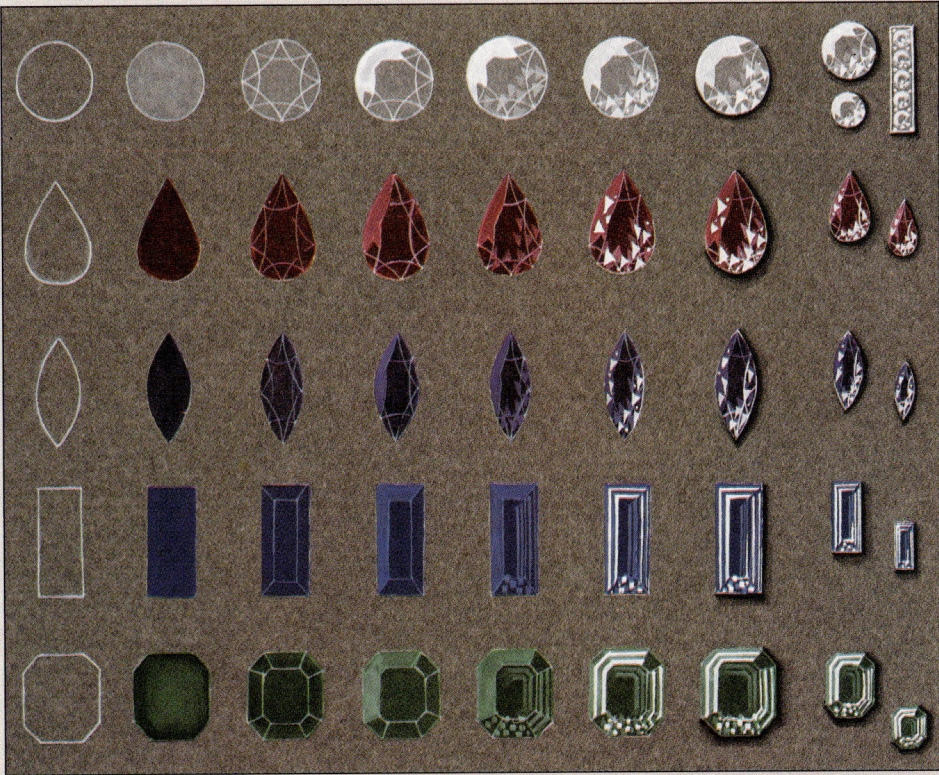

FARBSTEINE TINTEN-METHODE

OPALE

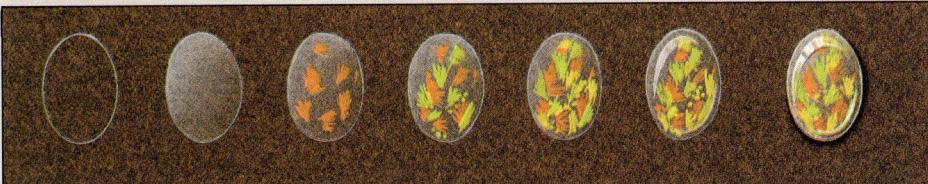

DURCHSCHEINENDE CABOCHONS

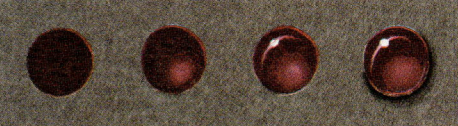

UNDURCHSICHTIGE CABOCHONS

CREMEPERLEN

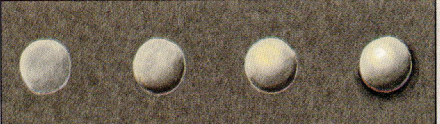

SCHWARZE PERLEN

GESTALTUNGSELEMENTE

Zeichenausrüstung

1. Größe und Beschaffenheit von Zeichenplatten sind unterschiedlich. Die drei bekanntesten Typen: Holzplatte, resopalbeschichtete Platte und verschiebbare Platte.
2. Zeichenschienen sind aus Kunststoff oder Metall. Zum Ziehen paralleler Linien, den T-Kopf an eine Seite der Zeichenplatte legen und die Schiene auf und ab bewegen.
3. Schriftsetzerlineal: mit diesem Lineal kalkuliert der Schriftsetzer die Breite einer Spalte.
4. Ein einfaches Lineal gehört zur Grundausstattung. Mit der Maßfeile kann ein Maßstab vergrößert oder verkleinert werden.
5. Die am häufigsten benutzten Zeichendreiecke sind spitz- oder rechtwinklig.
6. Mit diesem Kunststoffwinkelmesser lassen sich Winkel bis zu 180 Grad genau abmessen.
7. Verstellbare Winkelzeichner sind vielseitiger als die Standardausführung.
8. Kurven werden mit dem Kurvenlineal gezeichnet.
9. Die Zeichenschablone ermöglicht genaues und perspektivisches Zeichnen runder Formen.

Materialien	
Zeichenkarton in verschiedenen Farbtönen	Cölinblau; Winsor & Newton Aquarellfarben: Alizarinkarmesin, Cölinblau, Chromoxydgrün, Chromorange, Hookersgrün, Indigo, Mangan-Mineralblau, Permanentblau, Permanentmagenta, Preussischblau, Purpurlack, Windsorgrün, Windsorviolet, Paynesgrau, Sepia
Mittelschweres hochwertiges Pauspapier Passepartoutkarton	
Pinsel: Winsor & Newton, Serie 7 oder 16, Nr. 1 und 2	
Bleistifte: B zum Skizzieren, 5H zum Pausen und Übertragen	
Staedtler Plastikradierer oder nachfüllbarer Minenradierer	
Bleistiftspitzer	
Farbe: Winsor & Newton Designergouache: Permanentweiß, Brilliantgelb, Lichter Okker, Schwarz, Vandykerbraun, Lindgrün, Ringelblumengelb,	Rotring wasserfeste Tinte Zeichengeräte Zum Schneiden des Rahmens: Skalpell mit Messer/10A oder Kreisschneider; Teppichmesser Zeichenplatte

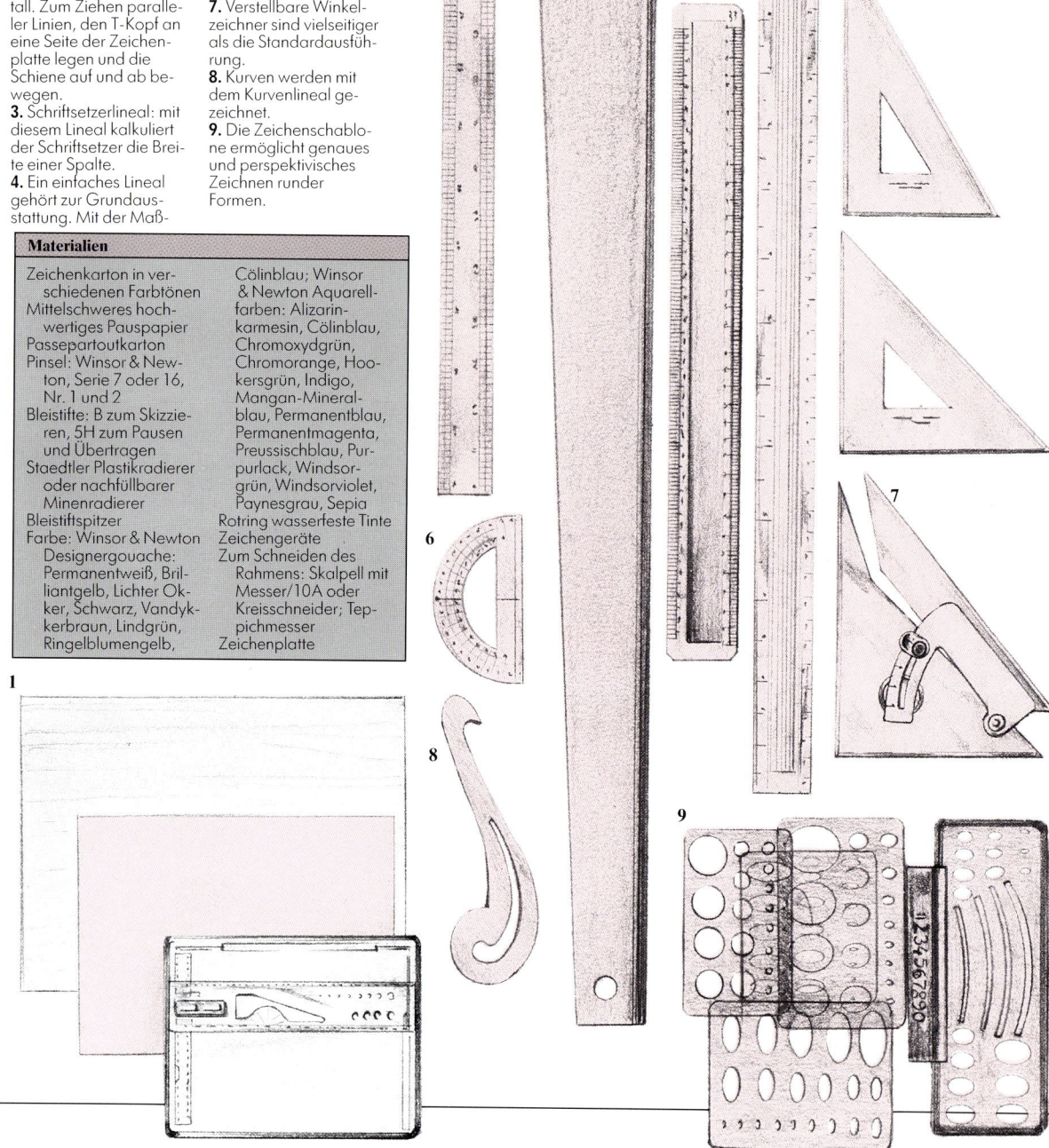

GESTALTUNGSDARSTELLUNG 61

10. Dieses Zirkelbesteck beinhaltet Einsatzzirkel in 2 Größen, Fallnullenzirkel, Stechzirkel, Reißfederhalter und Verlängerungsstange.
11. Die Spitze des Tuschezeichners gewährleistet ein gleichmäßiges Ziehen von Linien.
12. Ein Tuschezeichnereinsatz kann wie gezeigt am Einsatzzirkel befestigt werden.
13. Der Winkel des Kreisschneidermessers ist mit einer Schraube verstellbar.
14. Die für feine Schnitte verwendeten Chirurgenskalpellmesser sind austauschbar.
15. Ein Teppichmesser schneidet sehr festes Material.
16. Metallspitzer zum Spitzen von Bleistiften.
17. Mit einem nachfüllbaren Minenradierer wird Tinte radiert.
18. Für genaues Zeichnen muß der Bleistift spitz sein.
19. Bleistiftstriche mit einem Plastikradierer, Tusche mit einem Folioplastradierer entfernen.

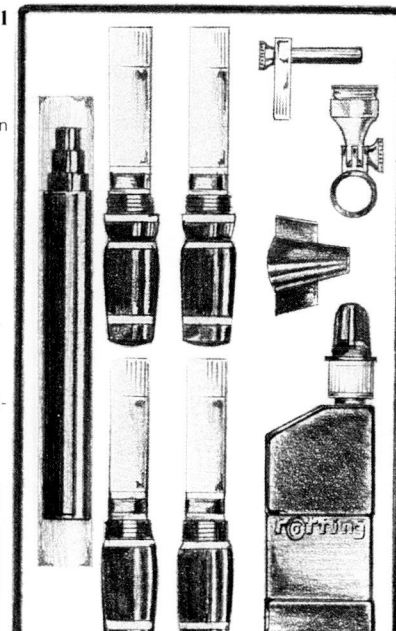
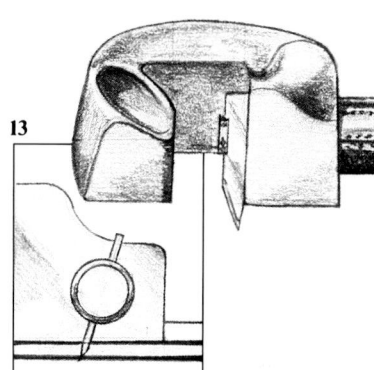
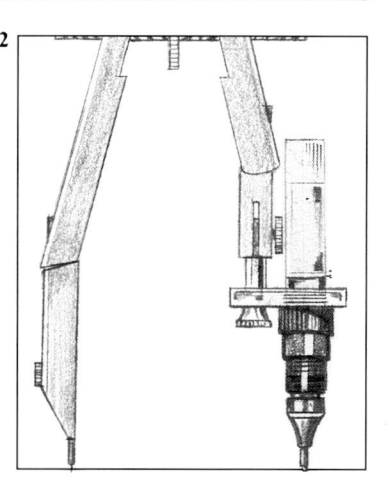
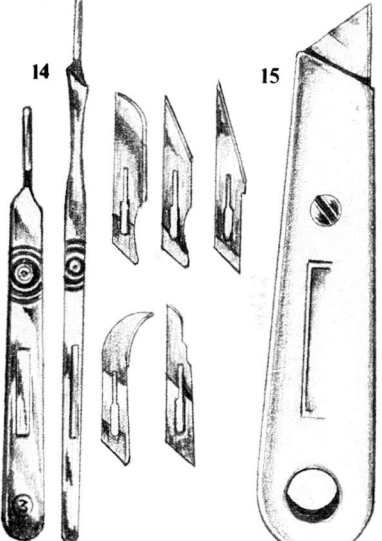
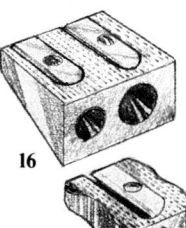

Der Entwurf

Zuerst die Draufsicht des Schmuckstücks zeichnen (rechts). Ausgehend hiervon Linien ziehen, so daß eine genaue Seitenansicht gezeichnet werden kann. Den Entwurf mit einem Bleistift Nr. 5H auf Pauspapier übertragen. Die Rückseite des Papiers mit einem Bleistift Nr. B schraffieren. Dann den Entwurf auf Karton übertragen und mit der Farbgebung beginnen. Zuerst das Metall, anschließend die Steine darstellen. Zum Schluß Glanzlichter und Schattierungen setzen. Ist man mit dieser Technik einmal vertraut, kann man schnell einen persönlichen Illustrationsstil entwickeln. Die Schmuckdarstellungen von Sheelagh Burch (unten links) und Carolyn Stephenson (unten rechts) machen dies deutlich.

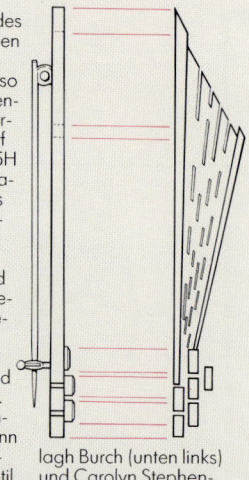

Perspektivisches Zeichnen eines Rings

Zuerst unter Berücksichtigung des Fingerumfangs und der Steingrößen eine maßstabsgerechte Draufsicht zeichnen. Von der Draufsicht aus Linien seitwärts und nach unten ziehen, damit später die genauen Positionen der Ringelemente in der Seiten- und Vorderansicht ermittelt werden können. Zum Festlegen der Stellen für Front- und Seitenansicht, setzt man die Spitze eines Zirkels in die rechte untere Ecke der Draufsicht und zieht einen Bogen mit geeignetem Radius. Anhand weiterer Bögen von diesem Punkt aus lassen sich die unterschiedlichen Höhen von der Vorder- zur Seitenansicht übertragen. Informationen über alle drei Ansichten sind für eine genaue perspektivische Zeichnung notwendig. Ein Ring läßt sich am besten in einem Kasten perspektivisch darstellen. Zeichnung auf Karton übertragen und kolorieren.

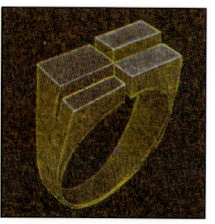
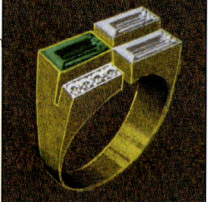

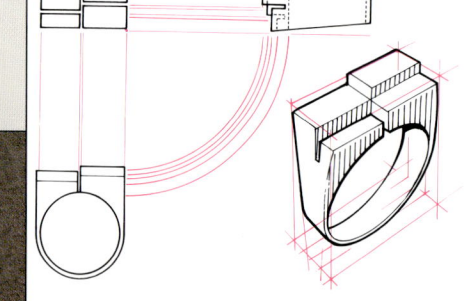
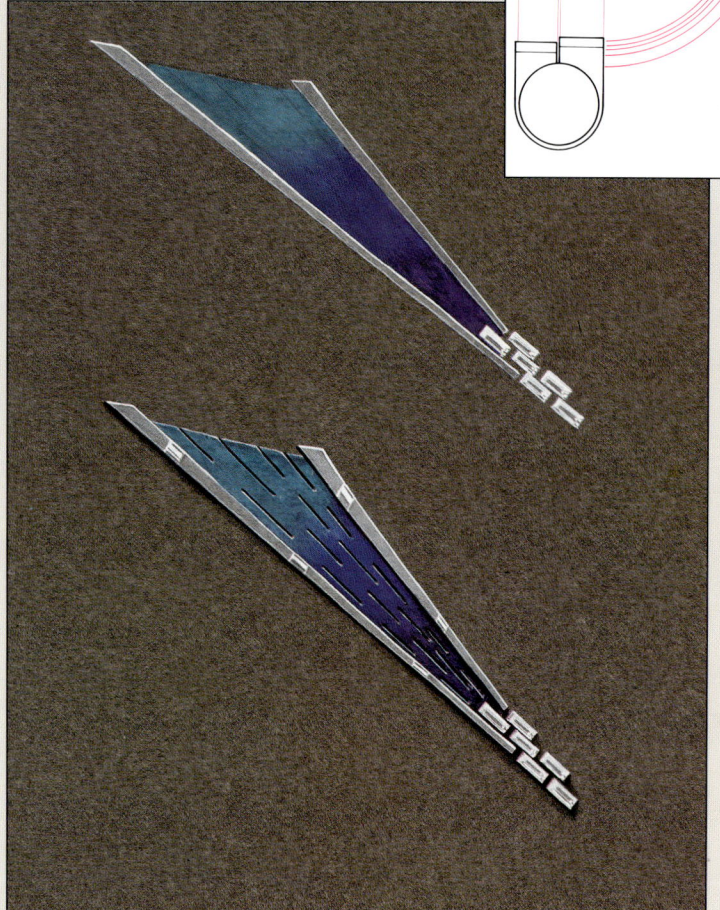

GESTALTUNGSDARSTELLUNG 63

Rahmen des Entwurfs
1. Rahmen und Passepartout sollten farblich mit dem Karton und der Darstellung harmonieren.
2. Die passende Rahmengröße wird mit einer L-Form aus Pappe ermittelt. Soll ein Passepartout eingefügt werden, ist es praktisch, die Maße mit zwei L-Formen zu bestimmen. Fenstergrößen ausmessen und auf dem Karton markieren.
3. Zum Schneiden einer abgeschrägten Kante den Kreisschneider wie gezeigt benutzen. Auch ein Skalpell eignet sich zum Ausschneiden des Fensters. Den Rahmenkarton auf ein Schneidbrett legen. Mit der Zeichenschiene sicherstellen, daß die Winkel exakt 90 Grad betragen.
4. Rahmen, Passepartout und Darstellung zusammenstellen und mit Alleskleber oder doppelseitigem Klebeband verbinden. Die Rückseite mit dickem Karton verstärken.

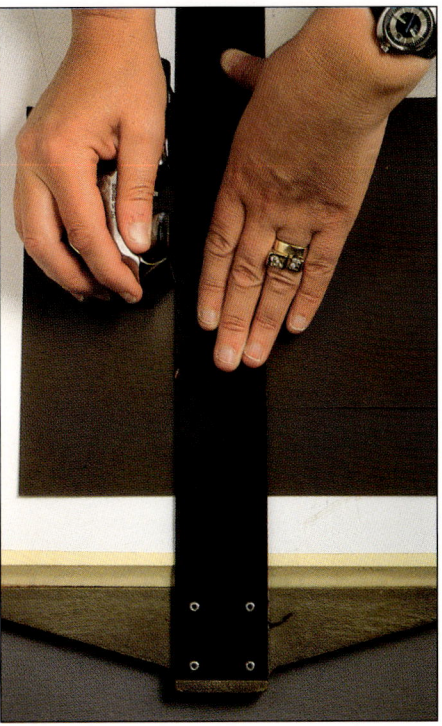

SPEZIALTECHNIKEN

Selten entsteht ein Schmuckstück unter Anwendung nur einer Technik. Ein einzelnes Teil kann gegossen, graviert, emailliert und mit Edelsteinen besetzt sein. Obwohl die unterschiedlichen Arbeitsweisen getrennt behandelt werden, sollen Anfänger ruhig versuchen, Techniken und Materialien zu kombinieren.

TEXTILIEN

Textilschmuck hat eine lange Tradition. Auf dem Gemälde von Francois Boucher trägt Madame de Pompadour (1721–1764) ein aufwendiges Halsgebinde. Ein ca. 1770 gemaltes Portrait von A. R. Mengs zeigt Maria Louisa von Palma mit einem Halsschmuck aus einem rosafarbenen gekräuselten Material. Im späten 18. Jahrhundert trugen die Damen Bänder mit Anhängern, und Anfang dieses Jahrhunderts kombinierte Cartier Diamanten mit schwarzem Samt.

Heute werden Textilien phantasievoller denn je eingesetzt. Passend zu modernen Materialien und Designs entwickeln Schmuckgestalter neue Techniken. Regeln oder festgelegte Arbeitsmethoden existieren nicht. Ein Schmuckmacher sollte mit seinen Ideen spielen und sich dabei vom Material – seiner Farbe, seinem Muster, seiner Struktur und Festigkeit – inspirieren lassen.

Die goldenen Blattglieder an dem schwarzen Samthalsband (oben) besetzte Cartier mit Diamanten und Perlen. Das Schmuckstück stammt aus der Cartier-Sammlung in Paris. Rachel Leach (GB) fertigte diese geflochtene enge Halskette aus schwarzer Seide (unten). Die Seidenzöpfe haben die besondere Eigenschaft, ihre Ausrichtung beizubehalten, einige liegen flach an, andere stehen vor.

TEXTILIEN

Textilien sind durch ihre Farbigkeit, Flexibilität und ihren Oberflächencharakter interessant für die Schmuckgestaltung. Das Gemälde von Francois Boucher (rechts) zeigt Madame de Pompadour, die ein Halsgebinde trägt, das mit den Bändern ihres Kleides harmoniert (Rothschild-Sammlung). Wer selbst schneidert, könnte passend zur Garderobe Schmuck entwerfen und anfertigen. Jayne Hierons verarbeitete in der oberen Kette gerüschten Stoff und Kordel (unten links). Auf der Seite 66 zeigt sie, wie eine solche Kette angefertigt wird. Die untere Kette besteht aus Stoff und Kunststoffperlen.
Der Strickschmuck (unten rechts) stammt von Jane Gower (GB).

Jayne Hierons nutzte bei der Anfertigung der Wülste den natürlichen Faltenwurf des Stoffs (unten). Damit sie voll und rund werden, kann man sie mit Watte füllen.

Materialen
Nadel
Schere
Sicherheitsnadel
1 m × 10 cm weicher Stoff
0,5 m schwere Kordel
Baumwollgarn

1. Einen zum Stoff passenden Schnitt für die Wülste entwerfen. Die Taschen durch schmale Übergänge verbinden. Hier werden später die Zierspiralen aus Kordel angebracht. Die Taschen sind bei dieser Seide 5 cm lang und 4 cm breit, der Übergang mißt 1 × 1 cm. Das Muster auf den Stoff übertragen und steppen.
2. Materialüberschuß zwischen den Taschen abschneiden.
3. Mit einer Sicherheitsnadel den Stoff nach außen drehen. Kordel durchziehen.
4. Ein Ende der Bindekordel und einen U-Draht an den ersten Übergang legen. Mit der Kordel umwickeln. Die Enden verknoten und unter die Kordelspirale schieben.

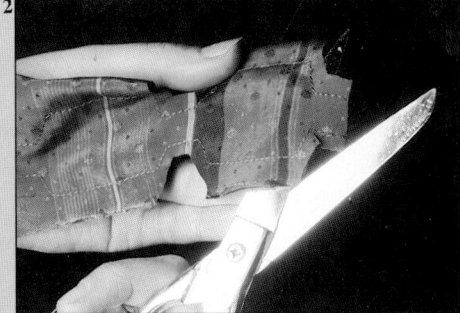

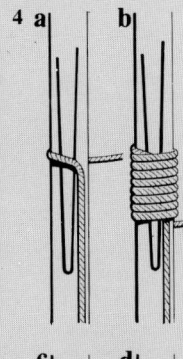

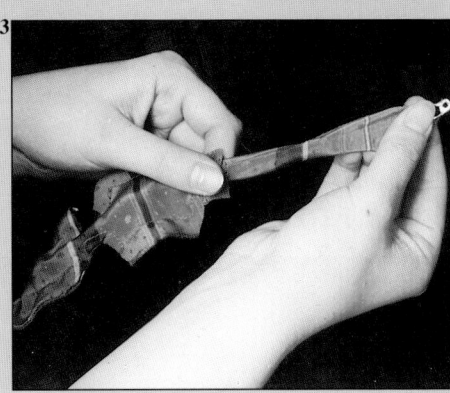

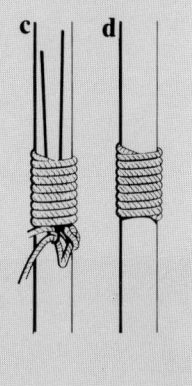

Textile Techniken mit Draht

Die meisten in der Goldschmiede verwendeten Metalle sind sowohl in Blech- als auch in Drahtform erhältlich. Aus einigen läßt sich ein feiner flexibler Draht herstellen, der ideal für bestimmte textile Techniken wie Stricken, Häkeln oder Flechten ist.

Manche Metalle werden durch Biegen sehr schnell hart und müssen deshalb häufig ausgeglüht werden. Da es leicht passiert, daß ein feiner Draht versehentlich geschmolzen wird, sind solche Metalle für diesen Zweck nicht zu empfehlen.

Besser eignet sich ein Metall, das ohne häufiges Ausglühen auskommt, wie z. B. Gold (mindestens 18ct), Feinsilber, Britanniasilber, Kupfer oder Aluminium. Einmal ausgeglüht, bleiben diese Metalle in Drahtform flexibel (0,2 mm bis 0,5 mm Durchmesser). Kauft man bereits vorgeglühten Draht mit dem gewünschten Durchmesser, ist kein weiteres Ausglühen mehr notwendig.

Spulen mit feinem, geglühten Kupferdraht oder eloxiertem Aluminiumdraht bekommt man im Elektrohandel bzw. in Heimwerkerläden. Ausgeglühte Edelmetalle sind im Edelmetallfachhandel erhältlich.

Rund- und Vierkantdraht gibt es in unterschiedlichen Stärken. Werden andere Konturen benötigt, muß man sie aus Rund- oder Vierkantdraht mit Hilfe eines Verfahrens, das man »Ziehen« nennt, selbst herstellen. Durch Ziehen werden Drähte auch verlängert und im Querschnitt reduziert. Vor dem Ziehen den Draht durch Ausglühen geschmeidig machen.

ARBEIT MIT DER »STRICKLIESEL«

1. Vier kopflose Nägel in eine leere Garnrolle schlagen. Dann den Draht um jeden einzelnen Nagel wickeln.
2. Um den ersten Nagel eine weitere Schlinge ziehen.
3. Mit einer Häkelnadel die untere Schlinge über die obere ziehen und in das Spulenloch fallen lassen.
4. Diesen Vorgang Nagel für Nagel wiederholen.

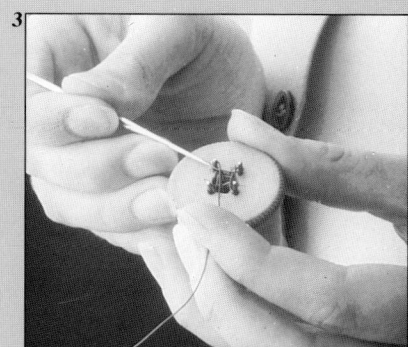
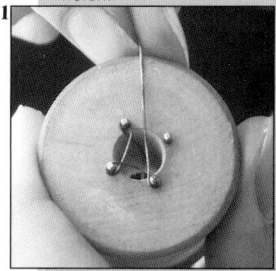

Drahtziehen
Zum Drahtziehen per Hand wird das Zieheisen in den Schraubstock eingespannt (unten). Ein Drahtende spitz anfeilen und durch ein Loch stecken. Mit der Ziehzange den Draht herausziehen. Die Ziehbank benutzt man für stärkeren Draht.

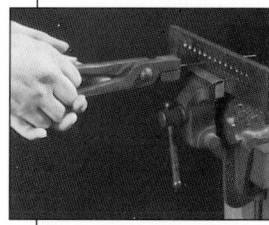
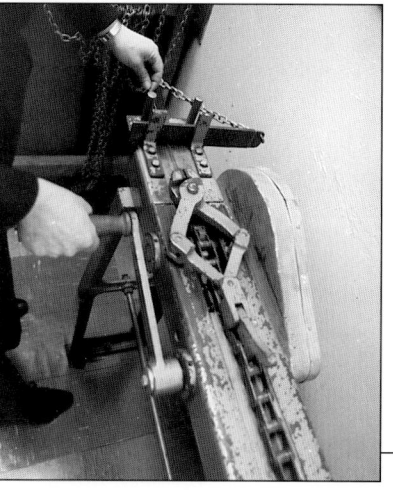

Ausglühen

Zum Ausglühen wird ein Draht senkrecht in der Stahlpinzette gehalten und die Flamme von oben auf das Metall gerichtet. Die Flamme nicht am Draht auf- und abbewegen, weil dadurch kein gleichmäßiges Glühen gewährleistet ist und das Zieherergebnis unregelmäßig ausfallen kann. Sehr langen Draht fest aufwickeln und mit weicher Flamme ausglühen. Feinen Draht in einer mit Kohlegranulat gefüllten Blechdose (Tabaksdose) glühen. Hat man die Dose versehentlich überhitzt und der Draht ist geschmolzen, läßt er sich evtl. durch Löten reparieren.

Ziehen

Ein Draht wird mit dem Ziel, seinen Querschnitt graduell zu reduzieren, durch sukzessive kleiner werdende Löcher in einer Stahlplatte – dem Zieheisen – gezogen. Je dünner der Draht wird, umso länger wird er auch. Die Arbeit geht leichter, wenn man den Draht zuvor erwärmt und durch Bienenwachs zieht. Das auf dem warmen Draht geschmolzene Wachs dient als Gleitmittel. Wurde der Draht gerade ausgeglüht, sollte er ein paar Minuten abkühlen bevor man ihn einwachst. Das Zieheisen waagrecht in den Schraubstock einspannen. Zur Schonung dieses Präzisionswerkzeuges sind grundsätzlich Schutzbacken erforderlich. Der Draht läßt sich problemlos in die Löcher führen, wenn man eines seiner Enden etwa 2 cm spitz zufeilt. Mit dem größten Loch, durch das der Draht gerade noch hindurchpaßt, beginnen. Die Spitze von der Eisenrückseite durchführen und in die Ziehzange nehmen. Die Zange hat kräftige, gezahnte Klemmbacken für sicheres Halten und einen stark gebogenen Griff, damit die Hand nicht abrutscht. Mit hintereinander stehenden Füßen und gerade gehaltenen Armen lehnt man sich zurück und zieht den Draht durch das Eisen. Die Arme nicht abwinkeln, weil Gefahr besteht, daß man sich verletzt, wenn der Draht plötzlich schneller als erwartet durch das Eisen rutscht. Den Draht durch immer kleinere Löcher ziehen, bis er den gewünschten Durchmesser hat. Wenn das Ziehen nach etwa drei bis vier Arbeitsgängen schwierig wird, muß ausgeglüht werden. Hat der Draht den erforderlichen Querschnitt erreicht, sollte man ihn, bevor er für textile Techniken verwendet wird, nochmals ausglühen.

Für diesen Effekt (unten) braucht man eine Strickliesel, eine Kette, Faden und Häkelnadel. Die Kette wird durch das Loch in der Garnrolle befördert. Einige Goldschmiede arbeiten lieber nur mit Metalldraht und einer Häkelnadel.

Der geflochtene Silberhalsschmuck aus Draht (rechts) wurde von Simon Harrison und Ian Young entworfen. Das gestrickte Drahthalsband (unten) stammt von Ruth Robinson. Seine Struktur ist so kräftig und flexibel, daß man es wie einen Schal binden kann.

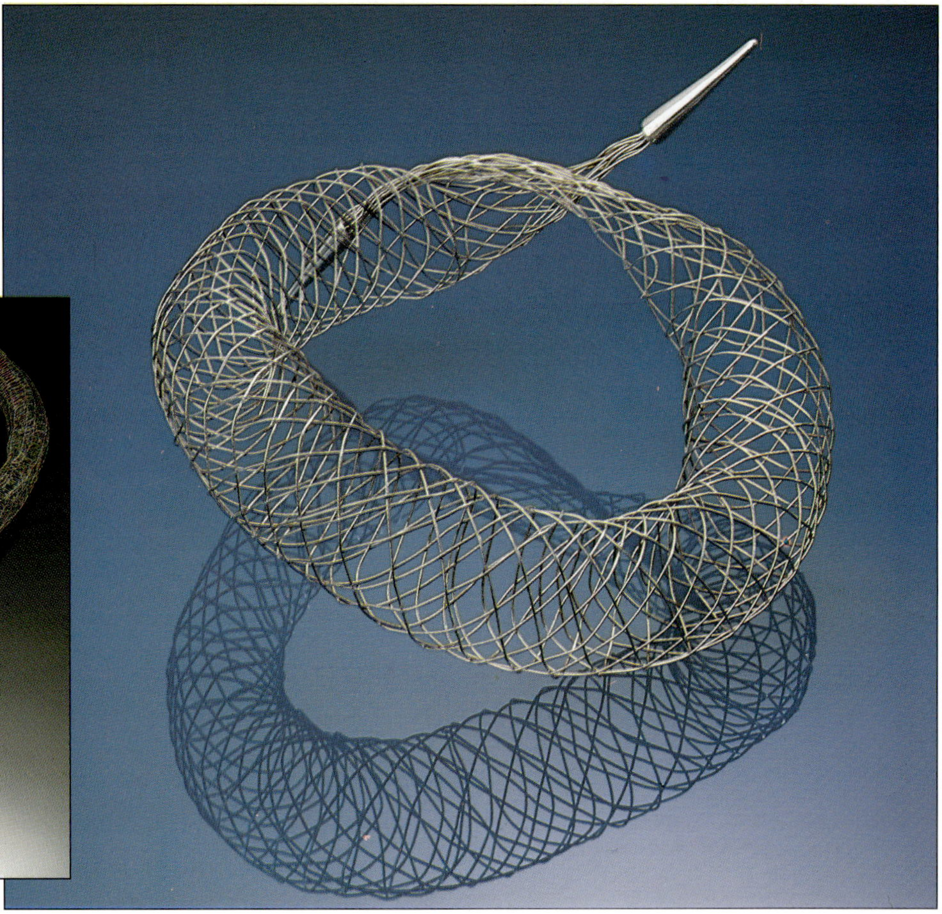

Arbeiten mit der Strickliesel

Die Strickliesel ist ein altes Werkzeug, mit dem gleichmäßige Stränge aus Wolle hergestellt werden. Wer einen solchen Strang aus Metalldraht haben möchte, bohrt zunächst ein Loch in ein Stück Holz und schlägt um es herum drei kopflose Nägel, die nicht mehr als 5 mm herausstehen dürfen. Von der Größe des Lochs ist der Durchmesser des Stranges, von der Entfernung der Nägel zum Loch die Länge der Maschen abhängig. Größe und Anzahl der Nägel beeinflussen die Festigkeit des Ergebnisses.

Zu Beginn um jeden einzelnen Nagel eine Schlaufe wickeln. Es folgt eine weitere Schlinge um den ersten Nagel. Mit einer Häkelnadel die untere über die obere Schlaufe heben. Diesen Vorgang kontinuierlich reihum wiederholen. Allmählich wächst der Strang aus dem Loch heraus. Ein fertiger Strang kann geglättet werden, indem man durch ein zweites Holzstück ein kleineres Loch bohrt und das ganze Teil hindurchzieht.

Häkeln

Beim Häkeln werden mit Hilfe einer Stahlhäkelnadel durch Umschlagen und Durchziehen eines Fadens Maschen gebildet: das Ergebnis ist ein offenes, spitzenartiges Muster. Die Stärke der Häkelnadel bestimmt die Maschengröße.

Anfänger folgen der schrittweisen Anleitung (Seite 67) für ein einfaches Schmuckstück mit der Häkelnadel.

Andere textile Techniken mit Draht

Draht kann auch geflochten, gestrickt oder gewebt werden. Wer sich auf diesen Gebieten bereits auskennt, sollte diese Techniken einmal mit Draht versuchen. Die Fotos auf dieser Seite zeigen phantasievolle Stücke zeitgenössischer Goldschmiede, die sich auf die Arbeit mit Draht spezialisiert haben.

TEXTILIEN **69**

Dünne Drähte aus Britanniasilber, 18ct (oder feinerem) Gold, Kupfer und Aluminium bleiben auch bei starker Beanspruchung durch Flechten, Weben, Stricken und Häkeln flexibel. Anders als ein Stoffaden, behält der verarbeitete Draht seine Form. Deshalb sind Fehler häufig auch noch nach ihrer Verbesserung sichtbar. Der Halsschmuck (links) von Aya Nakayama (Japan) ist aus 18ct Gelb- und Weißgold gewebt. Der Silberhalsschmuck (unten) ist von Mary Lee Hu (USA).

Viele Kunststoffe eignen sich zur Schmuckgestaltung. Wer Plastikschmuck entwirft, sollte sich die Verschiedenartigkeit der einzelnen Materialien zunutze machen. Soll das Schmuckstück bunt werden, empfiehlt sich ein leicht färbbarer Kunststoff; beweglicher Schmuck entsteht aus einem flexiblen, biegbaren Material. Die Ärmreifen (unten) von Emmy Van Leerten sind aus beschichtetem PVC und Buntpapier. Rowena Park (GB) nutzte bei ihrem Armschmuck (ganz unten) die Geschmeidigkeit und Färbbarkeit von Nylon.

KUNSTSTOFFE

Plexiglas, Nylon, Polyesterharz und andere Kunststoffe haben heute ihren festen Platz in der Schmuckwelt. Anfangs dienten sie eher dazu, andere Materialien vorzutäuschen; z. B. verwendete man Harz als Emailimitat. Heute jedoch machen sich Schmuckgestalter die typischen Eigenschaften von Kunststoff zunutze, um gänzlich neue Wirkungen zu erzielen. Aus einem farbenfrohen, leichten und stabilen Material lassen sich farbenprächtige Schmuckstücke herstellen. Durch seine Geschmeidigkeit ist Kunststoff ideal, wenn funktionale Bewegung gewünscht wird, wie z. B. bei Armbandgliedern und Verschlüssen, aber auch dekorative Bewegung, wie etwa bei zarten, flatternden Bändern.

Für Metall geeignete Sägen, Feilen und Schmirgelhölzer sind auch für Kunststoff zu gebrauchen. Mit der Holzsäge läßt sich Kunststoff mühelos sägen. Gröbere Feilen sind besser als feine, da sie nicht so leicht zusetzen.

HALSSCHMUCK AUS PLEXIGLAS

Plexiglas ist leicht – also für große Teile geeignet – und unproblematisch in der Verarbeitung.
1. Anzahl und Größe der Scheiben für die Kette festlegen. Die hier gezeigten Scheiben haben einen Durchmesser von 5 cm. Kreise mit dem Stechzirkel anreißen, aussägen, unregelmäßige Kanten verfeilen.
2. Zum Beseitigen von Feilkratzern, die Kanten schmirgeln.
3. Mit bunten Klebepunkten die Stellen für die Tupfer bestimmen. Die Löcher für die Schnur ebenfalls mit Papierpunkten markieren.

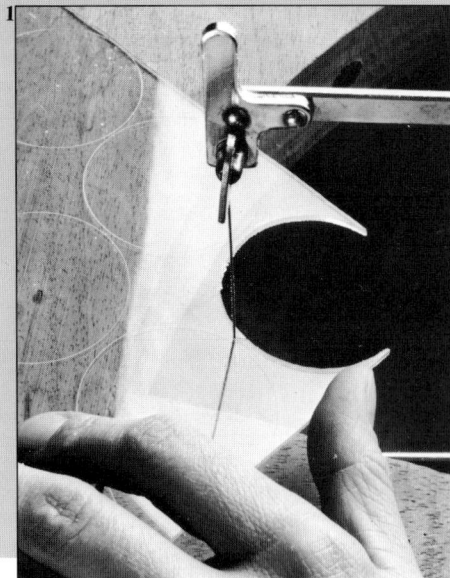

Plexiglas

Plexiglas ist der für Schmuckgegenstände am häufigsten verwendete Kunststoff. Dieses harte Material kann farbig, farblos, durchsichtig oder undurchsichtig sein. Plexiglas ist in Platten von 2, 3 und 4 mm Stärke erhältlich oder als Stäbe und Röhren. Plexiglas wird mit einem Lösungsmittel verbunden. Die Klebstelle ist jedoch bei transparentem Plexiglas sichtbar, wenn sie nicht perfekt angepaßt wurde.

Nylon

Nylon ist ein robuster und biegsamer Kunststoff. Man erhält Nylon in Platten-, Faden- (Monofil), Stab- oder Röhrenform in fast allen Gebrauchsgrößen. Dünnes Nylon wird mit einem Skalpellmesser geschnitten, dickeres Material muß gesägt oder angekerbt und anschließend gebrochen werden. Geklebt wird Nylon u. a. mit Cyanolyt 303. Der Hauptvorteil von Nylon ist, daß man es mit Stoffarbe färben kann. Es entsteht dabei eine dezente Farbwirkung.

Polyesterharz

Polyesterharz wird in flüssiger Form verkauft. Die klare, dicke Flüssigkeit erstarrt, wenn man sie mit einem speziellen Härter mischt. Falls gewünscht, lassen sich auch Färbemittel hinzufügen. Da jedoch die Dämpfe der Flüssigkeit und der Staub, der beim Sägen und Feilen des harten Materials anfällt, die Gesundheit gefährden, sind spezielle Arbeitseinrichtungen sowie eine Lüftung erforderlich. Deshalb wird heute von Polyesterharz für den Hausgebrauch abgeraten.

Andere Kunststoffe

Polypropylen, PVC und Acetat ähneln in vielfacher Hinsicht dem Nylon.
Polypropylen ist härter als Nylon und meistens nur sehr schwer erhältlich. PVC ist spröder als Nylon. Viele Hobbymärkte führen PVC. Acetat ist gut färbbar. Besonders wirksam gerät die Färbung, wenn man Acetat in eine Lösung aus Stoffkaltfarbe und Aceton gibt.

4. Mit der Reißnadel in die Mitte der einzelnen Punkte stechen. Keinen Hammer verwenden, das Plexiglas könnte brechen. Dann durch die Papierpunkte hindurch die Löcher für die Schnur bohren. An den Farbpunkten flache Vertiefungen mit glatten abgerundeten Kanten fräsen. Die Klebepunkte abnehmen.
5. In die Vertiefungen je zwei Farbschichten pinseln.
6. Die Schnur durch die Löcher ziehen. Die fertige Kette ist auf Seite 72 zu sehen.

Materialien
Zirkel
Säge und Blättchen Nr. 1
Gorbes Schmirgelholz
Bohrer, Einsätze in 2 und 5 mm
Humbrol Emailfarbe
Marderhaarpinsel Nr. 1
Terpentinersatz
Klare Plexiglasplatte, 2 mm
1 m Band oder Kordel

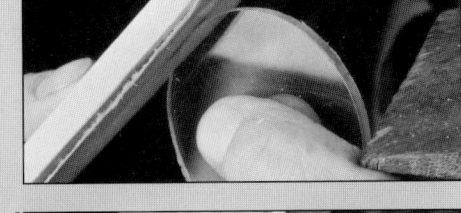

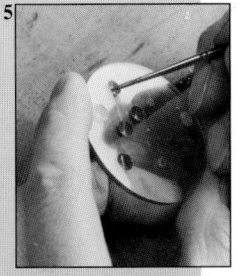
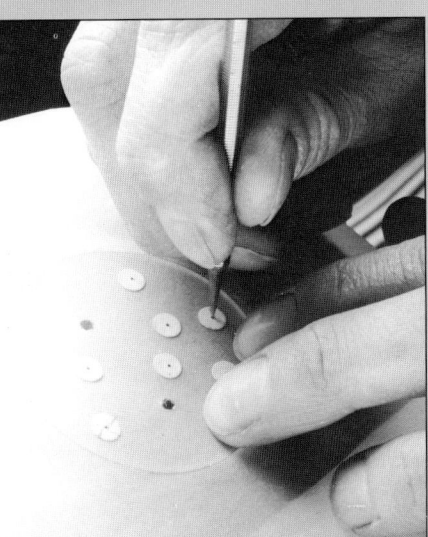

Diese modischen Objekte aus Nylonfäden sind von Jayne Hierons (GB). Eine Flaschenbürste, deren Borsten mit einem Draht in der Mitte zusammengehalten werden, brachte Jayne auf diese Idee. Sie probierte Möglichkeiten aus, die Fäden so zu kräuseln, daß sie angenehmer als starre Borsten zu tragen sind.

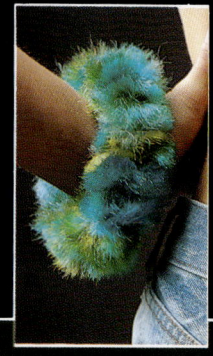

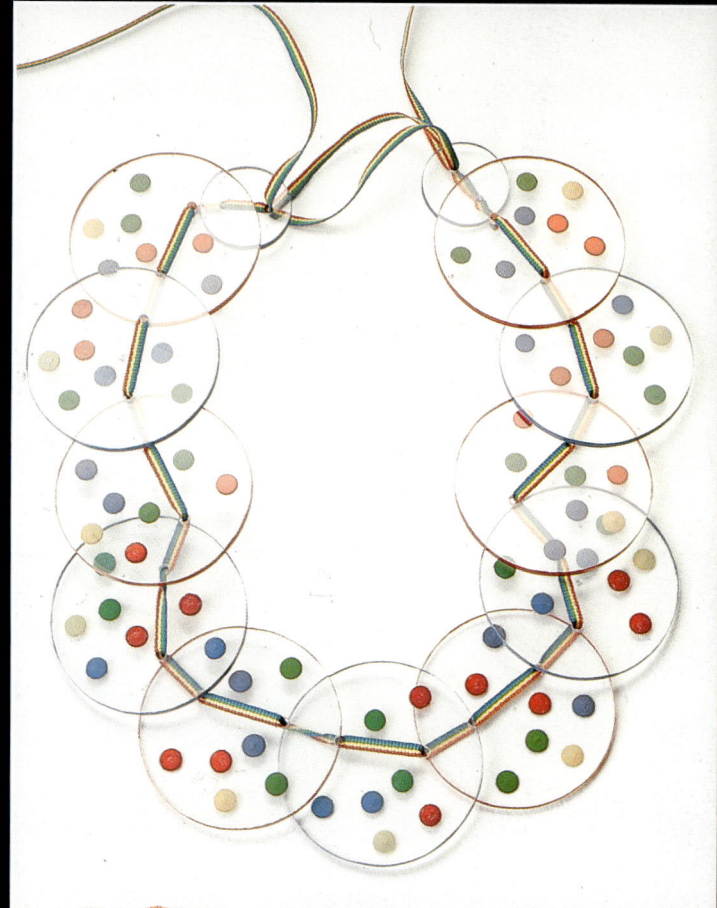

Eine Anleitung für die Plexiglaskette (oben) von Susan Fortune (GB) steht auf Seite 70f. Susan entwarf diesen Halsschmuck, um zu demonstrieren, daß auch mit begrenzten Arbeitseinrichtungen und geringen technischen Kenntnissen eine Menge erreicht werden kann. Durch die einfallsreiche Lösung mit den Endscheiben läßt sich die Kette kurz oder lang tragen. Den Schaumgummiarmreif (links) fertigte Lindsay Jordan (GB). Lindsay hatte während ihrer Studienzeit begonnen, sich mit diesem Material zu beschäftigen. Bei ihrer Abschlußausstellung 1984 zeigte sie unter anderem eine Serie von Schaumgummiobjekten.

In den 70er Jahren führte Caroline Broadhead (GB) Nylon in die Schmuckszene ein. Der Halsschmuck (oben) besteht aus einem Holzreifen mit farbigen Nylonbüscheln. Die Ohrringe (links) sind von Joel Degen (GB). Der linke Ohrring ist aus rostfreiem Stahl und wurde mit einem roten und einem blauen Trevira-Faden umwickelt. Bei den anderen Teilen kombinierte Joel die Trevira-Fäden mit eloxiertem Titan. Die Bügel sind aus rostfreiem Stahl.

Perlen sind meistens auf Schnüre aufgezogen, es gibt aber noch andere Möglichkeiten, die Schönheit ihrer Formen und Farben hervorzuheben. Man kann sie z. B. auf Draht ziehen und diesen dann beliebig verbiegen. Die im Handel erhältlichen Perlen sind entweder angebohrt oder ganz durchbohrt. Angebohrte Perlen lassen sich auf Drahtstifte stecken und mit Perlkitt oder einem anderen Klebstoff befestigen. Mit dieser Brosche (unten) gewann Yuji Takahashi (Japan) 1969 einen »Diamonds International Award«. Die Perlen sind zusammen mit kleinen brilliantgeschliffenen Diamanten und größeren birnenkernförmigen Diamanten in Gelbgoldfassungen auf einen Rahmen montiert.

PERLEN

Die ältesten Schmuckstücke überhaupt waren wohl Ketten, die aus durchbohrten und aufgereihten Objekten, wie Knochen oder Muscheln, hergestellt wurden. Archäologen datieren drei Fischwirbelketten aus einem Grab bei Monaco auf etwa 25 000 v. Chr. Im Laufe der Zeit verwendete man Stein- und Glasperlen für Ketten. Es wurde begonnen, Perlen nicht nur auf Fäden, sondern auch auf Drähte zu ziehen, um sie anschließend in unterschiedliche Formen zu biegen.

In modernen Werkstätten arbeitet man sowohl mit Schnur als auch mit Draht. An manchen Orten der Welt ist die Kunst des Perlenschmucks besonders hoch entwickelt. In Teilen Afrikas findet man Ketten und Haarschmuck aus kleinen bunten, zu Mustern arrangierten Perlen. Auch aus Afrika stammen jene Ketten, bei denen die unterschiedlichsten »Perlen« – aus Metall, Kunststoff, Glas, Naturmaterialien und anderen Dingen, wie z. B. Münzen – kombiniert werden.

Sortieren und Vorbereiten

Bevor man mit dem Aufziehen beginnt, sollten echte Perlen der Größe nach und bunte Kunstperlen in der gewünschten Farbfolge sortiert werden, da sich sonst Fehler einschleichen können, die man unter Umständen erst nach der Fertigstellung bemerkt. Ein Stück Papier so knicken, daß eine Falte entsteht und die Perlen in die Falte sortieren. So bleibt die richtige Reihenfolge zum Auffädeln erhalten.

Die Durchbrüche der Perlen sind manchmal unterschiedlich groß. Läßt sich eine Perle nur schwer aufziehen, passiert es leicht, daß die Schnur reißt oder die Perle zerbricht. Deshalb sollten kleine Löcher vor dem Auffädeln mit einer Reibahle vergrößert werden. Eine Reibahle ist ein harter Vierkantstahldraht, der an einer Seite spitz zuläuft. Die Reibahle reibt Material ab, wenn sie in dem Loch gedreht wird und vergrößert so den Durchbruch. Manche Perlen sind hierfür jedoch zu hart.

Grundsätze des Perlenaufziehens

Perlen werden entweder direkt hintereinander aufgefädelt oder durch Knoten getrennt. Knoten tragen nicht nur zu einem besseren Aussehen der Kette bei, sie bieten zudem Sicherheit, Beweglichkeit und Schutz. Reißt die Kette einmal, fallen nur die am Knoten liegenden Perlen herunter, alle anderen werden durch die restlichen Knoten gehalten.

Wenn man Perle für Perle hintereinander reiht, wird die Kette oft so starr, daß bei leichter Belastung entweder die Schnur reißt oder die Perlen zerbrechen. Die durch Knoten entstehenden Zwischenräume geben der Kette größere Beweglichkeit. Außerdem reiben auf diese Weise getrennte Perlen nicht aneinander. Immer mit doppeltem Faden arbeiten: hat ein Faden Schwachstellen, bietet der zweite immer noch Sicherheit. Die Knoten mit doppeltem Faden sehen auch besser aus.

Es gibt hauptsächlich zwei Knotmethoden. Bei der einen werden beide Fäden zwischen den einzelnen Perlen verknotet. Bei der anderen läuft ein Hauptfaden gerade durch alle Perlen, während der Zweitfaden zwischen den Perlen um den Hauptfaden geknotet wird. Für echte Perlen verwendet man hauptsächlich die erste Methode, für Kunstperlen die zweite.

KNOTEN VON PERLENKETTEN

1. Die Perlen nach Farbe und Größe in einer Papierfalte ordnen.
2. Die Perlseide muß sechsmal die Endlänge der Kette haben, damit sie doppelt geführt und geknotet werden kann.

Materialien

Feiner Stahldraht als »Nadel«	Spirale (Silber- oder Goldfarben)
Schere	Verschluß
Perlen	Klarer Nagellack
Perlseide, Stärke je nach Lochgröße der Perlen	Evtl. farbiges Baumwollstickgarn zum Knoten

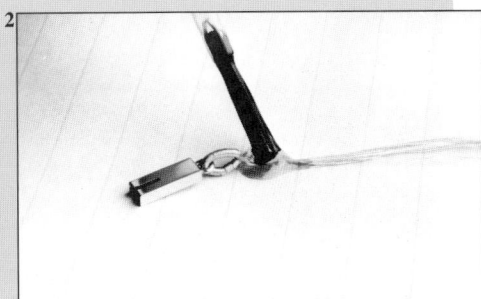

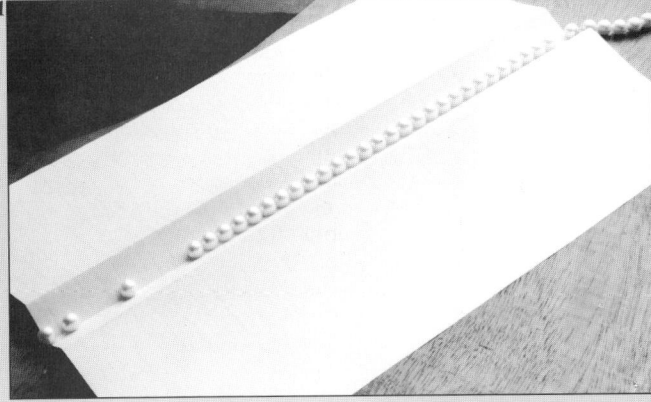

AUFZIEHEN VON PERLEN MIT FARBIGEM FADEN

Farbiges Stickgarn ist dehnbarer als Perlseide und die Knoten mit Stickgarn haben eher dekorativen als festigenden Charakter. Deshalb einen Kernfaden, normalerweise Perlseide, mitlaufen lassen. Nimmt man zwei oder mehrere Farben, kann die Knotenfarbe durch austauschen von Knot- und Hauptfaden variiert werden.

1. Der Hauptfaden sollte 1½ mal so lang wie die fertige Kette sein, der Knotfaden 3 mal. Ein Stück Spirale und die Öse auf beide Schnüre ziehen, verknoten und sichern. Die Öse an einen Nagel hängen, den Hauptfaden stramm ziehen und die erste Perle aufreihen. Mit dem anderen Faden einen Zierknoten machen.
2. Den Knoten festziehen. Ist er zu klein, einen weiteren Knoten machen. So fortfahren bis zum Ende.

Als »Nadel« ein dünnes Stück Draht in der Mitte biegen und die Seide durch eine 8 mm lange Spirale fädeln. Die Spirale durch die eine Verschlußhälfte ziehen und die Enden mit einem Weberknoten am Hauptfaden befestigen. Die losen Enden mit einem kleinen Klecks klaren Nagellacks an den Hauptfaden kleben und trocknen lassen.
3. Die erste Perle gegen die geknotete Spirale schieben und mit dem freien Faden einen lockeren Knoten machen.
4. Mit einer im Reibahlenhalter befestigten Nadel den Knoten direkt an die Perle schieben.
5. Den Knoten durch Auseinanderziehen der beiden Fäden festziehen. Bei den restlichen Perlen auf die gleiche Weise verfahren. Zum Schluß eine zweite 8 mm lange Spirale auf die Seide fädeln, durch die andere Verschlußhälfte und die letzte Perle schieben. Die Schnur um den Hauptfaden knoten. Nagellack auftupfen und das Ende durch die nächste Perle schieben.

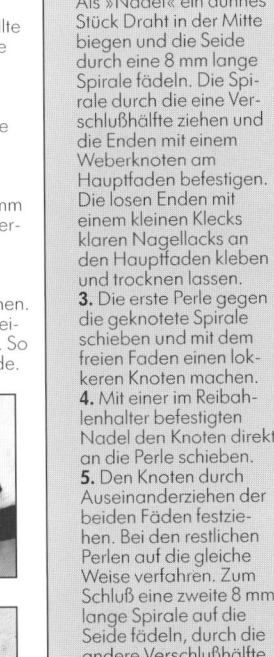

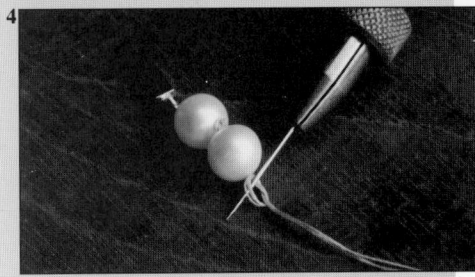

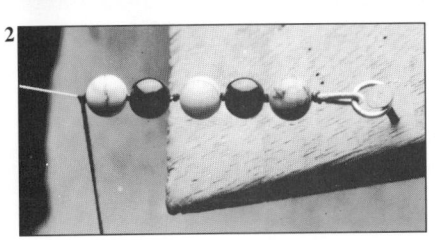

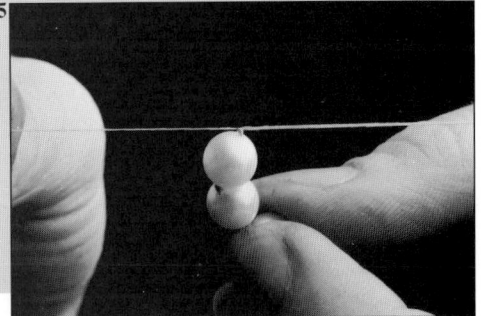

Nadel und Faden

Nadeln zum Auffädeln von Perlen biegt man aus feinem Stahldraht. Soll nur ein Strang aufgezogen werden, reicht auch dünner Bindedraht, den man überall kaufen kann. Der Draht bricht jedoch leichter als Stahl und ist deshalb für aufwendigere Arbeiten nicht geeignet.

Die beste Aufziehschnur ist aus Seide. Im Vergleich zu Baumwolle ist sie reißfester und weniger dehnbar. Perlseide erlaubt ein dichtes Heranschieben der Knoten an die Perlen. Es gibt Seide in unterschiedlichen Stärken: man nimmt die größte, die doppelt gelegt durch das Loch der Perle paßt. Mit Stickgarn macht man farbige Knoten, zur Sicherheit sollte jedoch ein Seidenfaden mitgeführt werden. Nylonfaden ist ungeeignet, da sich die Knoten leicht lockern. Baumwollschnur kann beim Knoten reißen.

Hohe Festigkeit erreicht man auch, wenn die Perlen auf eine Fuchsschwanzkette oder einen Draht gezogen werden.

Verschlüsse und Spiralen

Nach dem Aufziehen der Perlen werden die Enden der Schnur am Verschluß befestigt. Diese Endschlaufen (Kalotten) sind der empfindlichste Teil der ganzen Kette. Durch die Reibung am Verschluß verschleißen sie besonders leicht. Zum Schutz werden deshalb die Endschlaufen mit einer feinen Drahtspirale umwickelt. Die Spirale kauft man entsprechend der Fadenstärke und je nach Bedarf silber- oder goldfarben. Die Größe der Kalotte und somit die Länge der Spirale ist abhängig von der Verschlußöse; die Schlaufe sollte nicht allzu locker in der Öse sitzen. Veschlüsse kauft man entweder zusammen mit den Perlen oder fertigt sie selber an. Näheres hierzu auf Seite 104.

Früher verwendete man Klebstoff, um lose Fadenenden am Hauptfaden zu befestigen. Heute nimmt man meistens klaren Nagellack. Für Anfänger hat dies den Vorteil, daß sich mit dem Pinsel leicht die richtige Menge an der richtigen Stelle auftragen läßt.

Echte Perlen und Zuchtperlen fühlen sich rauh, Imitationen glatt an den Zähnen an. Die kleinen reiskornförmigen Perlen (unten) sind Süßwasserperlen aus dem Biwasee, Japan.

Jaqueline Mina (GB) verarbeitete in dieser Schmuckkombination Barockperlen auf 18ct Golddraht (unten).

Perlen aller Art lassen sich leicht verarbeiten, ohne daß man dazu allzuviel Spezialzubehör benötigt. Außergewöhnliche Schmuckstücke setzen allerdings einen sorgfältigen Entwurf und eine phantasievolle Materialauswahl voraus. Annie Sherburne (GB) hat sich mit verschiedenen Perlenwebtechniken beschäftigt und daraus ihren persönlichen Stil entwickelt: das enge Halsband (oben links) besteht aus einem Perlenhalsreif und einem langen, beweglichen Rückenanhänger. Die Korallen in dem chinesischen Kopfschmuck (oben rechts) wurden auf Draht gezogen, das Blau stammt von Schmetterlingsflügeln. Das Aufreihen von Objekten ist eine sehr alte Schmuckform. Die Perlen (links) stammen aus präkolumbianischer Zeit.

FASSEN VON STEINEN

Ein Stein wird durch Fassen im Schmuckstück befestigt. Das Anfertigen des Metallgerüsts gehört zu den vorbereitenden Arbeiten. Die Haltevorrichtung für den Stein nennt man Fassung, und das Befestigen des Steins ist das Fassen.

Der Stein wird durch das anliegende Metall so umklammert, daß er sich weder nach oben, nach unten, noch zur Seite bewegen kann.

Die Art des Steines und die gewünschte Oberflächengestaltung bestimmen den Fassungsstil. In jedem Fall aber muß Metall in geeigneter Stärke und ausreichender Menge zum Sichern des Steines vorhanden sein.

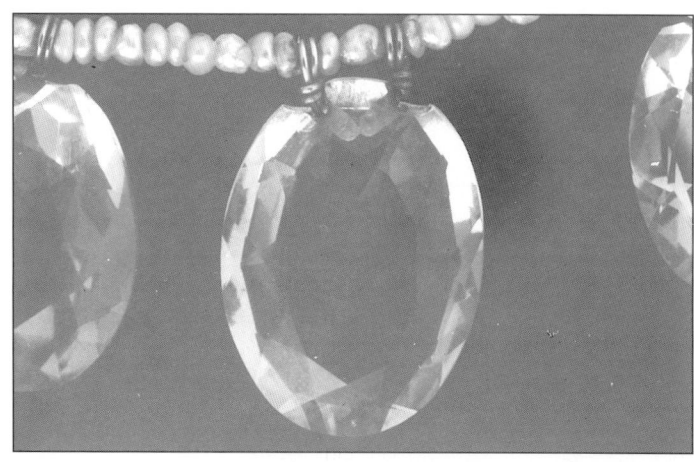

Fassungsarten

Die Stücke auf diesen Seiten geben einen Eindruck davon, wieviele Fassungsarten es gibt, angefangen beim einfachen Aufziehen speziell gebohrter Steine (links) bis hin zum Fassen eines großen Facettensteins wie in dem Tropfenanhänger (unten links). Die verzierte Zargenfassung sitzt wie ein Rahmen um die Kamee (unten rechts). Der Smaragd in der klassischen Kette (unten) hat eine Zargenfassung und ist von Diamanten in Pavéfassungen umrahmt.

Wenn z. B. ein Stein nur durch drei Stege (Krappen) gehalten wird, müssen diese stärker sein, als bei einer Fassung mit sechs oder mehr Krappen.

Da die Edelmetalle unterschiedlich in ihrer Festigkeit sind, sollte eine Silberfassung immer dicker sein als eine 14ct Goldfassung, während Platin sogar extrem dünn sein kann.

Bei echtem Schmuck wird nur selten Klebstoff zum Befestigen von Steinen eingesetzt, weil die Sicherheit und die Leuchtkraft der Steine darunter leidet. Klebstoff hält in der Regel auch nicht den Temperaturschwankungen und Belastungen durch das Tragen stand, denen Schmuck gewöhnlich ausgesetzt ist. Ein Ring, z. B., wird in warmen Innenräumen sowie draußen in der Kälte getragen und kommt mit Wasser und Reinigungsmitteln in Berührung. Während Steine in einer soliden Metallfassung eine solche Behandlung wohlbehalten überstehen, ist dies bei geklebten Steinen meistens nicht der Fall.

Fassungen definiert man nach der Art und Weise, wie sie den Stein halten: bei Zargenfassungen wird der obere Rand der Zarge über den Stein gedrückt; eine Krappenfassung besteht aus kleinen Stegen, den Krappen; die Spiegelfassung umrahmt den Außenrand des Steins.

Der Umgang mit den winzigen Metallteilen ist anfangs schwierig, aber bald wächst die Routine bei solchen Feinarbeiten.

KUGELFÖRMIGE STEINE

Kugelförmige Steine werden in der Regel durchbohrt und wie Perlen aufgezogen oder als Ohrschmuck auf Drahtstifte gesetzt. Schmucktraditionen anderer Länder oder vergangener Zeiten weisen jedoch noch auf andere Verarbeitungsmöglichkeiten hin. In dem mexikanischen Halsband (Buch S. 80 unten) wurden Perlenreihen auf einfache, aber sichere und dekorative Weise gefaßt. Das zwischen die Perlen gedrückte Metall harmoniert in seiner Wellenform mit der Struktur der spiralförmigen Verbindungsglieder (rechts).

Die Amethysten sitzen in viereckigen Zargenfassungen. Beim Fassen kugelförmiger Steine ist es besonders schwierig zu verhindern, daß sich die Steine bewegen. Vielleicht bevorzugt man deshalb eine Technik, die Bewegung zuläßt.

FASSEN VON STEINEN **81**

Perlenohrring
1. Die Perlen auf Plastilin aufreihen. Länge, Breite und Höhe der Perlenreihe ausmessen. Einen 0,5 mm starken Silberstreifen, in seiner Breite der Höhe der Perlen entsprechend, aussägen. Mit einem Zirkel die Breite der Perlen plus 1 mm, mit einem weiteren Zirkel die Länge der Perlenreihe plus 1 mm abmessen. Die zusätzlichen 1 mm gewähren den nötigen Bearbeitungsspielraum. Die Abmessungen am Streifen entlang abwechselnd markieren — kurz, lang, kurz, lang. Mit einer Vierkantnadelfeile 90 Grad Rillen an die Markierungen feilen. So erhält man spitze Ecken.
2. Die Fassung biegen und alle vier Ecken verlöten. An den Enden Löcher für den Draht bohren.
3. Einen kleinen Ring an ein Stück Draht löten und die Perlen aufziehen.
4. Den Draht durch die Löcher der Fassung schieben. Das Drahtende umbiegen, damit die Perlen nicht herausfallen können. Fassen: zuerst mit einer Rundzange das Metall sanft zwischen die Perlen drücken. Von beiden Seiten gleichmäßig Druck ausüben, so daß die Perlen mittig sitzen. Fasserkitt auf dem Kittstock erwärmen, das Werkstück daraufsetzen und den Kitt abkühlen lassen (siehe Seite 99). Mit einem Andrücker das Metall zunächst um die Perlen herum, dann von oben sanft über die Perlen drücken. Rundherum gleichmäßig arbeiten. Allmählich legt sich das Metall fest um die Perlen. Mit einem Spitzstichel das Werkstück aus dem Kitt lösen, umdrehen und den Fassungsvorgang von der anderen Seite wiederholen. Anschließend wieder herauslösen, überschüssigen Fasserkitt mit Brennspiritus entfernen. Gründlich auswaschen. Durch das Fassen entstandene Kratzer schmirgeln und polieren.

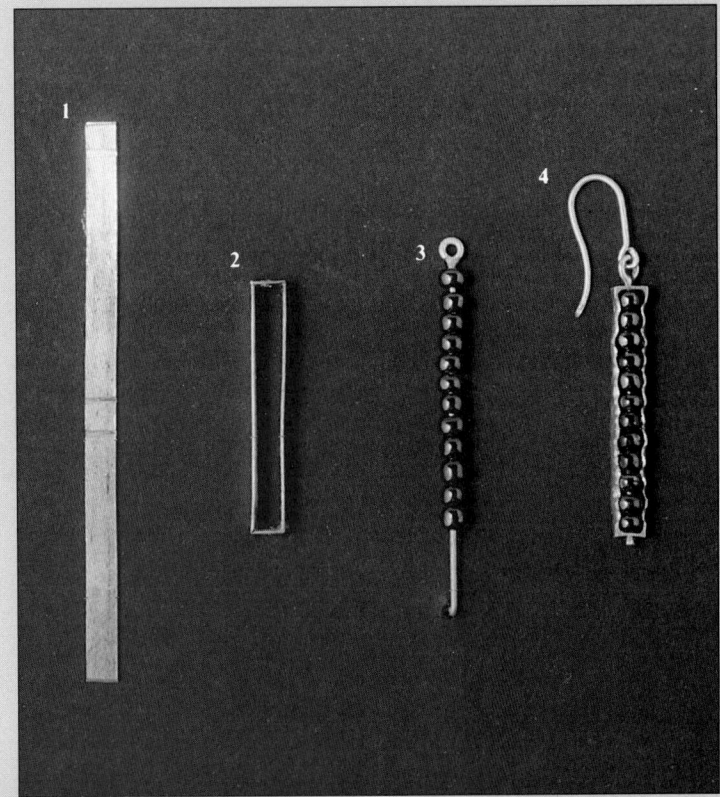

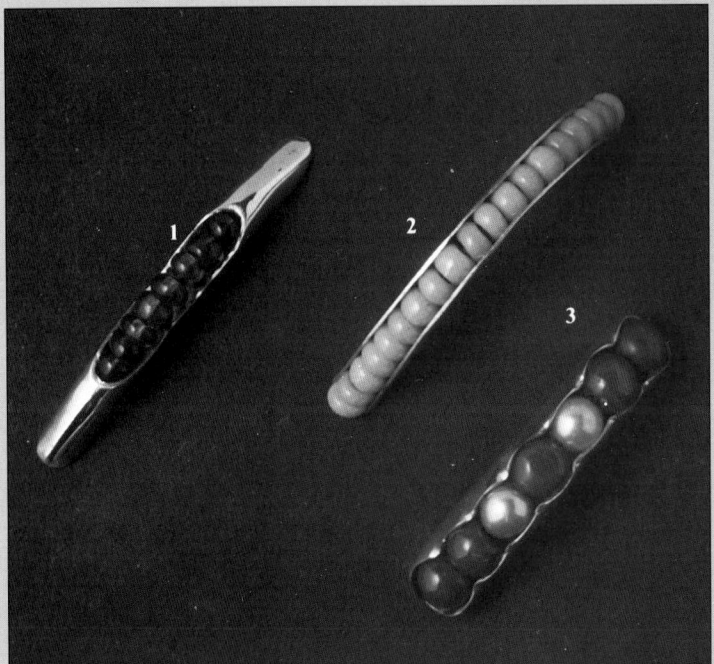

Andere Fassungsvarianten
1. Um Perlen auf diese Weise zu präsentieren, feilt man aus einem Hohldraht ein Stück heraus. Zur Sicherheit werden die Perlen aufgefädelt.
2. Bei dieser Variante ist die Öffnung so breit, daß die Kugeln zu sehen sind, jedoch zu schmal, als daß sie herausfallen könnten. Die Methode ist ideal für ungebohrte Perlen, weil sie in der Bahn Bewegungsfreiheit haben und trotzdem sicher befestigt sind.
3. Diese Fassung ist ähnlich wie die Fassungen in dem mexikanischen Halsschmuck auf Seite 80. Sie kommt für einen einfachen Ring in Frage.
4. Die runden und halbrunden Perlen dieses Anhängers sitzen in Pavé-Fassungen mit kleinen Haltekörnern aus Metall.

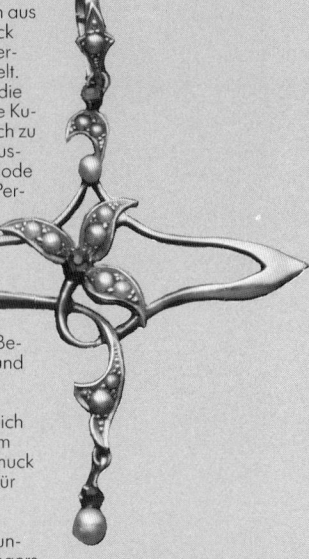

SPEZIALTECHNIKEN

FASSUNGEN AUS DRAHT FÜR RUNDE UND OVALE STEINE

Aus Draht hergestellte Fassungen eignen sich für facettierte Steine, jedoch weniger für Cabochons, da sie deren flache Unterseite sichtbar machen. Diamanten sind in Facetten geschliffen, so daß die reflektierenden Schliffflächen das einfallende Licht vielfach widerspiegeln und dabei in seine Spektralfarben aufspalten. So kommt das »Feuer« der Edelsteine zustande. Ein brillantgeschliffener Diamant braucht demnach nicht unbedingt eine nach unten offene Fassung. Da facettierte Farbsteine diese Eigenschaft jedoch nicht besitzen, leuchten sie strahlender in einer Fassung, die Lichteinfall auch von der Unterseite zuläßt.

FASSUNG MIT DREIKANTDRAHT

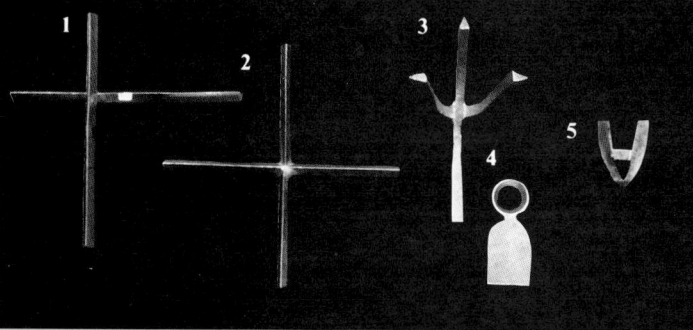

FASSUNG AUS VIER DRÄHTEN

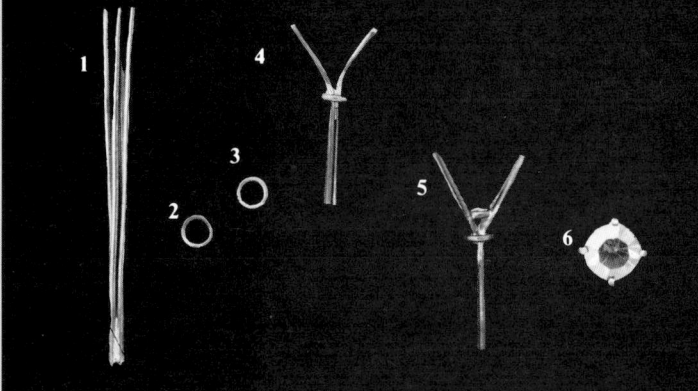

Fassung mit Dreikantdraht

Für einen Stein mit 6 mm Durchmesser benötigt man einen Dreikantdraht in 1,5 mm Stärke. Für die Halterung entweder Metallblech in 0,7 mm, oder einen Ring aus 0,5 mm starkem Runddraht nehmen.

1. Den Dreikantdraht aus Rund- oder Vierkantdraht durch ein Zieheisen mit Dreikantlöchern ziehen. Zwei Stücke absägen und beide in der Mitte so einkerben, daß sie sich kreuzweise ineinanderfügen lassen.
2. An der Kreuzstelle zusammenlöten.
3. Die Dreikantdrähte so nach oben biegen, daß die Fassung hineinpaßt. Die Fassung festlöten.
4. Eine Fassung, die knapp unter der Rondiste (äußerer Rand des Steines) des Steines sitzt, aus Blech sägen oder aus Draht konstruieren.
5. Die Form wird ansprechender, wenn man die Drähte zum Fassungsboden hin ein wenig anfeilt.
6. Die Fassung auf das Schmuckstück löten und den Stein wie auf der Seite 84 beschrieben, fassen.

Fassung aus vier Drähten

Bei einem Stein mit 6 mm Durchmesser benötigt man einen 0,6 mm starken Runddraht für die Krappen und Runddraht in 0,4 mm für die Ringe.
1. Vier Drähte zu einem Quadrat formieren und an ihren Spitzen zusammenlöten.
2. Einen knapp um die Drähte passenden Ring konstruieren und dort festlöten, wo er alle vier Drähte berührt.
3. Die Drähte so auseinanderbiegen, daß sie den Grundlinien des Steines folgen. Einen zweiten Ring in die Drähte hineinlöten, damit der Winkel erhalten bleibt: dieser Ring sollte ungefähr zwischen der Kalette (Spitze des Steinunterkörpers) und der Rondiste (äußerer Rand des Steines) sitzen.
4. Die Drähte entsprechend kürzen und den Stein fassen. Siehe hierzu Seite 84.

FASSEN VON STEINEN

Fassung aus Kreuzdraht

Für einen Stein mit 8 mm Durchmesser 0,8 mm starken Runddraht verwenden.
1. Einen Ring so konstruieren, daß beim Auflegen des Steins das Metall von oben nicht mehr zu sehen ist.
2. Einen zweiten, kleineren Ring anfertigen, der in den ersten Ring knapp hineinpaßt.
3. Den Draht zu einem Kreuz biegen.
4. Das Ende eines Stahlstabes kreuzweise anfeilen und hiermit das Drahtkreuz stempeln, damit zum Löten beide Arme auf einer Ebene liegen.
5. Den größeren Ring über das Kreuz legen und die vier Berührungspunkte festlöten.
6. Das Werkstück umdrehen und den kleineren Ring auf die andere Seite löten. Der Kreuzdraht liegt nun zwischen den beiden Ringen.
7. Die Drahtschlaufe aufschneiden und die vier Drähte direkt am großen Ring leicht ansägen, damit sie sich besser biegen lassen. Mit einer Spitzzange die Drähte senkrecht hochbiegen, an den oberen Ring drücken und dort festlöten. Falls möglich, bis hierher nur streng fließendes Lot verwenden.
8. Wenn das Schmuckstück es erlaubt, zuerst die Fassung auflöten und dann das Kreuz heraussägen. Das Risiko, daß die Krappen beim Auflöten der Fassung verrutschen, wird hierdurch gemildert.
9. Den Stein entsprechend der Anweisung auf Seite 84 fassen.

Die Drahtfassungen in der Brosche (oben rechts) sind durch eine Reihe kleiner Kügelchen verbunden. Die rückwärtigen Drähte der Drahtfassungen laufen durch Löcher in den Baguettefassungen und werden dort vernietet oder umgebogen, um so die beiden Elemente zu verbinden.

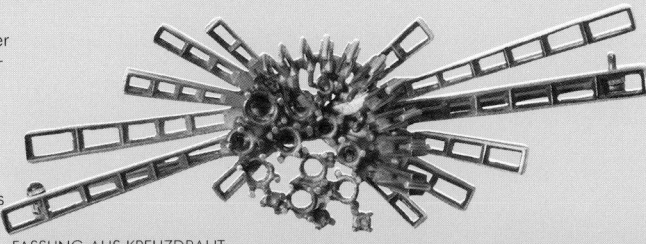

FASSUNG AUS KREUZDRAHT

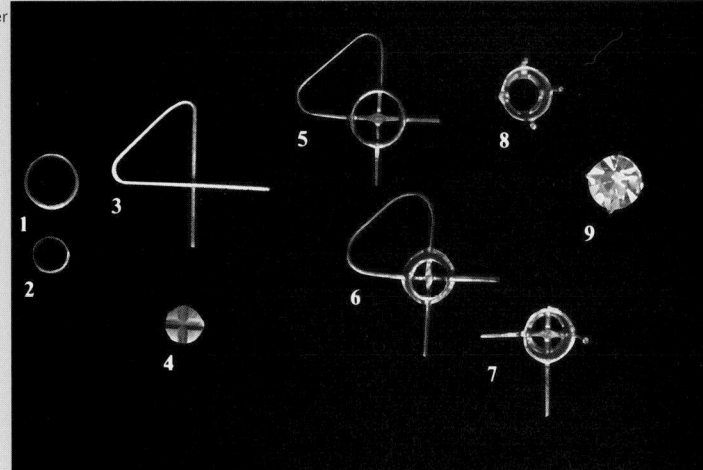

Einfache gesägte Fassung

Hier werden Krappen aus dem Blech herausgesägt. Das Metall darf nicht zu dünn sein, sonst werden die Krappen zu schwach. Bei dem dargestellten Ring ist es 1,4 mm dick.
1. Da die gesamte Fassung aus dem Blech gesägt wird, muß das Metall vor dem Sägen entsprechend der Tiefe des Steines geformt werden. Dann ein schrägwandiges Loch so aussägen, daß die Steinrondiste knapp über der Oberkante der Öffnung aufliegt. Hierbei sehr sorgfältig vorgehen. Wird an dieser Stelle zuviel Metall entfernt, reicht es später nicht mehr aus, um über den Stein gedrückt zu werden.
2. Die einzelnen Krappen anreißen. Sie sollten an ihrer Spitze mindestens 1 mm breit sein. Links und rechts von jeder Krappe von der Mitte aus einen geraden Sägeschnitt machen. Dann die Bögen heraussägen, in den Kurven das Sägeblatt schräg halten. Kratzer und Unregelmäßigkeiten der Bögen mit der Feile korrigieren.
3. Zum Fassen des Steins, die Enden der einzelnen Krappen mit Säge oder Spitzstichel ankerben. Das Metall oberhalb der Kerben mit Hilfe eines Andrückers hochstellen. Den Stein auf die unteren Krappenhälften legen.
4. Die hochstehenden Krappen auf das Metall drücken (siehe Anleitung Seite 84). Dann die Krappen nach Wunsch gestalten, den Ring säubern und polieren. Die viktorianischen Diamantringe (unten) haben gesägte Fassungen. Man beachte die Verbindung zwischen den Steinen: zwei Steine werden durch eine Krappe, die nach oben breiter zuläuft, gehalten.

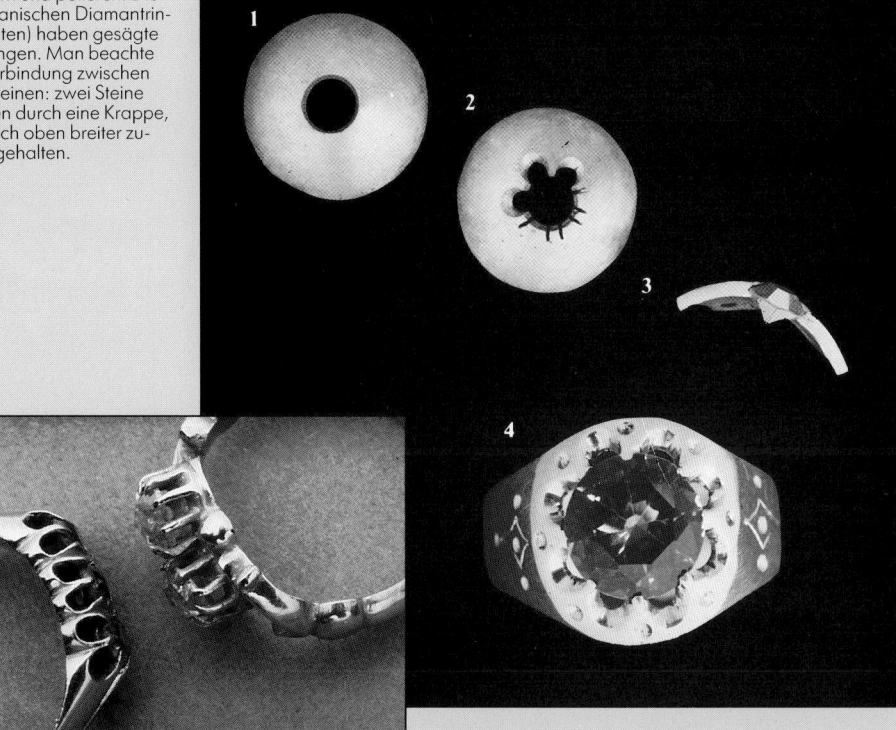

KRAPPENFASSUNGEN

Für Krappenfassungen aus Draht und aus Blech gelten gleiche Prinzipien. Die Fassung wird so konstruiert, daß der Stein zur Hälfte auf den Krappenspitzen aufliegt. Beim eigentlichen Fassen wird er in die Fassung versenkt und säuberlich eingepaßt, bis er genau waagerecht liegt, erst dann drückt man die Krappenenden über den Stein. Zu Beginn muß die Stärke der Krappen so reduziert werden, daß der Stein in die Fassung fällt. Ist ein Diamant oder ein anderer harter Stein zu fassen, können mit einem Flachstichel kleine Kerben in die Krappen geritzt werden, in die man den Stein hineindrückt. Ein weicher Stein läßt sich auf diese Weise nicht fassen, da seine Rondiste splittern könnte, wenn sie in die Kerben gedrückt wird. Man kann auch die Krappeninnenseiten kurz unterhalb der Spitzen mit einem Justierstichel von Hand oder mit einem Kugelfräser in der Hängebohrmaschine ausdünnen und anschließend den Stein einpassen.

1. Falls notwendig, die Stärke der Krappen anpassen, damit der Stein waagerecht aufliegt.
2. Mit einem Andrücker die Krappen hochstellen; dann den Andrücker knapp über der Rondiste gegen die einzelnen Krappen drücken. Da das Metall hier dünner ist, biegen die Krappen genau an dieser Stelle. (Wurden die Krappen nicht genug gedünnt, verbiegen sie über ihre gesamte Länge). Der Stein sollte nun sicher in der Fassung sitzen.
3. Dann die Krappen von oben sanft auf den Stein drücken. Den Andrücker auf eine Krappe plazieren und so lange mit dem Anreiben fortfahren, bis zwischen Krappe und Stein keine Lücke mehr ist.
4. Zum Schluß werden die Krappen mit Feile oder Flachstichel formgebend bearbeitet. Die bekanntesten Formen sind sichelförmige, runde und dreieckige Krappen.

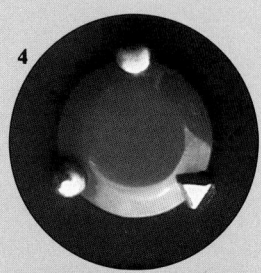

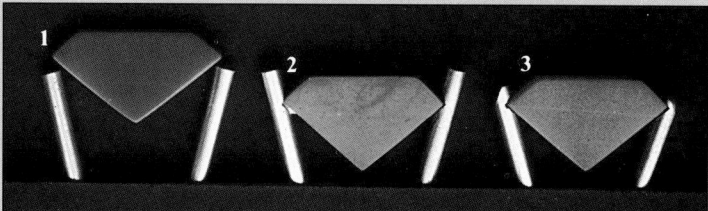

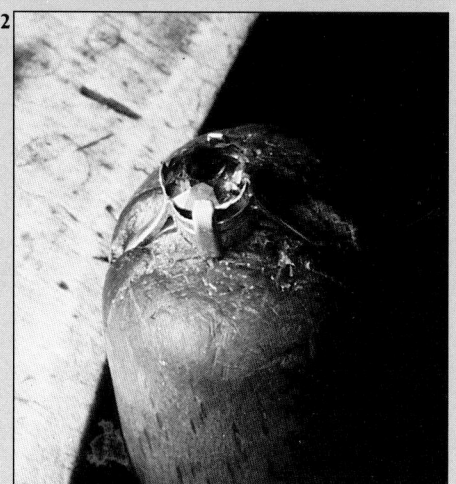

Krappenfassung
1. Den Ring im Fasserkitt befestigen. Das abgebildete Schmuckstück wurde mit Fasserkitt im Faßkloben gesichert. Mit einem Justierstichel oder einem Kugelfräser die Dicke der Krappen kurz unterhalb ihrer Spitzen reduzieren.
2. Mit dem Daumennagel den Stein festhalten. Die freie Hand drückt die Krappen mit dem Andrücker gegen den Stein bis er fest sitzt. Dann von oben die Krappen andrücken.
3. Die Krappen nach Wunsch bearbeiten. Zum Schluß polieren.

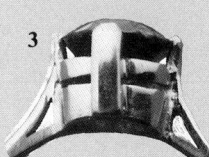

Joel Degen (GB) entwarf eine Fassung, in der Krappen mit Hilfe winziger Schrauben und Nieten einen Stein halten (oben). Es lohnt sich bestimmt, eigene Varianten auszuprobieren.

FASSEN VON STEINEN 85

STEINE MIT NAVETTESCHLIFF
Navettegeschliffene Steine haben eine spitzelliptische Form. Sie sind meistens wie brilliantgeschliffene Steine facettiert. Navettes benötigen Fassungen, die ihre empfindlichen Spitzen schützen. Wie auch bei anderen Fassungen, muß bei der Bestimmung der Fassungshöhe genügend Spielraum für den Steinkörper einkalkuliert werden. Birnenkernförmige Steine haben auf einer Seite eine Spitze, auf der anderen eine Rundung. Für Navettes geeignete Fassungen lassen sich für sie leicht abwandeln. Die Smaragde (rechts) von Robin Kyte sind eingerahmt von navettegeschliffenen Steinen.

Die Brosche (unten) hat Navettefassungen aus Dreikantdraht und runde Fassungen. Man sieht die Höhe der Krappen vor dem Fassen. Der nächste Schritt ist das Polieren des Schmuckstücks. Diese Arbeit kann man auch professioneller Hand überlassen.

FASSUNG AUS RUNDDRAHT

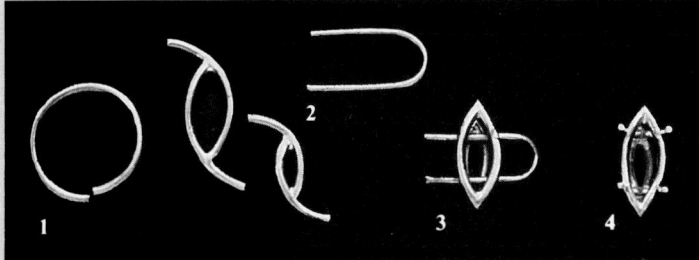

FASSUNG AUS DREIKANTDRAHT

FASSUNG AUS BLECH

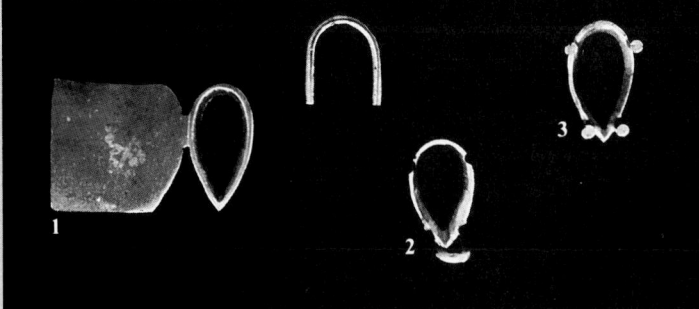

Fassung aus Runddraht
Für einen 6 mm langen Stein benötigt man 0,6 mm starken Runddraht.
1. Den Draht auf dem Ringstock rundbiegen. Stücke abtrennen und zu zwei Navetteformen unterschiedlicher Größe löten.
2. Absägen und die Enden verfeilen. Ein Stück Draht u-förmig biegen und quer über die größere Navetteform löten. Die kleinere Form auf die andere Seite löten. Den U-Bogen aufschneiden.
3. Die Krappen an der größeren Navetteform ansägen, hochbiegen, gegen die Fassung drücken und festlöten.
4. Die Fassung auf das Schmuckstück löten. Den Stein fassen (siehe Seite 84).

Fassung aus Dreikantdraht
Für einen 6 mm langen Stein benötigt man 1,5 mm starken Dreikantdraht und 1 mm dickes Blech.
1. Ein Stück Draht abtrennen und u-förmig biegen. In die Krappenenden 5 mm lange Rillen feilen.
2. Die Steinfassung aus Blech sägen, die Enden abschrägen und verlöten.
3. Den Dreikantdraht an der Fassungsbasis zuspitzen. Fassen des Steines: kleine Keile aus den Ecken heraussägen und über den Stein drücken.

Fassung aus Blech
Für einen 6 mm langen Stein benötigt man Blech in 1,4 mm und 0,5 mm starken Runddraht.
1. Die Fassung aus dem Blech heraussägen. Die Außenseite senkrecht feilen.
2. Kerben wie gezeigt einfeilen.
3. Den U-förmig gebogenen Draht in die Kerben drücken und verlöten. Den U-Draht aufschneiden und wie bei der Krappenfassung auf Seite 84 verfahren.

Fassung aus spitzelliptischem Rohr
Für einen 6 mm langen Stein benötigt man Blech in 0,8 mm.
1. Zwei Streifen à 8 mm aussägen, entsprechend der Steinrondiste im Fassonamboß formen, Kanten verfeilen und zusammenlöten. Ein 5 mm langes Röhrchenstück absägen.
2. Die Krappen herausarbeiten, feilen. Zwei zum Boden der Fassung parallele Schlitze sägen.
3. In die Enden der Schlitze je einen Metallkeil schieben und verlöten. Fassung auf das Schmuckstück löten. Fassen: siehe Fassung aus Dreikantdraht.

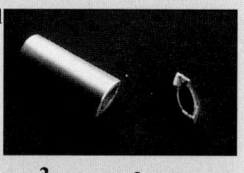

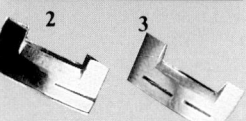

86 SPEZIALTECHNIKEN

ZARGENFASSUNGEN FÜR FACETTEN- ODER CABOCHONSTEINE

Cabochonsteine haben eine flache Unterseite und eine glatte gewölbte Oberseite. Sie können durchsichtig oder undurchsichtig sein. Cabochonfassungen, wie die Zargenfassung, verbergen die Unterseite und die Kante des Steins. Oft werden auch Facettensteine in einen Rahmen gefaßt, anstatt sie punktuell zu fixieren.

Herstellen des Scharniers für eine justierte Zargenfassung

1. Die Fassungswandung muß so dick sein, daß die Steinauflage herausgeschnitten werden kann und noch ausreichend Material für die Wand übrigbleibt: für einen 6 mm Stein benötigt man 1 mm starkes Blech. Zum Errechnen der erforderlichen Streifenbreite wird der Steindurchmesser mit 3,5 multipliziert. Bei einem Stein von 6 mm Durchmesser muß der Streifen also 21 mm breit sein. Die Kanten des Streifens feilen, bis sie völlig gerade und parallel sind. Ein Ende mit einer Spitze versehen.
2. Den Streifen auf dem Fassonamboß halbrund formen (siehe Seite 158).
3. Die Kanten mit einem Hammer vorsichtig schlagen, bis sie sich beinahe berühren. Das Metall erwärmen, einwachsen, und mit der Spitze durch sukzessive kleinere, runde Löcher des Zieheisens ziehen, bis der benötigte Durchmesser erreicht ist. Dies ist der Fall, wenn die Rondiste des Steins etwa zur Hälfte auf der Scharnierwand aufliegt. Das Scharnier zulöten.

Justierte Zargenfassung

1. Das Scharnier vorbereiten.
2. Sicherstellen, daß die Steinrondiste etwa zur Hälfte auf der Scharnierwand aufliegt.
3. Mit dem Justierstichel die Steinauflage herausschneiden.
4. Den Stein mit dem Daumennagel festhalten und die Fassungszarge an drei oder vier Stellen an den Stein drücken. Dann das restliche Metall um den Stein drücken.
5. Feilen. Mit einem Spitz- oder Flachstichel die Kante nacharbeiten.

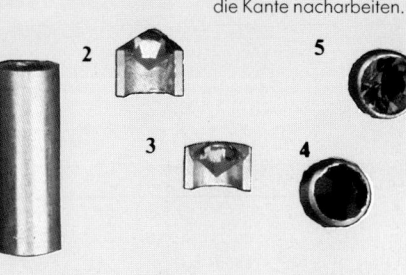

FASSEN VON STEINEN

Zargenhöhe bei Cabochonsteinen
Beim Anfertigen einer Cabochonfassung müssen Steinhöhe und -wölbung berücksichtigt werden. Ist die Zarge zu hoch, verdeckt die spätere Fassung zu viel vom Stein, ist sie zu niedrig, fällt er womöglich heraus. Sanfte Wölbungen erfordern also niedrige, starke Wölbungen hohe Fassungen.

Fassen eines Cabochons
1. Die Zarge muß hoch genug sein, um den Stein halten zu können.
2. Die Fassungsaußenseite nach oben schräg anfeilen.
3. Wie bei der justierten Zargenfassung das Metall auf den Stein drücken. Die Fassungskante mit Hilfe eines Flachstichels glanzbearbeiten, oder so schrägfeilen, daß sie in die Fassungswand übergeht. Beachten, daß ausreichend Material zum Sichern des Steines zurückbleiben muß.

Die tropfenförmigen und ovalen Rubincabochons haben Zargenfassungen aus 18 ct Gold, die zusätzlich mit einem ovalen Draht verziert wurden. Der Diamant in dem Goldring (oben) von Graham Fuller (GB) sitzt ebenfalls in einer Zargenfassung, die auf vier hochstehenden Drähten befestigt ist.

ZARGENFASSUNG MIT KORDELDRAHTVERZIERUNG

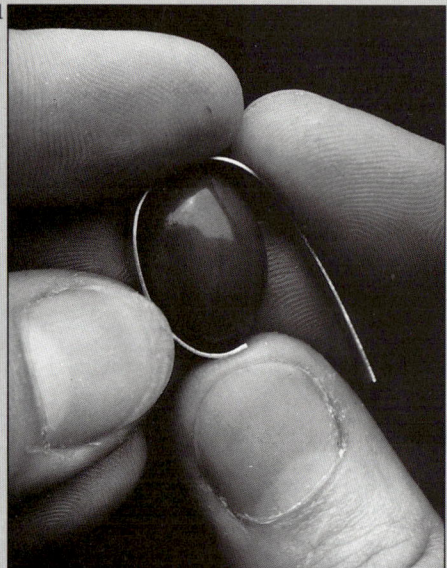

1. Einen Metallstreifen bis zu 0,8 mm Stärke entsprechend der Steinhöhe aussägen. Unter häufigem Nachprüfen den Streifen so biegen, daß er ganz genau um den Stein paßt.
2. Die Fassung verlöten und erneut die Paßform für den Stein kontrollieren. Die Genauigkeit einer Fassung ist oft von der Rückseite besser zu beurteilen.
3. Nachprüfen, ob die Zarge hoch genug ist, um später den Stein sicher halten zu können.
4. Da der Stein aus einer Fassung wie dieser herausfallen würde, muß noch ein ovaler Ring aus 0,5 mm starkem Vierkantdraht eingepaßt werden. Beim Löten des Ringes in die Fassung

möglichst wenig Lot verwenden. Auf überschüssigem Lot kann der Stein nicht sicher aufliegen.
5. Den Kordeldraht herstellen, indem man zwei gleichmäßig ausgeglühte Drähte auf einer Seite im Schraubstock auf der anderen in einem Handbohrer befestigt und dann die Kurbel betätigt. Solange drehen, bis die gewünschte Wirkung erzielt ist.

6. Den Kordeldraht um die Fassung legen. Darauf achten, daß genug Material zum Fassen übrigbleibt und nicht die Fassungswandung ganz hinter dem Draht verschwindet. Die Wand

von außen schmirgeln und den Kordeldraht anlöten.
7. Die Anhängeröse anlöten. Kette oder Kordel sollten durch die Öse hindurchpassen, falls nicht, benötigt man eine zweite Öse.
8. Die Fassung im Fasserkitt auf dem Kittstock befestigen. Zur Sicherung etwas Kitt über den Kordeldraht drücken. Nach dem Erhärten des Kitts den Stein mit dem Daumennagel festhalten und die Fassung, wie gezeigt, an vier Stellen andrücken.
9. Bereits jetzt sollte der Stein fest und sicher sitzen. Nun um den Stein herum systematisch das restliche Metall andrücken. Anschließend die Fassungskante mit einem Spitzstichel glattschneiden und das Werkstück aus dem Kitt herausklopfen. Kittreste mit Spiritus entfernen. Spiritus kann weichere Steine angreifen, deshalb zuvor auf der Steinrückseite testen. Das Schmuckstück schmirgeln, polieren und an eine passende Kordel hängen.

FASSEN VON STEINEN 89

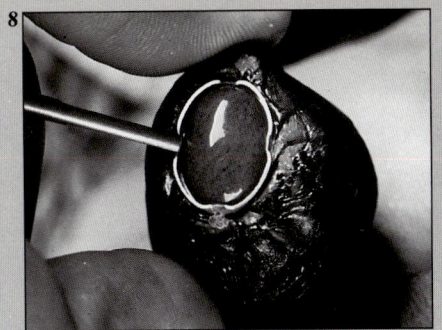

8

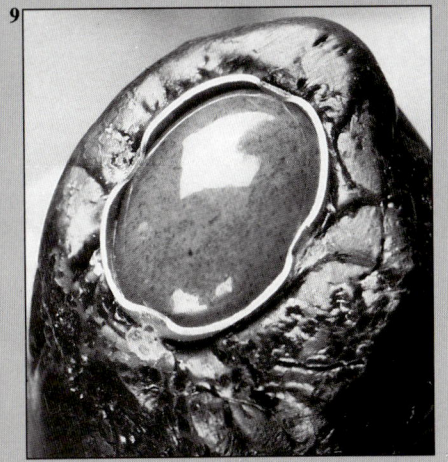

9

Diesen milchigen Cabochons (oben) gab Selina Preece Zargenfassungen. Wird eine auffällige Kante gewünscht, ist es oft einfacher, den Stein von hinten einzufassen: die Vorderseite so konstruieren, daß der Stein nicht herausfallen kann. Dann eine kleine Zarge oder kurze Krappen auf die Rückseite löten. Den Stein von hinten einlegen und das Metall über die Steinunterseite drükken. Die ungeschliffenen Diamanten (links) werden durch Zargenfassungen mit gefeilten Zierkrappen gehalten. Dies ist eine sehr alte Fassungsart ungewisser Herkunft. Eventuell entwickelte sie sich aus der Methode, das Metall über dem Stein zusammenzukneifen anstatt es anzudrücken. Die unteren Fassungen befinden sich noch einmal in gesägten Krappenfassungen.

90 SPEZIALTECHNIKEN

QUADRATISCHE UND RECHTECKIGE FACETTENSTEINE
Quadratische und rechteckige Facettensteine haben entweder spitze oder abgeschrägte Ecken. Der Schliff mit spitzen Ecken heißt Treppenschliff, jener mit abgeschrägten Ecken Smaragdschliff. Eine Fassung muß Schutz für die Ecken solcher Steine bieten.

Gesägte Fassung für einen Stein mit Treppenschliff
1. Ein Modell für die Fassung herstellen: zuerst Länge und Breite des Steins an seiner Rondiste ausmessen. Die kürzere Abmessung auf Papier übertragen. Seitenneigung und Fassungshöhe bestimmen und eine Endansicht zeichnen. Bei der Länge genauso verfahren. Kurze und lange Abmessungen wie gezeigt arrangieren. Den Entwurf auf 1 mm starkes Blech übertragen und aussägen. Mit einer Vierkantnadelfeile in die Ecken Kerben von 90 Grad einfeilen.
2. Fassung zurechtbiegen und Ecken verlöten.
3. Krappen, Steinauflage und Gader anreißen. Die Fassung aussägen. Auflagestege messerdünn feilen, um die Fassung zierlicher erscheinen zu lassen.
4. Fassung auf die Ringschiene löten. Zum Fassen des Steins wird aus der Oberkante der einzelnen Krappen ein winziger Span gehoben, der jeweils von beiden Seiten vorsichtig auf das Metall gedrückt wird. Eine äußerst knifflige Arbeit.

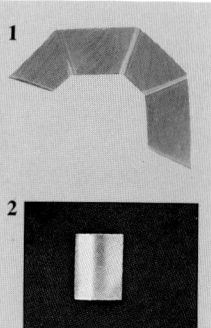

Fassung für einen großen Stein mit Smaragdschliff
1. Einen 3 mm breiten, 1 mm starken Metallstreifen aussägen. Mit drei verschiedenen Zirkeln an der Steinrondiste Länge, Breite und Ecken abmessen. Diese drei Abmessungen auf den Metallstreifen übertragen und wie gezeigt einkerben. Die Kerben nicht bis zum oberen Rand fortführen! Die Größe der Kerben bestimmt den Neigungswinkel: je breiter die Kerben, um so schräger die Fassung.
2. Den Streifen wie dargestellt biegen. Mit einer Dreikantnadelfeile 60 Grad tiefe Kerben in die Ecken feilen.
3. Die Fassung vorsichtig zurechtbiegen und die Ecken verlöten.
4. Aus 1,5 mm dickem Blech Krappen sägen. Krappen mit der Feile so einkerben, daß sie genau auf die abgeschrägten Ecken der Fassung passen. Kerben evtl. nachkorrigieren, damit alle Krappen den gleichen Neigungswinkel haben.
5. Krappen anlöten. Im Idealfall sitzen sie haargenau. Falls nicht, müssen sie vor dem Löten mit gedrehtem Bindedraht befestigt werden.
6. Aus 1,4 mm dickem Blech ein konisches Gader montieren.
7. Für einen Kettenanhänger die vier Spitzen der Krappen in die Mitte der abgeschrägten Ecken des Gaders löten. Ist die Fassung für einen Ring, muß das Gader vor dem Auflöten entsprechend der Ringform abgerundet werden. Den Stein, wie auf Seite 84 beschrieben, fassen.

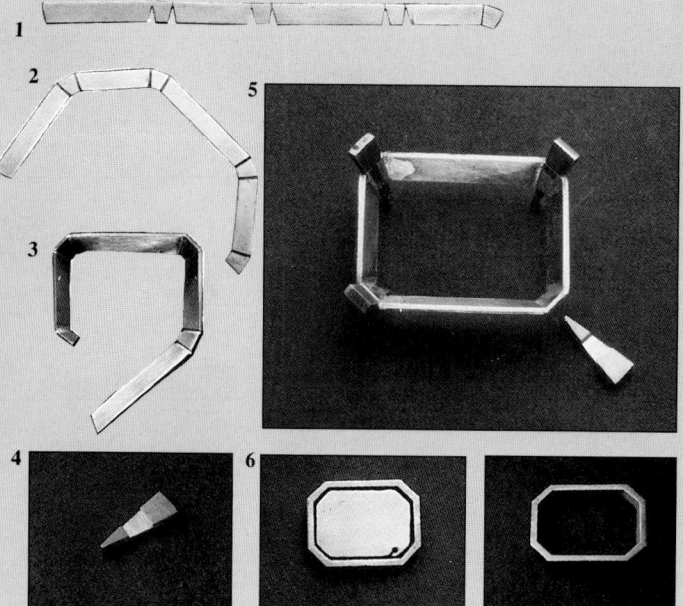

FASSEN VON STEINEN

Facettenlose quadratische und rechteckige Steine

Steine mit Tafelschliff (rechts) haben gerade geschliffene Seiten und sind nur an der Oberkante, über die das Metall gedrückt wird, leicht abgeschrägt. Existiert keine Schrägkante, muß entweder ein Teil der Steintafel durch Metall verdeckt oder Klebstoff eingesetzt werden. Eine angedrückte Metallwand allein kann den Stein nicht halten, da Metalle und Steine unterschiedlich reagieren: der Stein könnte z. B. an einem kalten Tag fest sitzen, an einem heißen jedoch herausfallen.

Kastenfassung für einen quadratischen Stein

1. Einen 1 mm starken und der Steinhöhe entsprechenden Metallstreifen ankerben und zu einer Fassung biegen.
2. Die Fassung auf ein Blech löten oder eine Steinauflage hineinlöten, wie bei der Zargenfassung für den ovalen Stein (Seite 88).
3. Überschüssiges Material absägen und -feilen. Die Außenseite der Fassung schmirgeln.
4. Den Stein in die Fassung legen. Fassungsoberkante und Steintafel sind auf gleicher Höhe. Entlang den Seiten das Metall um den Stein drücken. Die Ecken bis zum Schluß aufsparen. Das Blech von beiden Seiten einer Ecke andrücken, dabei immer weiter bis zur Ecke vorarbeiten, bis eine kleine Metallspitze vorsteht. Die Spitze wegfeilen und das Metall auf beiden Seiten der Ecke fest andrücken – durch Druck von oben könnte die Ecke des Steines splittern. Zum Schluß die Fassungskante schräg anfeilen.

Die unterschiedlich geformten Steine in dieser antiken Brosche (oben) werden durch Krappen gehalten, die aus den Wänden von Zargenfassungen gesägt wurden. Die Fassung dieses Steins mit Smaragdschliff hat eingekerbte Krappen, die dem antiken Schmuckstück eine besonders zierliche Wirkung verleihen.

KÖRNER-FASSUNGEN

Hier wird der Stein durch winzige Körner gehalten, die aus dem Metall herausgehoben wurden. Die Körnerfassung ist häufig kombiniert mit anderen Fassungsarten, wie in dem Diamant- und Saphirring (unten), der Körner- und Zargenfassungen aufweist.

Fadenfassungen

Der ungefaßte Ring (unten) macht deutlich, wieviel Platz zwischen den einzelnen Löchern zum Aufstechen der Körner benötigt wird. Die Rückansicht läßt erkennen, wie der Durchbruch für den großen Farbstein gesägt wurde, damit auch von unten Licht einfällt und der Ring leichter zu säubern ist.

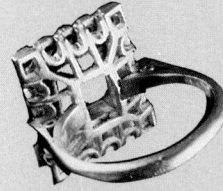

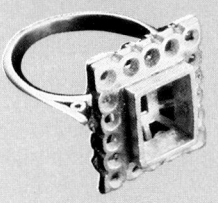

Aufstechen der Körner

Sichere Führung und eine ruhige Hand sind notwendig, um ein Haltekorn aufzustechen, ohne es gleich ganz abzuschneiden. Die Technik sollte zuerst geübt werden, bevor man sich an ein Schmuckstück wagt. Es erfordert einiges Geschick, den Span, der den Stein festhält, über den Stein zu legen. Bei einer Körnerfassung wird der Stein in das Metall eingelassen. Zunächst einen Durchbruch für den Stein bohren. Mit dem Fräser oder der Säge die Kante konisch herausarbeiten. Die Steinrondiste sollte genau mit der Oberkante des Lochs abschließen. Das Metall umdrehen und die Öffnung von der Rückseite ebenfalls ein wenig ausfräsen oder -sägen, damit der Stein mehr Licht bekommt und leichter zu reinigen ist. Die Kante auf der Rückseite stärker abschrägen als auf der Vorderseite und rund, quadratisch oder auf andere Weise dekorativ gestalten. Auf der Vorderseite wird die Steinauflage mit einem Justierstichel herausgeschnitten. Rechtshänder schneiden gegen den Uhrzeigersinn. Mit dem Wachsbein den Stein in die eingelassene Vertiefung setzen: es sollten noch etwa 0,5 mm Metall über die Rondiste hinausragen. Der Stein darf weder klemmen noch wackeln – so lange ausjustieren, bis er richtig sitzt. Ein Span wird angehoben, indem man einen Bollstichel etwa 1 mm von der Vertiefung entfernt ansetzt und nach unten in das Metall schiebt. Dadurch entsteht der Span, der später über den Stein gedrückt wird. Den Stichel nicht nur vorwärts schieben, weil es sonst schnell passiert, daß der Span ganz weggestochen wird. Als nächstes den Stichel in die Schnittkerbe setzen und nach links drehen, dann wieder zurück in die Schnittkerbe und nach rechts drehen. Hierdurch werden die Späne »freigeschnitten« und lassen sich zu Körnern formen. Nur die Spanoberfläche wird geformt, die Unterseite, die den Stein hält, ist fest mit dem Metallkörper verbunden. Ein geeignetes Korneisen unter Druck auf dem Span hin und her drehen. So entsteht ein glattes, glänzendes Korn.

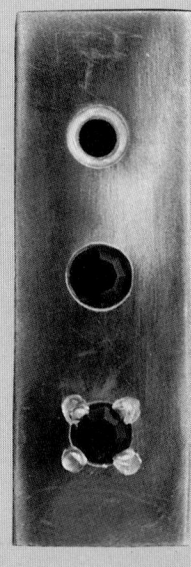

Fadenfassungen

Körnerfassungen findet man häufig, wenn Steine in Reihen gefaßt sind, wie in der Diamant- und Saphirnadel (unten). Es wird in der Regel angestrebt, die Steine so zu befestigen, daß sich ihre Rondisten fast berühren. Die Größe der Steine und die Dichte ihrer Anordnung bestimmen die Zahl der Körner, die dazwischen aufgestochen werden können. Hier sind vier Standardmuster dargestellt (rechts).

1. Dies ist die sicherste Art der Körnerfassung. Die Steine sind so arrangiert, daß sich ihre Rondisten beinahe berühren und dazwischen kein Metall mehr ist. Für jeden Stein werden vier Späne angehoben. Zusätzlich hebt man auf beiden Seiten der beieinanderliegenden Rondisten noch je ein Korn. Dieses Pärchen sichert jeweils zwei Steine. Die Körner bilden so ein Dreiecksmuster.

2. Ist der Abstand der Steine größer, werden in den Zwischenräumen große Körner gestochen. Dadurch entsteht ein Fünfkornmuster zwischen den Steinen.

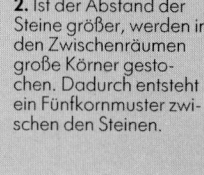

3. Werden sehr kleine Steine in einer Reihe gefaßt, bleibt nur wenig Raum für die Körner. Deshalb hat man nur zwei Körner in den Zwischenräumen, die jeweils zwei Steine festhalten.

4. In einigen antiken Stücken finden sich Körnerfassungen mit nur zwei Körnern pro Stein. Diese Fassungsart ist recht unsicher.

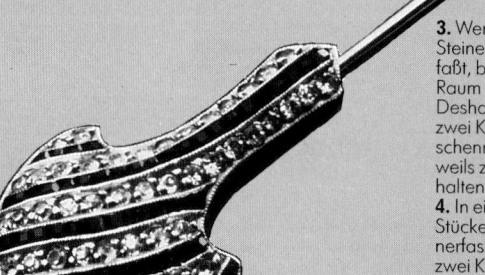

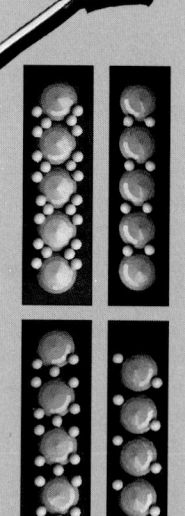

FASSEN VON STEINEN 93

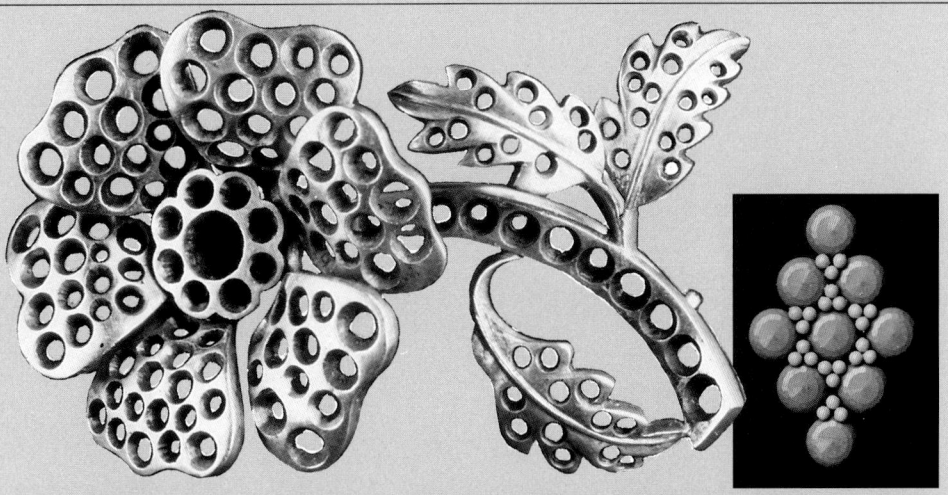

Pavéfassungen
Bei der noch ungefaßten Brosche (rechts) sieht man, wie dicht und in welcher Weise Fassungslöcher angeordnet sind, wenn eine ganze Fläche mit Steinen bedeckt werden soll. Jeder Durchbruch wird passend für einen bestimmten Stein gebohrt. Man beachte die konische Form: mit einer Säge oder einem Fräser werden die Innenkanten abgeschrägt. Die Fassungen sind nach unten offen, damit die Steine mehr Licht bekommen und leichter zu reinigen sind. Aus den dreieckigen Zwickeln zwischen den Vertiefungen sticht man die Haltekörner.

Glanzschnitt
Nach dem Aufstellen der Späne, entfernt man überschüssiges Metall mit einem Spitzstichel, so daß die Kornkeile frei stehen. Mit einem gut polierten Flachstichel wird dann eine strahlende Schrägkante um den Fassungsbereich geschnitten. Die Metallinien zwischen den mit Steinen besetzten

Flächen dieses Blattes (unten) erhielten ebenfalls einen Glanzschnitt.

KÖRNERFASSUNGEN IN EINEM GESÄGTEN ANHÄNGER

1. Das Anhängermotiv aussägen. Die Lage der Steine markieren, Durchbrüche bohren und mit Säge oder Fräser konisch erweitern. Das Werkstück im Fasserkitt fixieren.
2. Mit einem Justierstichel die Steinauflagen schneiden. Ausjustieren, bis die Steine so tief versenkt werden können, daß sich später die Körner darüber drücken lassen.
3. Die Späne mit dem Bollstichel anheben. Als zusätzliche Verzierung sogenannte »Blindkörner« aufstellen.
4. Mit einem Spitzstichel alle Kornkeile freischneiden. Den Glanzschnitt mit einem Flachstichel herausarbeiten. Das Millegriffes-Rädchen am oberen Rand der Schrägkante entlang rollen.
5. Die Körner mit einem Korneisen formen.
6. Der fertige Anhänger ist mit Diamanten besetzt. Der Mittelstein ist ein Peridot, der hängende Tropfen ein Amethyst.

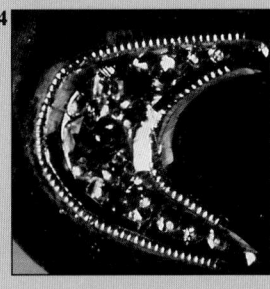
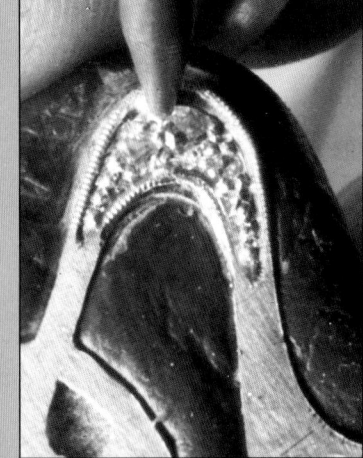

BAGUETTESTEINE

Das wort »Baguette« beschreibt den Schliff des Steines (ganz rechts). Baguettes sind immer rechteckig und in der Regel klein: eine typische Größe ist 2×4 mm. Meistens sind sie durchsichtig, wie diese Granate und Spinelle (rechts). Baguettes werden einzeln oder blockweise gefaßt. Man verwendet sie für geometrische Formen und gerade Linien oder um einem Schmuckstück zusätzliche Farb- oder Glanzakzente zu verleihen. »Calibres« nennt man Baguettes mit abgerundetem Schliff. Beim Fassen eines Baguettes muß darauf geachtet werden, daß der Stein sicher befestigt wird. Er darf weder horizontal noch vertikal beweglich sein, damit er nicht wackelt bzw. herausfällt.

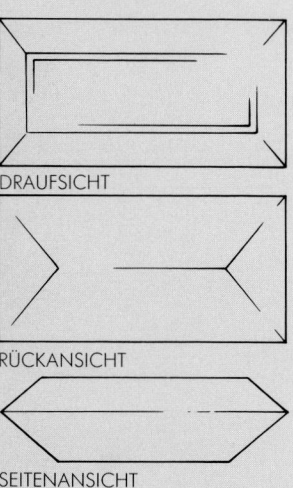

DRAUFSICHT

RÜCKANSICHT

SEITENANSICHT

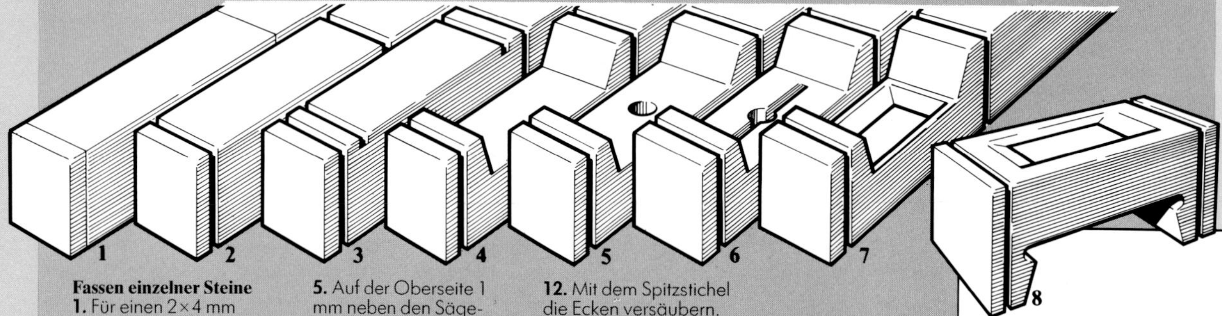

Fassen einzelner Steine

1. Für einen 2×4 mm großen Stein benötigt man einen 2 mm starken Vierkantdraht.
2. Die Metallstücke seitlich bis genau zur Hälfte anreißen. Für den Stein werden 4 mm benötigt, für die Krappen je 1 mm, also insgesamt 6 mm.
3. Mit dem Zirkel vier Längen à 6 mm markieren.
4. Mit der Säge vertiefen.
5. Auf der Oberseite 1 mm neben den Sägeschnitten Markierungen machen. Einen Durchbruch bohren.
6. Zu beiden Krappen hin sägen.
7. Aus der Fassung ein rechtwinkliges Stück schräg heraussägen.
8. Umdrehen und von hinten konisch abkanten.
9/10/11. Mit einem Bollstichel die Krappen so reduzieren, daß der Stein in die Fassung paßt.
12. Mit dem Spitzstichel die Ecken versäubern.
13. Krappen über den Stein drücken.
14. Schrägkante feilen.

Reihenfassung

Die Steine wie bei der Einzelfassung befestigen. Man kann auch Krappen aus Draht als Steinhalter verwenden (siehe Seite 84). Die Fassung im Fasserkitt befestigen und fassen.

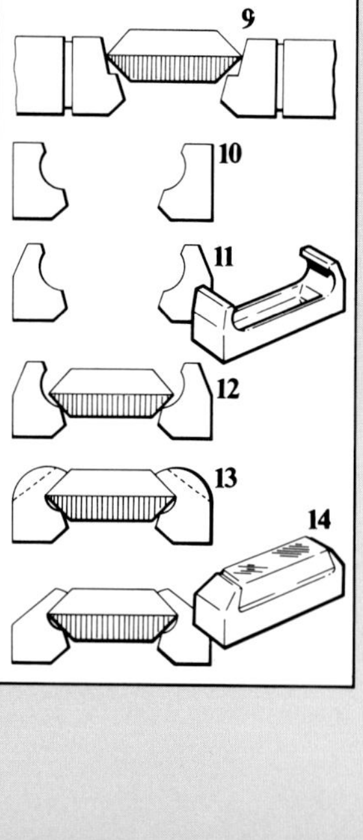

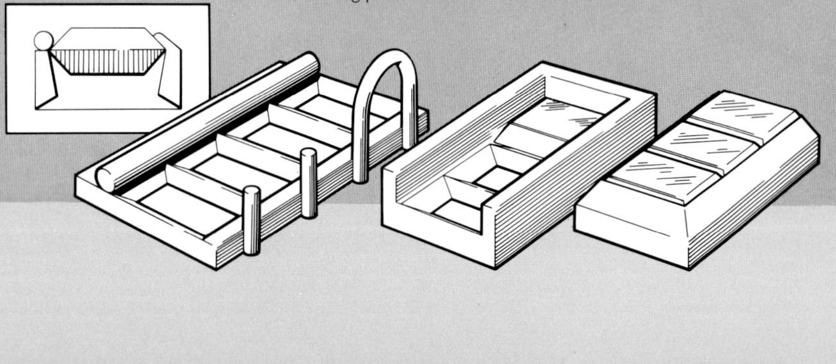

FASSEN VON STEINEN 95

Ring mit Baguette-fassungen

1. Nachdem man eine Fassung für den Mittelstein mit Treppenschliff angefertigt hat, werden die Baguettefassungen aus 1,4 mm dickem Blech gesägt. Dann das Gader konstruieren. Die große Fassung in die Mitte löten. Unter die Außenkanten der beiden kleinsten Baguettefassungen Stege aus 1 mm dickem Blech löten. Die Baguettefassungen wie gezeigt an die Mittelfassung löten.
2. Unter die Ecken der übrigen Baguettefassungen Vierkantstege löten. Auf die Ringschiene löten und das Werkstück von außen feilen.
3. Das Gader spiegelgleich mit den Fassungen aussägen.

1

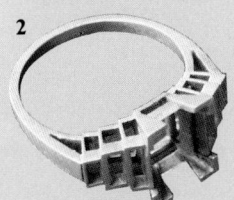

2

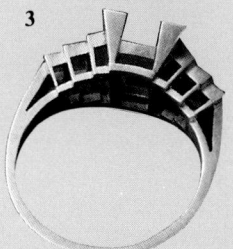

3

Der Halsreif ist aus Silber, die Steine an dem beweglichen Anhänger sind Granate. Das Design erinnert an die Verteilung von Laubwerk an einem Baum. Die Anordnung des Laubes und dessen Wirkung auf den Stamm waren wesentliche Faktoren für die Gestaltungsentwicklung. Es wurden Baguettes gewählt, weniger aufgrund ihrer Ähnlichkeit mit echten Blättern, sondern weil sie das Schematische der Darstellung unterstreichen.

Die obere Leiste der Goldbrosche (unten) ist mit Diamanten besetzt, die fallenden Steine sind Rubine. Der Künstler hat hier mit der Wirkung unterbrochener Linien experimentiert. Dieses Stück gehört zu einer Reihe von Broschen zum gleichen Thema. Baguettes wurden aufgrund ihrer linearen Eigenschaften für diesen Zweck gewählt. Ein geometrischer Stil und Designansatz wie dieser sind typisch für Arbeiten aus den 70er Jahren.

SOLITÄRRINGE MIT BAGUETTES

Jeder Ring hat einen Baguettestein. Man kann sie einzeln oder als Set tragen.

1. Alle Fassungen aus einem Metallstreifen sägen. Mit dem Sägeblatt schräge Kanten herausarbeiten.
2. Die Steine mit Plastilin oder dem Wachsbein hochnehmen und einpassen. Fassungen auseinandersägen.
3. Für die Ringschienen Draht um einen runden Stab wickeln.
4. Die Spirale an das Stabende schieben und gerade durchsägen.
5. Die Ringe zusammenlöten und auf dem Ringriegel rund klopfen.
6. Auf einen Brettamboß richten.
7. Ringe an den Lötstellen aufsägen, die Enden auseinanderbiegen und an eine Seite mit strengfließendem Lot die Fassung löten.
8. Die Fassung und das andere Ende zusammenbringen und mit mittelfließendem Lot verbinden.
9. Vor dem Fassen mit weicher Flamme den Fasserkitt erwärmen.
10. Den weichen Kitt formen, indem man ihn auf dem Brettamboß hin- und herrollt.
11. Einen Ring in den weichen Kitt drücken. Mit nassem Finger etwas Kitt um den Ring und unter die Fassung schieben.
12. Nach 5 Minuten, wenn der Kitt hart geworden ist, die Krappen wie beschrieben über den Stein drücken. Die Fassung feilen und formgebend gestalten. Den Ring aus dem Kitt lösen. Kittreste mit Spiritus entfernen und den Ring polieren.

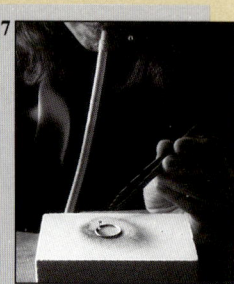

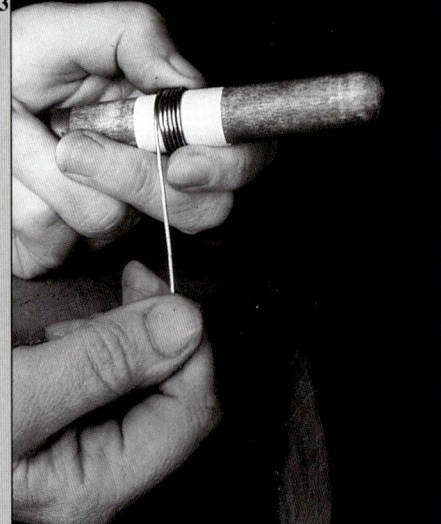

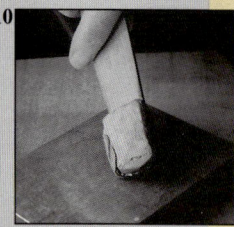
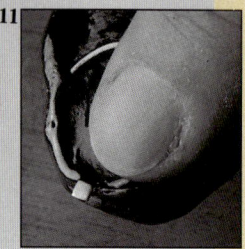
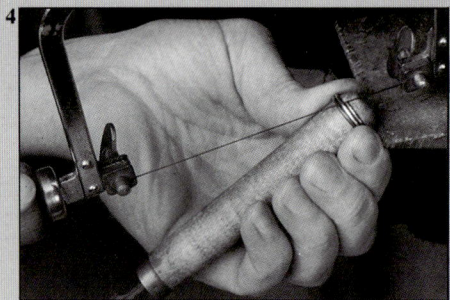

FASSUNGSARTEN

Die Fassung dient in erster Linie dazu, den Stein im Schmuckstück festzuhalten. Im allgemeinen sind die dekorativen Eigenschaften des Schmuckstücks ein wesentlicher Bestandteil seiner Konstruktion, manchmal jedoch kann auch die Fassungsart das Hauptmerkmal sein.

Eingeriebene Fassung
Bei dieser sicheren und dauerhaften Fassung wird das Metall ein kleines Stück über die Rondiste gerieben. Die Methode eignet sich nur zum Fassen in gebogenem Metall, da sich eventuell entstehende Kratzer von flachen Oberflächen kaum entfernen lassen, ohne daß dabei eine flache Mulde entsteht. Der gezeigte Ring ist ein Ossa-Sepia-Guß.

Römische Fassung
Die römische Fassung wurde traditionell für Siegelringe verwendet. Um den Stein herum verläuft eine Rinne. Hierdurch wirkt das Siegel wie gerahmt, wenn es in den Lack gedrückt wird. Diese Fassungsart ist auch eine Möglichkeit, Steine ohne Krappen in Blech zu fassen.

Spiegelfassung
Diese Fassung umgibt die Rondiste wie ein zierlicher Rahmen. Sie eignet sich für Doppelcabochons und wird allgemein zum Fassen von Mondsteinen verwendet. Sitzt der Stein in der Fassung wird sie mit einem kleinen Ring geschlossen.

»Monture Illusion«
Solche Fassungen verbessern die Wirkung kleiner Steine, indem sie sie größer erscheinen lassen. Mit einem Flachstichel oder einem Facettenstichel werden Facetten in das Metall geschnitten, die das Licht reflektieren und den Glitzereffekt des Steines verstärken.

Spannungsfassung
Bei dieser Fassungsart wird der Stein durch die Spannung des Metalls gehalten. Das Beispiel zeigt Platinringe mit Diamanten von Niessing.

EINGERIEBENE FASSUNG · SPIEGELFASSUNG · RÖMISCHE FASSUNG · »MONTURE ILLUSION«

SPANNUNGSFASSUNG

Schmucksteine

Die untenstehende Tabelle listet einige relativ leicht erhältliche Steine in ihrer jeweils bekanntesten Farbkategorie auf. Die Härte des Steins wird erwähnt, da sie eine wichtige Rolle bei der Wahl der Fassungsart spielt: weiche Steine benötigen eine schützende Fassung, während harte Steine durchaus freier hervorgehoben werden können. Die Härte eines Steins wird durch seinen Platz auf der Mohsschen Härteskala angegeben, die weniger absolute Werte als vergleichbare Härten liefert. Aus der Tabelle ist ersichtlich, welche Steine durch Beschädigungen mit der Feile gefährdet sind: die Feilhärte beträgt 6,5.

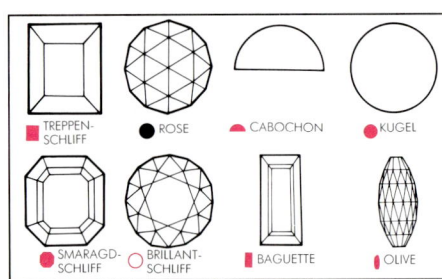

TREPPEN-SCHLIFF · ROSE · CABOCHON · KUGEL
SMARAGD-SCHLIFF · BRILLANT-SCHLIFF · BAGUETTE · OLIVE

Werkzeuge und Materialien zum Fassen von Steinen

Fasserkitt und Kittstock: Am besten läßt sich ein Werkstück auf dem Kittstock – einem Holzstab, an dessen Kopf sich Fasserkitt befindet – fassen. Der Kitt besteht aus Schellack und Gips.

Kittplatte: Flache Teile werden auf einer Holzplatte im Fasserkitt befestigt.

Faßkloben: Ein Spezialwerkzeug zum Sichern von Werkstücken während des Fassens.

Stichel: Gravierstichel werden auch zum Fassen verwendet. Die in Klammern angegebenen Größen braucht man sowohl beim Gravieren als auch beim Fassen am häufigsten.

Justierstichel – 17, (19), 21: Mit dem Justierstichel wird die Steinauflage geschnitten.

Bollstichel – 2, 4, (6): Ein Bollstichel wird zum Aufstechen der Späne bei Pavéfassungen benutzt.

Flachstichel – 10, (14), 18: Mit einem Flachstichel schneidet man glänzende Kanten um Steine.

Spitzstichel – 6, (10), 14: Der Spitzstichel dient zum Wegschneiden überschüssigen Metalls, gewöhnlich nach dem Aufstechen von Kornkeilen.

Andrücker: Mit dem Andrücker wird das Metall gegen den Stein gedrückt. Er besteht aus Kupfer oder weichem Stahl, damit die Steine möglichst keinen Schaden nehmen.

Korneisen: Mit dem Korneisen werden die Köpfe der aufgestellten Späne halbkugelig geformt und geglättet.

Korneisengesenk: Im Korneisengesenk sind die Körner reihenweise in abgestuften Größen als gehärtete Stahlhalbkugeln angebracht. Es dient zum Schärfen der Korneisen.

Millegriffes-Rädchen: Rollt man das Rädchen mit leichtem Druck über eine Metallkante, drückt sich eine zarte Perlreihe ab.

Wachsbein: Zum problemlosen Aufnehmen kleiner Steine dient das Wachsbein.

FARBE	STEIN	TRANSPARENZ	HÄRTE	SCHLIFF
Weiß	Zirkonia	klar	6	Brillant
	Diamant	klar	10	Brillant
	Mondstein	durchscheinend	6	Cabochon
	Perle	perlmuttartig	2,5–3,5	Kugel
	Bergkristall	klar	7	Brillant
	Spinell	klar	8	Brillant
	Zirkon	klar	6,5–7,5	Brillant
Rot	Karneol	durchscheinend	7	Treppe
	Granat	durchsichtig	6,5–7,5	Brillant
	Rubin	durchsichtig	9	Brillant
Rosa	Koralle	undurchsichtig	3,5	Cabochon
	Rhodocrosit	undurchsichtig	4	Cabochon
	Rhodonit	undurchsichtig	5–6	Cabochon
	Rosenquarz	durchscheinend	7	Cabochon
	Turmalin	durchsichtig	7–7,5	Brillant
Violett	Amethyst	durchsichtig	7	Brillant
Blau	Aquamarin	durchsichtig	7,5–8	Brillant
	Flußspat	undurchsichtig	4	Cabochon
	Lapislazuli	undurchsichtig	6	Cabochon
	Saphir	durchsichtig	9	Brillant
	Türkis	undurchsichtig	6	Cabochon
Grün	Alexandrit	durchsichtig	8,5	Brillant
	Aventurin	undurchsichtig	7	Cabochon
	Smaragd	durchsichtig	7,5–8	Smaragd
	Jade	durchscheinend	6,5–7	Cabochon
	Malachit	undurchsichtig	3,5	Cabochon
	Nephrit	durchscheunend	6–6,5	Cabochon
	Peridot	durchsichtig	6,5–7	Treppe
	Turmalin	durchsichtig	7–7,5	Brillant
Gelb	Bernstein	durchscheinend	2–2,5	Cabochon
	Chrysoberyll	durchsichtig	8,5	Brillant
	Citrin	durchsichtig	7	Brillant
	Jaspis	undurchsichtig	7	Cabochon
	Tigerauge	undurchsichtig	7	Cabochon
	Topas	undurchsichtig	8	Brillant
Braun	Achat	undurchsichtig	7	Cabochon
	Rauchquarz	durchsichtig	7	Brillant
Schwarz	Hämatit	undurchsichtig	5,5–6	Cabochon
	Gagat	undurchsichtig	3,5	Kugel
	Onyx	undurchsichtig	7	Cabochon
Grau	Achat	undurchsichtig	7	Cabochon
	Labradorit	undurchsichtig	6,5	Cabochon
	Markasit	undurchsichtig	6–6,5	Brillant
Viel-Farbig	Heliotrop	undurchsichtig	7	Cabochon
	Opal	durchscheinend	5–6,5	Cabochon

FASSEN VON STEINEN 99

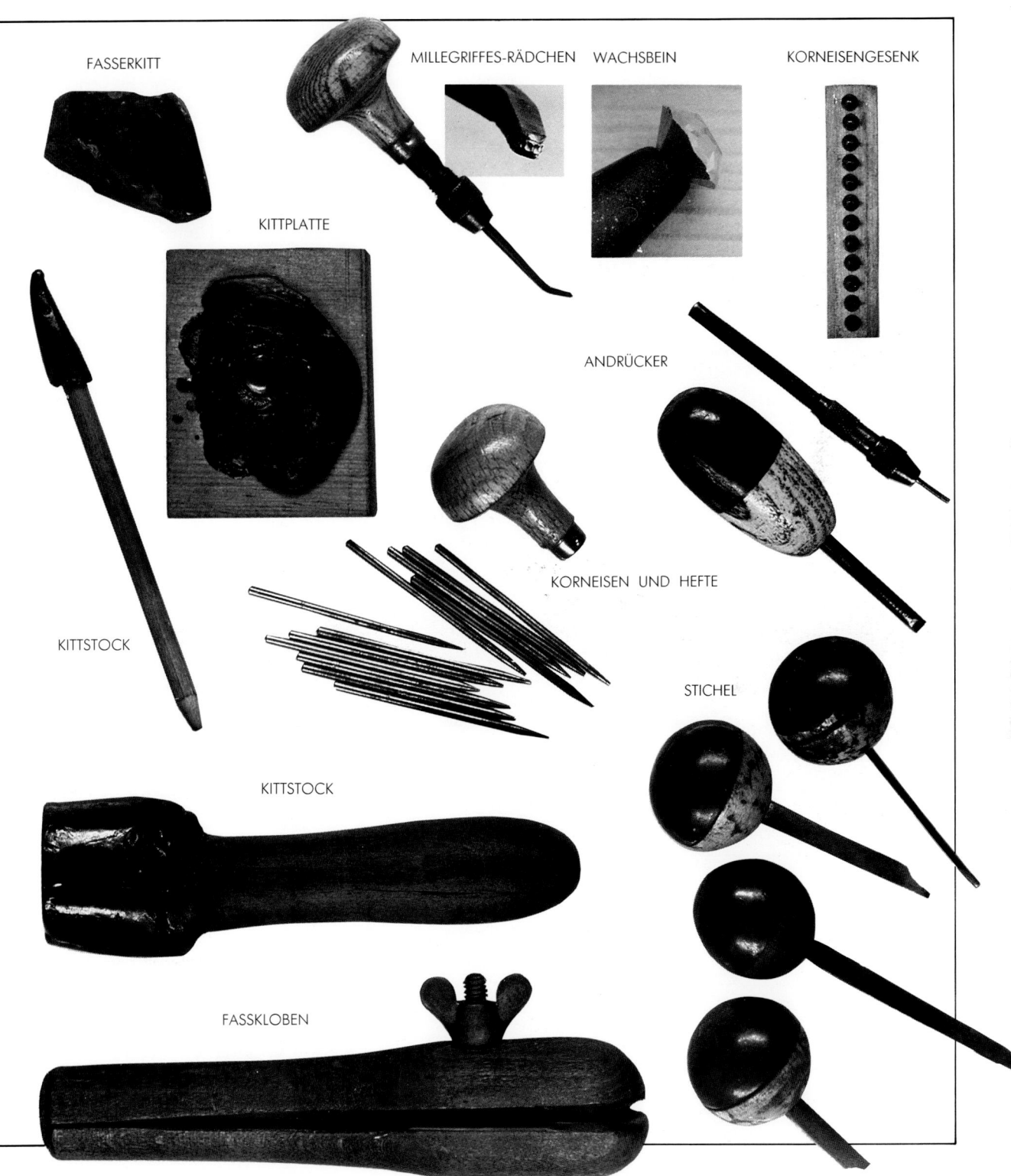

Kugelhaken
1. An das Ende des 3 mm starken Vierkantdrahtes eine Rille feilen, so daß ein Würfel stehenbleibt.
2. Die Ecken des Würfels abrunden und ein Loch mit 1,2 mm Durchmesser hineinbohren.
3. Passend für das Loch ein Scharnier mit einer Wandstärke von 0,4 mm ziehen.
4. Sicherungszunge einlöten.
5. Den Schlitz aussägen und das Böckchen auf die Brosche löten. Das Böckchen auseinanderbiegen und das Scharnier einsetzen. Wieder zusammendrücken. Die Sicherungszunge zurückschieben und einen Schlitz für die Nadel sägen.

VERSCHLÜSSE UND CLIPS

Verschlüsse und Clips dienen der Befestigung von Schmuckstücken. Der Fachbegriff für diese und andere vorgefertigte Schmuckteile heißt »Furnituren«. In Gold- und Silberhandlungen sowie in Spezialgeschäften für Goldschmiedebedarf werden Furnituren in großer Auswahl angeboten. Manchmal müssen allerdings individuelle Verschlüsse oder Clips von Hand gefertigt werden, da sich die Standardfurnituren nicht für jeden Zweck eignen. Ist das Prinzip, wie ein Verschluß funktioniert, einmal verstanden, läßt es sich für jedes Schmuckstück passend abwandeln.

Broschierungen

Es gibt vielerlei Arten von Broschierungen, sie werden jedoch gewöhnlich alle auf die gleiche Weise am Schmuckstück befestigt: Die Brosche liegt mit der Vorderseite nach unten und der Oberseite vom Bearbeiter wegzeigend auf der Werkbank. Das Scharnier befindet sich auf der rechten, der Veschluß mit der Öffnung nach unten auf der linken Seite. Diese Anordnung hat sich aus der heute überholten Tradition, eine Brosche grundsätzlich an der linken Schulter zu tragen, ergeben. Man fand es bequemer, die Broschennadel vom Körper weg zu befestigen.

Das Scharnier wird vernietet. Die Niete wird von oben eingesetzt, damit sie nicht so leicht herausfallen kann, wenn sie einmal locker wird. Die gesamte Broschierung sollte im oberen Drittel des Schmuckstücks befestigt werden, ist sie zu niedrig angebracht, kann die Brosche nach vorne kippen.

Federscharnier und Nadel
1. Einen Runddraht einwachsen und in ein Vierkantscharnier schieben. Das Ganze durch ein Vierkantzieheisen ziehen, bis das Scharnier fest auf dem Runddraht sitzt. Die Drahtspitze durch ein Loch im Eisen stecken, durch das zwar der Runddraht aber nicht das Scharnier paßt. Herausziehen.
2. Auf ein Stück Vierkant löten.
3. Für das Mittelgelenk und die Feder ein Stück heraussägen.
4. Auf einen Sockel löten, diesen wiederum auf die Brosche löten.
5. Eine Feder aus 0,5 mm starkem Monelmetall oder 8ct Gold anfertigen.
6. Die Feder einpassen.
7. Die Nadel an das Mittelgelenk löten. Die Niete vorbereiten.
8. Die Niete einschieben und auf beiden Seiten mit dem Kugelhammer vernieten.

VERSCHLÜSSE UND CLIPS

Einfacher Haken
Ein Stück flachen oder halbrunden Draht wie gezeigt (links) biegen. Durch den engen Kringel wird die Nadel festgehalten. Die Unterseite flach feilen, damit der Haken problemlos auf die Brosche gelötet werden kann.

Sicherheitshaken aus Halbrunddraht
1. Aus Halbrunddraht einen Haken biegen.
2. Einen Schlitz für die Sicherungszunge sägen. Den Haken auf die Brosche löten.
3. Ein passendes Scharnier vorbereiten.
4. Die Sicherheitszunge an das Scharnier löten.
5. Den Haken zum Einführen des Scharniers aufbiegen. Bei zurückgezogener Sicherheitszunge den Schlitz im Scharnier sägen. Zum Verschließen die Sicherheitszunge nach vorne schieben.

Diese antike Brosche (links) hat einen einfachen Verschluß: durch einen Federmechanismus im Scharnier wird die Nadel gegen den Haken gedrückt. Zu beachten ist auch die dekorative Tonnenform des Scharniers. Die Sicherheitskette ist durch eine kleine Öse mit der Brosche verbunden und wird mit einer Sicherheitsnadel aus einem Stück Draht an der Kleidung befestigt.

Sicherheitshaken mit Kreuzdraht

1. Einen einfachen Haken auf die Brosche löten.
2. 3 bis 4 mm davon entfernt ein Stück Scharnier auflöten.
3. Eine harte Flamme auf die mit Borax eingepinselte Spitze eines Drahtes richten, um dort eine kleine Kugel anzuschmelzen. Den Draht durch das Scharnier schieben.
4. Am anderen Drahtende ebenfalls eine Kugel anschmelzen und den Draht zu einem Kreuz biegen.

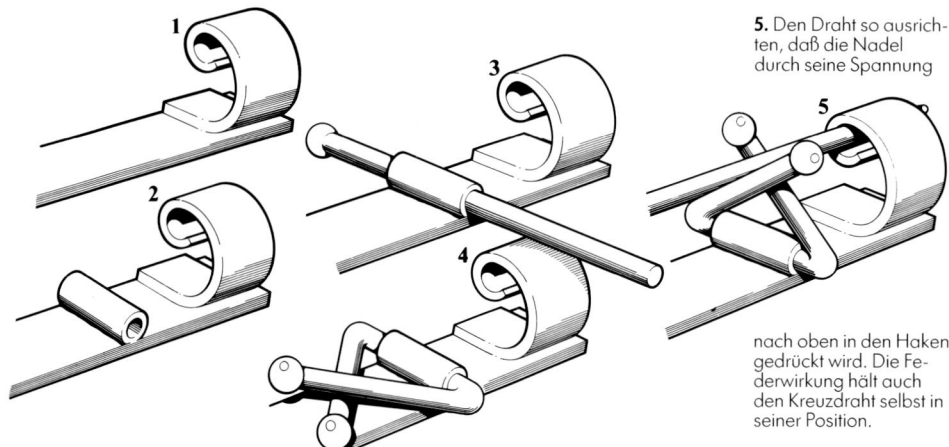

5. Den Draht so ausrichten, daß die Nadel durch seine Spannung nach oben in den Haken gedrückt wird. Die Federwirkung hält auch den Kreuzdraht selbst in seiner Position.

Doppelnadel

1. Ein Stück Blech einkerben.
2. Zu einem Kasten biegen und verlöten. Mit einer runden Nadelfeile die Enden des Kastens für das Scharnier passend feilen.
3. Das Scharnier auf der Lötseite ansägen und in den Kasten löten.
4. Das Mittelteil aussägen und den Kasten auf die Brosche löten.
5. Eine Feder aus 0,5 mm starkem Monelmetall oder 8 ct Gold herstellen. Sie sollte im flachen Zustand nicht länger als das Innere des Kastens sein.
6. Ein für die Lücke passendes Scharnier aussägen. Die Doppelnadel auf die eine Seite, den Federdraht auf die andere löten.
7. Mit einer Reibahle das Scharnierinnere konisch aufreiben. Einen angefeilten Draht hineinschieben. Beide Enden bis auf 0,5 mm absägen und vernieten.

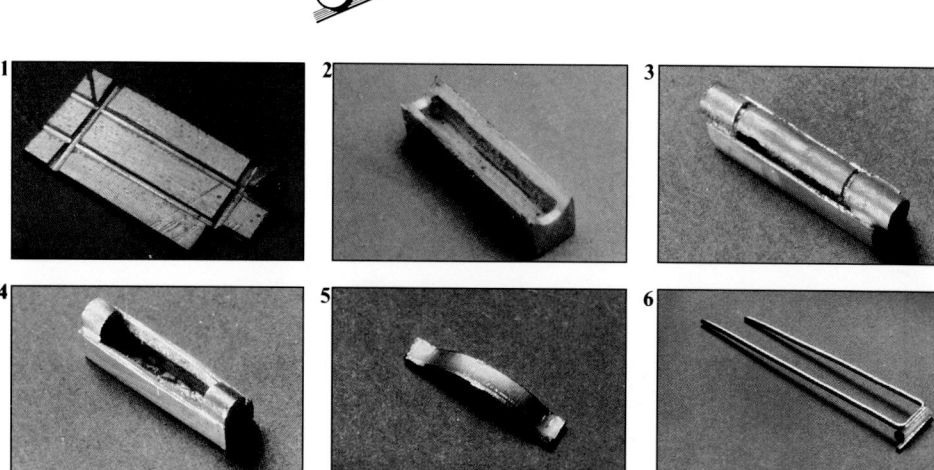

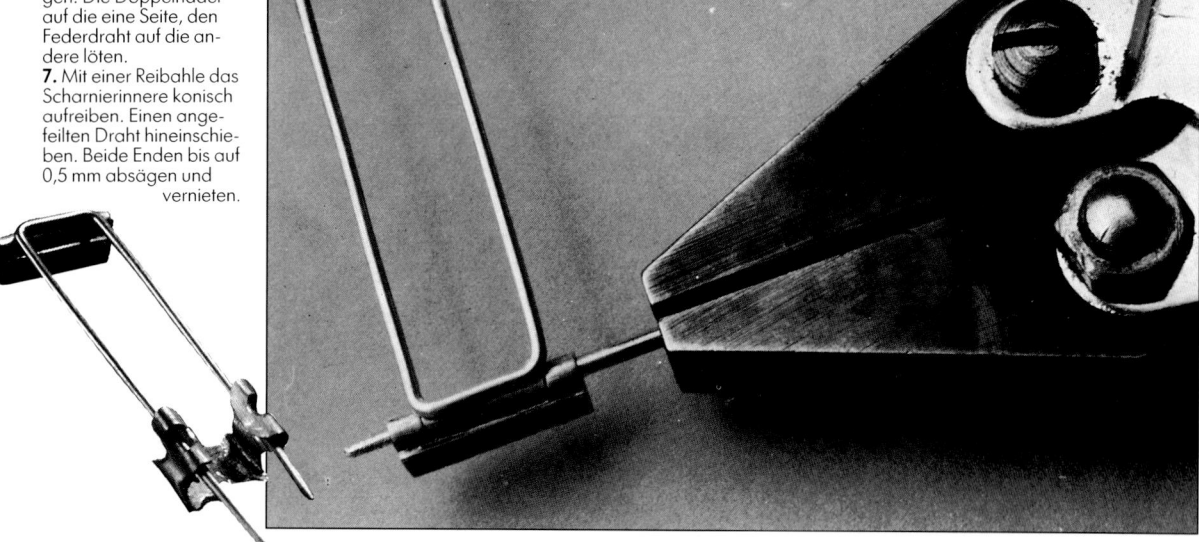

VERSCHLÜSSE UND CLIPS 103

Gebogenes Kugelscharnier
1. Von einem 12 mm langen, 3 mm breiten und 1 mm starken Metallstreifen 3 mm² absägen.
2. Den restlichen Streifen um das Quadrat biegen.
3. Ein Loch bohren.
4. Das Mittelstück wegnehmen.
5. Zierrillen feilen.
6. Die Seitenteile halbkugelförmig feilen. Auf die Brosche löten.
7. Das kleine Quadrat an die Nadel löten. Man nennt es Nadelböckchen.
8. Die Ecken des Nadelböckchens mit der Feile abrunden. Die Nadel drehen um sie zu härten. Eine Spitze feilen.
9. Mit einem Stift vernieten. Die Nadel soll ein wenig schräg über der U-Form ruhen, so daß sie beim Verschließen federnd in den Haken greift.

Bockscharnier
1. Das Mittelstück des Scharniers bis auf einen schmalen Verbindungssteg aus der Lötseite heraussägen.
2. Eine Kerbe von 90 Grad feilen.
3. Biegen und verlöten.
4. Das Scharnier hineinlöten.
5. Den Steg heraussägen; auf die Brosche löten.
6. Das Mittelstück anpassen.
7. Einkerben.
8. Die Nadel auflöten und drehen, um sie zu härten.
9. Die Nadelspitze anfeilen.
10. Die Nadel einsetzen und ihren Berührungspunkt mit der Vorderplatte markieren.
11. Eine Kerbe so tief feilen, daß sich die aufliegende Nadel knapp über dem Haken befindet. Die Nadel auf die Vorderplatte drücken und in den Haken schieben.

Gefeiltes Kugelscharnier
1., 2., 3. Wie bei dem Kugelhaken auf der Seite 100 beginnen. Scharnier und Haken passen zusammen.
4. Mitten durch die Kugel einen Schlitz bis unterhalb des Durchbruchs sägen. Auf die Brosche löten.
5. Ein Böckchen an die Nadel löten. Die Nadel drehen und anfeilen. Die hintere Seite des Böckchens rund feilen. Den vorderen Teil als Arretierung für die Nadel eckig lassen. Das Böckchen in den Schlitz stecken und ein Loch bohren. Mit einer Reibahle den Durchbruch versäubern. Vernieten.

Kettenverschlüsse

Zum Schließen von Ketten werden Kastenschlösser, Federring- und Hakenverschlüsse verwendet. Ein Hakenverschluß sichert durch das Gewicht der Kette.

Da den wenigsten Frauen heute noch eine Zofe zur Verfügung steht, die ihnen beim Ankleiden hilft, sind komplizierte Verschlüsse, wie man sie bei alten Ketten findet, heute nicht mehr üblich. Diese Verschlüsse waren nicht zum Selberöffnen gemacht.

Kastenschlösser für Armreifen und Armbänder

Verschlüsse für Armschmuck müssen besonders stabil sein. Häufig kommt zum Verschluß noch eine Sicherheitskette hinzu. Haken, die nur durch das Gewicht des Schmuckstückes halten, eignen sich hier nicht, da Armbewegungen den Haken lösen könnten. Der Verschlußmechanismus sollte in das Schmuckstück integriert sein.

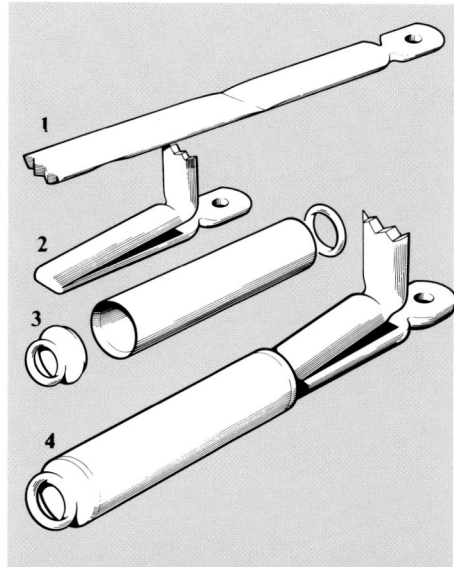

Rundes Kastenschloß
1. Einen Halbrunddraht, 3 cm × 2,5 mm, in der Mitte mit der Säge markieren.
2. Den Sägeschnitt leicht v-förmig anfeilen, damit sich der Streifen leichter biegen läßt. Kerben für den Spannring feilen und ein Loch in das Drahtende bohren. Die Kerben auf dem oberen Schnepperteil fortführen und das Drückerteil hochbiegen.
3. Scharnier für den Kasten ziehen. Es sollte 0,5 bis 1 mm »Spiel« um den doppelten Halbrunddraht haben. Einen Ring aus 1 mm starkem Runddraht, der genau um den doppelten Halbrunddraht paßt, anfertigen und an ein Kastenende löten. Einen zweiten Ring zum Befestigen an der Kette an die andere Seite löten.
4. Beim Drücken des Schneppers in den Kasten sollte ein klickendes Geräusch entstehen. Evtl. Kerben an der Einrastfelle vertiefen.

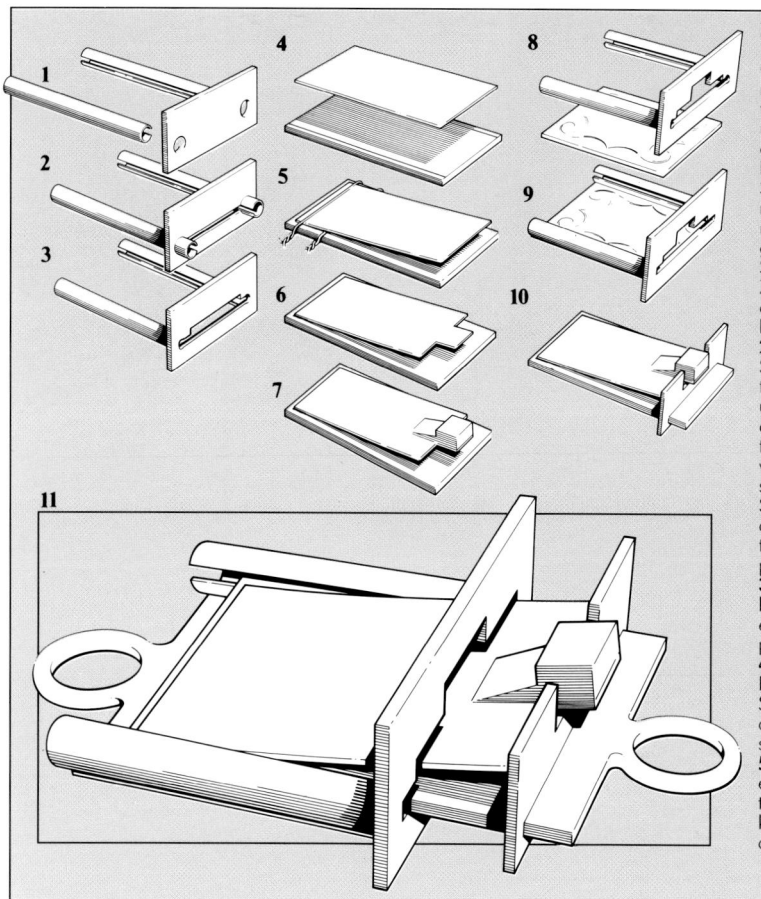

Kastenschloß
1. Mit einem Spitz- oder Gravierstichel die Lötnaht des Scharniers auftrennen, damit das untere Teil des Schneppers daran entlang fahren kann. Das untere Schnepperteil kann 0,8 mm dick sein. Die anderen Abmessungen hängen von der Größe des Schmuckstückes ab. Zwei Löcher in das 1 mm dicke Schließblech bohren.
2. Von dem geschlitzten Scharnier zwei geeignete Längen abtrennen und in die Bohrlöcher des Schließbleches löten, wobei die Enden ein wenig vorstehen. Zwischen den Löchern einen Schlitz sägen, durch den das untere Schnepperteil gerade hindurchpaßt.
3. Den Schlitz im Schließblech vergrößern, damit er den gesamten Schnepper aufnehmen kann.
4. Aus 0,6 mm dickem Blech das obere Schnepperteil sägen, so daß es in die Scharnierschienen paßt.
5. Schnepperteile an einer Seite zusammenlöten. Den richtigen Winkel mit gedrehtem Bindedraht fixieren.
6. Aus dem Schnepperoberteil die Basis für den Drücker sägen.
7. Das Drückerteil vorbereiten und auflöten.
8. Den Schlitz im Schließblech entsprechend der Drückerform weiter aufsägen: der Schnappmechanismus sollte jetzt funktionieren und das Schnepperoberteil hinter dem Schließblech links und rechts von der Lücke für das Drückerteil hochspringen. Falls nicht, die Höhe der Aussparung für den Drücker vergrößern.
9. Als Schutz eine verzierte Grundplatte unter die Schienen löten.
10. Damit der Schnepper nicht zu weit rutscht, eine Platte zum Arretieren auf das untere Schnepperteil löten.
11. Ein solcher Schnappmechanismus wird selten in seiner Grundform verwendet. Gewöhnlich verbirgt er sich hinter einer Dekoration oder in einem Kasten. Diesen Verschlußtyp findet man bei hochwertigerem Schmuck. Die Schienen halten den Schnepper immer in der gleichen Bahn, was seinem Verschleiß entgegenwirkt.

VERSCHLÜSSE UND CLIPS 105

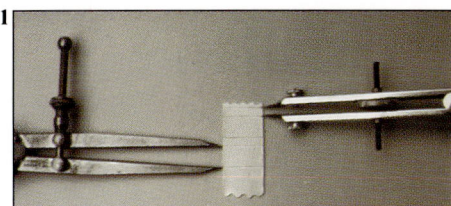

Kastenschloß
1. Mit zwei Zirkeln Höhe und Breite des Kastens abmessen. Beide Maße jeweils zwei Mal abwechselnd auf dem Metall anreißen.
2. Mit einer Vierkantnadelfeile 90 Grad Kerben in die Markierungen feilen.
3. Überschüssiges Material an den Enden entfernen.
4. Den Kasten zurechtbiegen und sämtliche Kanten verlöten. Zwei Vierkantstücke an die innere Kastenoberseite löten, damit der Schnepper einrasten kann.
5. An ein Ende das Schließplättchen und die Befestigungsösen löten.
6. Einen Metallstreifen zu einer Hälfte auf 0,6 mm, zur anderen auf 0,8 mm Stärke walzen.
7. Die Mitte des Streifens markieren und eine leichte Kerbe einfeilen. Dann den Streifen in der Mitte umbiegen. Den Drücker heraussägen und danach hochbiegen. Ösenlöcher bohren.

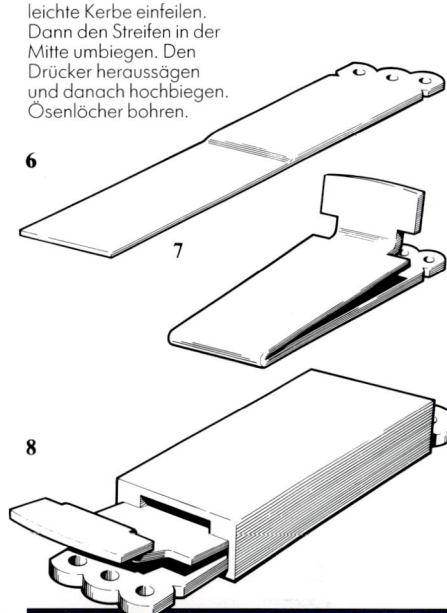

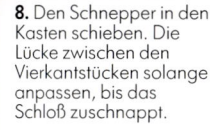

8. Den Schnepper in den Kasten schieben. Die Lücke zwischen den Vierkantstücken solange anpassen, bis das Schloß zuschnappt.

Der Verschluß wird im allgemeinen separat gefertigt und in oder hinter ein geeignetes Schmuckteil gelötet. Der Löwenkopf (links) verdeckt ein besonders sicheres Doppelschloß. Die Sicherung, die aussieht wie eine acht, rastet um die kleine Kugel ein. Im Hohlkörper dieses Diamantarmreifs (oben) befindet sich ein einfacher Schnappmechanismus.

Manschettenknopfmechaniken

Manschettenknöpfe sollten sich vor allem leicht in ein Knopfloch hineinschieben und wieder herausholen lassen. Dient eine Kette als Verbindung, muß diese lang genug sein, daß beide Teile flach aufliegen, wenn man sie nebeneinander legt. Durch fünf Glieder ist normalerweise eine ausreichende Beweglichkeit und Stärke gewährleistet. Bei Manschettenknöpfen mit Knebelmechanik sollte sich das Gelenk ganz aufrichten lassen, damit man es problemlos durch das Knopfloch führen kann.

Ringeinlagen

Menschen mit starken Fingergelenken haben häufig Schwierigkeiten, Ringe zu tragen. Ist der Ring groß genug für das Gelenk, sitzt er zu locker am Finger. Mit Hilfe einer Sprungfeder kann man diesem Problem entgegenwirken: Der Ring läßt sich mühelos über das Gelenk schieben, unten drückt sich dann die Feder an den Finger und hält den Ring fest. Anderenfalls muß die Ringschiene umgearbeitet werden, oder aber man lötet kleine Kugeln, gewöhnlich 3 Stück, in die Ringinnenseite, um das Verrutschen zu mindern.

Ohrringmechaniken

Ohrringe werden mit Hilfe eines Steckers im Ohr, einer Clipmechanik oder Klemmschraube am Ohr, oder einfach mit einem Haken über dem Ohr befestigt. Wie bei den Broschen muß die Mechanik weit genug oben am Schmuckstück angebracht sein, damit der Ohrring nicht kippt. Das Schmuckstück kommt am besten zur Geltung und läßt sich am bequemsten tragen, wenn die Mechanik an der richtigen Stelle befestigt ist.

Schnecken für Ohrstecker
1. Für dieses Teil, das den Stecker am Ohrläppchen festhält, wird zunächst eine Bootform aus Blech gesägt: das Teil sollte etwa 18 mm lang und 0,5 mm dick sein.
2. In die Mitte eine kleine Delle schlagen und ein Loch hineinbohren. Durch diese Wölbung läßt sich der Stecker besser in das Loch führen.
3. Mit einer Rundzange die Enden umbiegen.
4. Die Schnörkel sollten gegen den Stecker drücken.

Ohrringfurnituren
Es gibt zahlreiche industriegefertigte Furnituren aus Silber und unterschiedlichen Goldarten. Ihre Form läßt erkennen, wie sie hergestellt werden. Die meisten Schmuckmacher neigen dazu, Furnituren zu kaufen, anstatt sie zeitaufwendig selbst anzufertigen. Wird jedoch eine ungewöhnliche Form benötigt, ist man auf Eigenfertigung angewiesen.

Ringeinlagen
Mit Sprungfedern sitzen auch für starke Fingergelenke gemachte Ringe gut (unten). Drei Kugeln (ganz unten) verhindern, daß ein Ring mit großem Stein verrutscht.

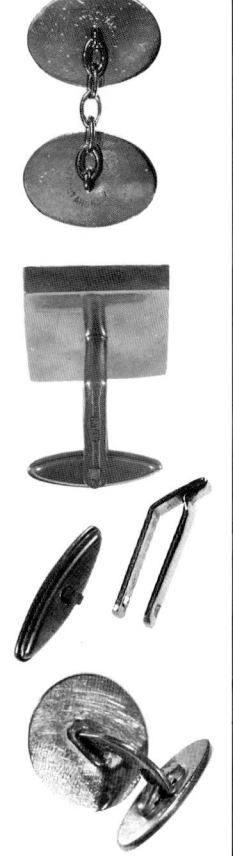

Kettenmechanik
Die Ausrichtung der Laschen auf den Manschettenknopfteilen (rechts) beachten. Sie trägt zum guten Sitz der Knöpfe bei.

Knebelmechanik
Es gibt viele verschiedene Knebelmechaniken, die jedoch alle auf einem ähnlichen Prinzip beruhen. Ein Vierkantsteg sitzt so in einer Feder, daß er nur stabil ist, wenn die Feder direkt gegen eine Seite drückt. Beim Kauf dieser Manschettenknopfmechaniken (rechts) sind Knebel und Brücke (Feder) gewöhnlich noch nicht zusammengesetzt. Der Knebel wird erst dann in die Brücke vernietet, wenn diese auf dem Manschettenknopfteil aufgelötet, gefeilt, geschmirgelt und poliert ist, da die Feder durch Hitze zerstört wird.

Klappmechanik
Einen Durchbruch in den Bügel sägen. Die Lasche in den Durchbruch stecken und auf die Platte löten (rechts).

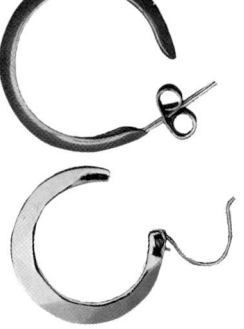

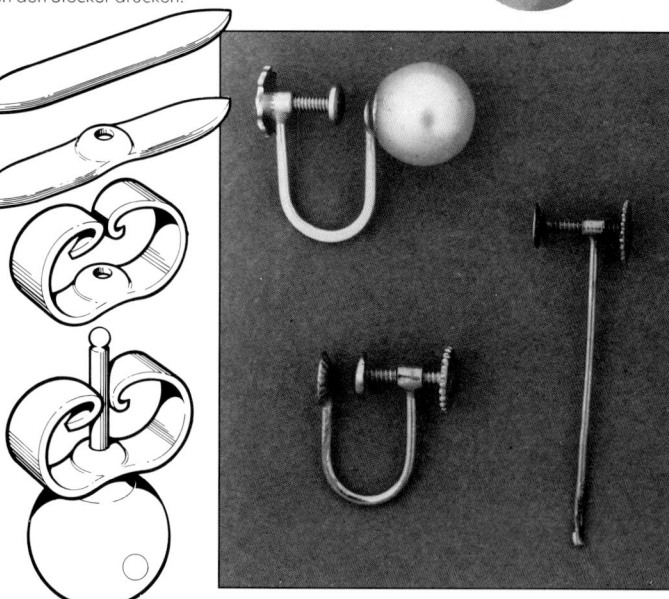

VERSCHLÜSSE UND CLIPS **107**

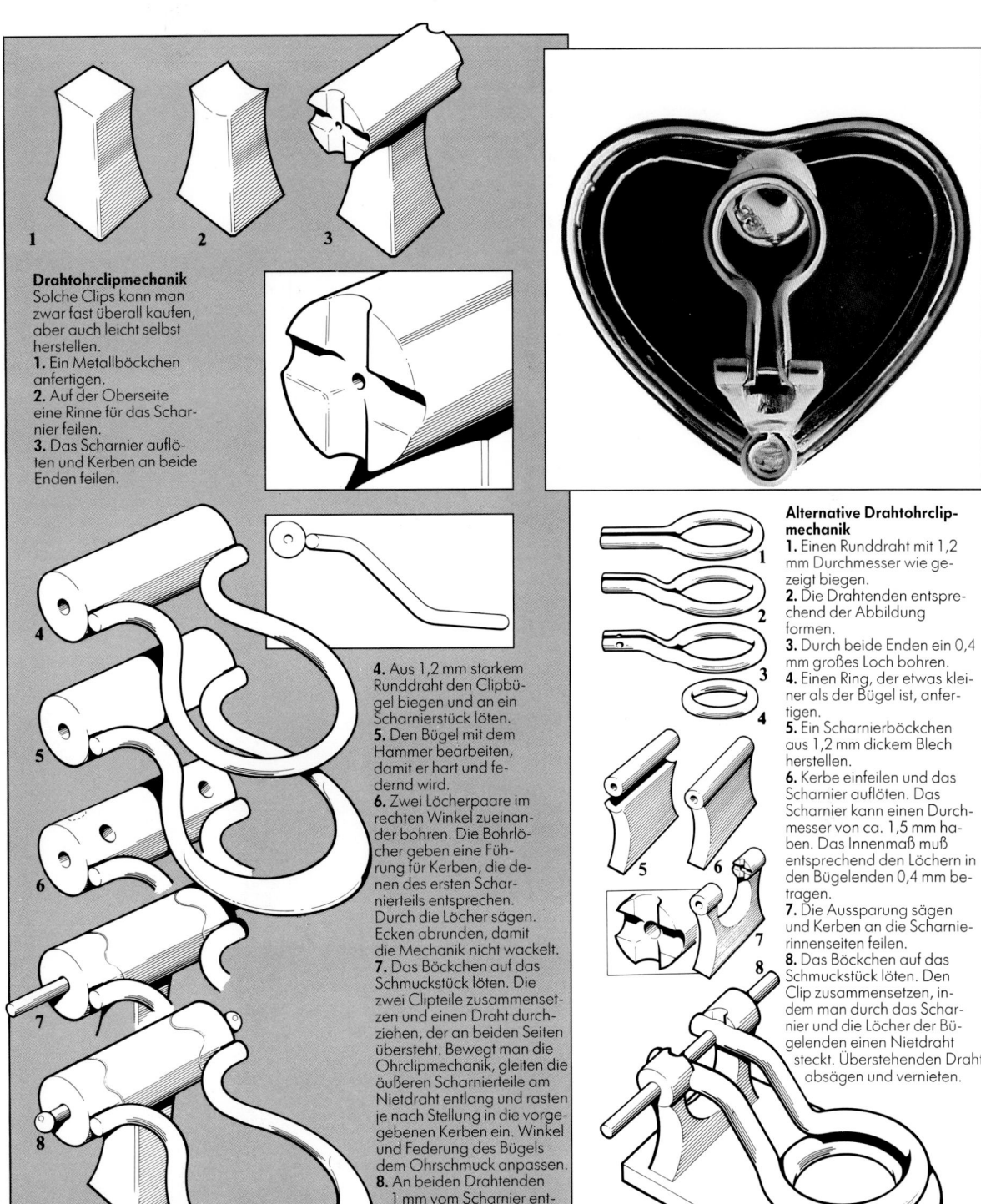

Drahtohrclipmechanik
Solche Clips kann man zwar fast überall kaufen, aber auch leicht selbst herstellen.
1. Ein Metallböckchen anfertigen.
2. Auf der Oberseite eine Rinne für das Scharnier feilen.
3. Das Scharnier auflöten und Kerben an beide Enden feilen.
4. Aus 1,2 mm starkem Runddraht den Clipbügel biegen und an ein Scharnierstück löten.
5. Den Bügel mit dem Hammer bearbeiten, damit er hart und federnd wird.
6. Zwei Löcherpaare im rechten Winkel zueinander bohren. Die Bohrlöcher geben eine Führung für Kerben, die denen des ersten Scharnierteils entsprechen. Durch die Löcher sägen. Ecken abrunden, damit die Mechanik nicht wackelt.
7. Das Böckchen auf das Schmuckstück löten. Die zwei Clipteile zusammensetzen und einen Draht durchziehen, der an beiden Seiten übersteht. Bewegt man die Ohrclipmechanik, gleiten die äußeren Scharnierteile am Nietdraht entlang und rasten je nach Stellung in die vorgegebenen Kerben ein. Winkel und Federung des Bügels dem Ohrschmuck anpassen.
8. An beiden Drahtenden 1 mm vom Scharnier entfernt Kügelchen schmelzen.

Alternative Drahtohrclipmechanik
1. Einen Runddraht mit 1,2 mm Durchmesser wie gezeigt biegen.
2. Die Drahtenden entsprechend der Abbildung formen.
3. Durch beide Enden ein 0,4 mm großes Loch bohren.
4. Einen Ring, der etwas kleiner als der Bügel ist, anfertigen.
5. Ein Scharnierböckchen aus 1,2 mm dickem Blech herstellen.
6. Kerbe einfeilen und das Scharnier auflöten. Das Scharnier kann einen Durchmesser von ca. 1,5 mm haben. Das Innenmaß muß entsprechend den Löchern in den Bügelenden 0,4 mm betragen.
7. Die Aussparung sägen und Kerben an die Scharnierrinnenseiten feilen.
8. Das Böckchen auf das Schmuckstück löten. Den Clip zusammensetzen, indem man durch das Scharnier und die Löcher der Bügelenden einen Nietdraht steckt. Überstehenden Draht absägen und vernieten.

EMAILLIEREN

Der Grundstoff von Email ist gemahlenes Glas. Dieses Glaspulver wird beim Emaillieren unter Hitzezufuhr auf Metall aufgeschmolzen. In der Goldschmiede verwendet man das Verfahren für farbige Dekorationen. Es kommen lebhafte Farben und Pastelltöne vor, glänzende oder matte Oberflächen, durchsichtiges und undurchsichtiges Email.

Während die frühen mykenischen Goldschmiede geprägte Vertiefungen emaillierten, schnitten die Kelten Gruben in das zu emaillierende Metall, eine Technik, die man heute als Grubenschmelzemaillierung kennt (siehe Seite 112).

Als in Westeuropa der Granat immer kostbarer wurde, füllte man die »Zellen«, die man früher mit Steinen besetzt hätte, immer häufiger mit Email. Dieses Verfahren, Zellenschmelzemaillierung genannt (siehe Seite 115), machte seinerzeit rasche Fortschritte – eine Entwicklung, die einherging mit dem steigenden Ansehen von Emailschmuck. Ab ca. 800 n. Chr. wurde Email auch bei hochwertigem Schmuck gerne verwendet.

Im 13. Jh. bildete sich aus dem Grubenschmelzverfahren eine Sonderform – das Grubenrelief – heraus (siehe Seite 112). Statt ebener Vertiefungen wird ein flaches Relief eingraviert oder gemeißelt und mit transparentem Email gefüllt. Das Email erscheint an den erhabenen Stellen heller als an tieferen, wodurch der Eindruck einer Schraffur entsteht.

In Paris entwickelte sich im 14. Jh. aus dem Zellenschmelzverfahren eine neue Technik: Die Grundplatte wird weggelassen, wodurch die mit Email gefüllten Zwischenräume wie farbiges Glas aussehen. Deshalb spricht man hier vom Fensteremail (siehe Seite 115).

Während des 15. Jh. erreichten einige Goldschmiede in Limoges außerordentliche Fertigkeiten in der Technik der freien Emailmalerei. Mit dem 16. Jh. hatte sich ein spezielles Malverfahren – Grisaille – durchgesetzt. Weiße Emailfarbe wird Schicht für Schicht auf einen dunklen Emailuntergrund aufgebracht. Es entsteht ein abgestuftes Bild, da bei jedem erneuten Erhitzen eine weitere Schicht mit dem Hintergrund verschmilzt.

Die Farben und Oberflächenstrukturen, die sich mit Email realisieren lassen, sind so vielseitig, daß die meisten Goldschmiede ihren persönlichen Stil entwickeln können. Deshalb sollten Anfänger mit verschiedenen Farben, durchsichtigem und undurchsichtigem Email, matten und glänzenden Oberflächen experimentieren.
1. Ohrringe von Alison Richards.
2. Bei diesem Kettenverschluß kombinierte Sarah Letts Email mit Diamanten.
3. Zellenschmelzemail-Anhänger von Setsu Sato
4. Diese emaillierte Blume von Deborah Idiens ist knapp 15 cm lang und steht in einer Miniaturvase. Sie gehört zu Deborahs ersten Emailversuchen. Emaillieranfänger können, wenn sie sauber und genau arbeiten und bei den Schmelzgängen sorgfältig vorgehen, gute Ergebnisse erzielen.
5. Anstecknadeln von Siglinde Brennan.
6. Emaillebild von Jeanette Blake.

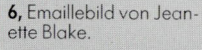

Grundtechniken des Emaillierens

Metall wird emailliert, indem man es mit einer dünnen Schicht Emailpulver überzieht und das Werkstück in einem Brennofen solange brennt, bis das Pulver schmilzt und sich mit dem Metall verbindet. Höherkarätiges Gold, Feinsilber, Britanniasilber und hitzebehandeltes Emailliersilber eignen sich am besten zum Emaillieren. Kupfer ist auch verwendbar, es läßt jedoch einige Farben schmutzig und dunkel erscheinen. Dieser Reaktion kann man allerdings durch vorheriges Auftragen mit durchsichtiger Emailfarbe entgegenwirken. Tombak und Messing werden zwar manchmal von Fachleuten verwendet, eignen sich aber nicht für Anfänger. Beide Metalle kann man nur wenige Male brennen, zudem besteht die Gefahr, daß sie das Email in Mitleidenschaft ziehen. Da Email und Metall eine unterschiedliche Wärmeausdehnung haben, passiert es, daß dünnes Metall sich beim Abkühlen verzieht oder die Emailfarbe bricht und abblättert. Für den Anfang empfiehlt sich Metall in 1,5 mm Stärke, bei Emailliersilber 1,2 mm. Fortgeschrittene reduzieren allmählich die Stärke des Metalls und sollten auch einmal versuchen, ein Werkstück beidseitig zu emaillieren (Konteremail). Das Metall verzieht sich nämlich weniger leicht, wenn den Kräften, die beim Abkühlen durch das vorderseitige Email auf das Metall einwirken, ähnliche Kräfte auf der Rückseite entgegenwirken. Auch durch die Form des Metalls kann man die Tendenz zum Verziehen herabsetzen: gewölbte Formen sind weniger gefährdet als flache.

Mit gewöhnlichem Lot verbundene Stücke können nicht emailliert werden: das Lot schmilzt, bevor das Email die richtige Temperatur erreicht. Außerdem entstehen durch Lotverunreinigung Verfärbungen auf dem Email. Es gibt jedoch spezielles Emaillot, mit dem vor dem Brennen gelötet werden kann, aber auch dieses Lot schmilzt, wenn man nicht mit großem Fingerspitzengefühl vorgeht. Anfänger sollten deshalb mit Stücken beginnen, die ohne Löten auskommen. Das Problem läßt sich z. B. umgehen, wenn Emailobjekte wie Steine in ein Schmuckstück gefaßt werden.

Bevor man mit dem Emaillieren beginnt, muß das Metall gründlich gereinigt und Emaillierpulver in ausreichender Menge vorbereitet werden.

Reinigen des Metalls

Email kann sich verfärben oder abblättern, wenn der Schmelzträger nicht sauber ist. Deshalb müssen selbst kleinste Spuren von Fett, Oxid oder andere Verunreinigungen entfernt werden: das Metall im Brennofen oder mit der Lötpistole ausglühen, um es zu entfetten; Oxid in der Säure abbeizen; anschließend das Stück unter fließendem Wasser mit einer Glasbürste abreiben. Nach dem Säubern dürfen die zu emaillierenden Stellen nicht mehr mit den Fingern berührt werden.

Vorbereiten des Emails

Email kauft man in Pulver-, manchmal auch in Brockenform. Es wird immer nur soviel Emailfarbe vorbereitet, wie man für einen Arbeitsgang benötigt. Das Pulver verdirbt schnell und verändert seine Farbwirkung, wenn es nicht unter Luftabschluß aufbewahrt wird.

Emailbrocken legt man zwischen Papier und schlägt sie mit dem Hammer feinkörnig. Dann wie Pulveremail weiterverarbeiten.

Pulveremail in einen Mörser geben und mit dem Pistill unter Zugabe von Wasser etwa eine Minute lang fein zerreiben. Hierdurch werden größere Körner zerkleinert und kleine Teilchen, die zwischen den Glaskörnern eingelagert sind, gelöst. Das Wasser vorsichtig abgießen, wobei das Email im Mörser bleibt. Anschließend wieder sauberes Wasser aufgießen und umrühren. Die Emailkörner ein paar Sekunden absetzen lassen und das milchig-trübe Wasser vorsichtig abgießen. Den Vorgang wiederholen, bis das Wasser klar ist. Es können 10 bis 12 Durchgänge werden.

Das geschlämmte Email in eine saubere Keramikpalette oder ein Porzellanschälchen geben, wobei eine dünne Schicht Wasser stehenbleibt. Das Ganze sofort mit einem Stück Papier abdecken, damit kein Staub oder sonstige Partikel hineingelangen. Eventuell in der Nähe des Brennofens oder unter einer Lampe trocknen.

Auftragen des Emails

Man unterscheidet zwei Methoden des Auftragens: das Aufsieben und das Auftragen im nassen Zustand. Trockenes Emailpulver wird aufgesiebt, wenn große Flächen einfarbig emailliert werden sollen. Das nasse Auftragen eignet sich für die meisten anderen Emaillierarten.

Vor dem Aufsieben wird das Metall mit einer Lösung aus Tragantpulver und destilliertem Wasser überzogen. In der Drogerie erhält man kleine Kunststoffsprayflaschen, die man zum Aufsprühen des Mittels verwenden kann. Blockiert das Spray, muß die Lösung verdünnt werden. Nach dem Aufsprühen gibt man das Emailpulver in ein feines Sieb, ein Teesieb zum Beispiel, und siebt es vorsichtig über das Metall. Ein Bogen Papier unter dem Werkstück fängt überschüssiges Pulver auf.

Damit sich das Pulver an den Kanten nicht verdichtet oder auf der Metallrückseite haften bleibt, legt man die Arbeit auf einen Dreifuß oder Ring, so daß die Kanten und das Papier keinen Berührungspunkt haben. Von den Kanten aus zur Mitte sieben, bis die gesamte Oberfläche mit einer gleichmäßigen dünnen Schicht bedeckt ist. Überschüssiges Pulver abklopfen. Darauf achten, daß die Schicht dabei gleichmäßig bleibt, weil sich das Email beim Brennen an lichteren Stellen zurückziehen und blankes Metall hinterlassen kann.

Für den Naßauftrag füllt man zunächst das Pulver in die Keramikpalette gibt etwas destilliertes Wasser hinzu. Dann wird mit einem Federkiel eine gleichmäßig dünne Schicht Email auf das Metall aufgetragen. Ein Federkiel ist besser geeignet als eine Schreibfeder oder ein Marderhaarpinsel, da er die Emailfarbe in keiner Weise beeinträchtigt. Mit einem Skalpell läßt sich der Federkiel in die geeignete Form schneiden, die meistens der einer Schreibfeder entspricht.

Das Email ist nicht feucht genug, wenn es am Federkiel kleben bleibt, es ist zu naß, wenn es dick heruntertropft. Mit dem Finger an die Kanten des Werkstückes klopfen, damit sich das Email setzt und Luftbläschen hochsteigen. Überschüssiges Wasser mit Küchenkrepp vorsichtig vom Rand der Arbeit absaugen.

Brennutensilien

Nach dem Auftragen des Emails auf das Metall ist das Werkstück fertig für den Brennofen. Zuerst legt man es auf einen Brennrost, damit es nicht beim Brennen am Ofenboden festklebt. Als Auflagerost dient ein Dreifuß oder Gestell aus rostfreiem Stahl, meistens reicht aber schon ein Stahlmaschendraht.

Der Emailschmelzofen hat eine Brennkammer, die mit Gas oder Strom beheizt wird.

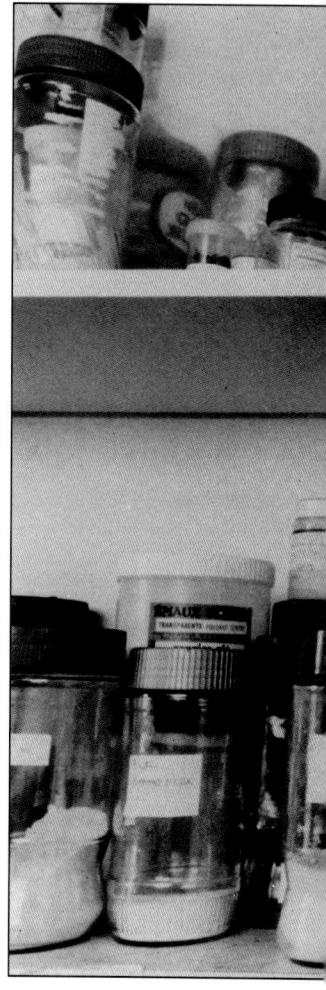

Eine der wichtigsten Bedingungen für erfolgreiches Emaillieren ist Sauberkeit. Genaue und wiederholbare Ergebnisse werden leichter erzielt, wenn der Arbeitsbereich ordentlich ist und die Emailfarben klar beschriftet und in luftdichten Behältern verschlossen sind. Ein ungehinderter Blick auf das Werkstück im Brennofen ist unerläßlich, deshalb sollte der Ofen im Idealfall so stehen, daß sich der Goldschmied beim Hineinsehen weder bücken noch recken muß.

Emailfarben zuerst prüfen, bevor man sie für ein Schmuckstück verwendet. Um Farbschwankungen möglichst gering zu halten, sollte man seine Farben grundsätzlich vom selben Hersteller beziehen.

Materialien
Brennofen
Drahtgeflecht
Gabel
Mörser und Pistill
Marderhaarpinsel/
Federkiel zum Auftragen des Emails
Glasbürste
verdünnte Schwefelsäure zum Abbeizen
Bims- oder Abziehstein
Keramikpalette für Naßauftrag
Emailpulver
Grubenschmelzarbeit:
Gravierstichel
Säge und Blättchen
Feilen
Reinigungs- und Polierausrüstung
Silber-, Gold- oder Kupferblech 4 cm × 4 cm × 1,5 mm
Fensteremailarbeit:
Kleine Zange
Lötausrüstung
Drahtschere oder Säge und Blättchen
Golddraht 0,5 mm (für jedes Blütenblatt ca. 1 cm)
streng fließendes Goldlot

Die Kammergröße richtet sich nach der Größenordnung der Emaillierarbeiten. Für hochwertiges Emaillieren benötigt man einen Brennofen, der eine Temperatur von ca. 1000° C erreicht, damit der Schmelzprozeß schnell abläuft. Bei fortgeschritteneren Arbeiten ist zudem ein Pyrometer hilfreich, das die Temperatur im Ofen mißt.

Die meisten in kleineren Werkräumen eingesetzten Emailschmelzöfen sind so konzipiert, daß sie von unten nicht zu heiß werden. Trotzdem ist es ratsam, den Ofen auf einen hitzebeständigen Untergrund zu stellen.

Nützlich ist auch ein Stahlblech- oder -brett, auf das man das Werkstück nach dem Brennen legt.

Der Schmelzvorgang

Mit dem Malerspachtel das mit Email bedeckte Metall vorsichtig auf den Brennrost legen. Anschließend den Rost mit der Gabel in die Nähe des warmen Ofens stellen, damit die restliche Feuchtigkeit verdampft. Nach dem Trocknen Rost und Werkstück mit der Gabel in den Ofen einsetzen. Das Email aufmerksam beobachten! Zuerst wird es dunkler, dann beginnt es zu schmilzen. Innerhalb einer Minute wird die Oberfläche narbig wie eine Apfelsinenschale. Das Werkstück sofort herausnehmen! Auf ein Stahlbrett legen und abkühlen lassen.

Als nächstes wird das Metalloxid entfernt: das Teil unter fließendem Wasser mit der Glasbürste abreiben. Läßt sich auf diese Weise das Oxid nicht beseitigen, wird das Stück abgebeizt und erneut ausgewaschen. Dann eine weitere dünne Emailschicht auftragen und wie zuvor brennen, bis das »Orangenhautstadium« erreicht ist. Abkühlen und auswaschen. Evtl. abbeizen. Eine dritte Emailschicht auftragen. Diesmal das Stück über die »Orangenhaut« hinaus erhitzen, bis die Oberfläche glatt und glasig wird. Der auf diese Weise erzielte Glanz wird als Glanzbrand bezeichnet. Zum Schluß das Teil abkühlen lassen, abbeizen und auswaschen.

Andere Oberflächengestaltungen

Eine schöne und noch gleichmäßigere Wirkung wird erzielt, wenn man die Emailoberfläche mit einem wassergetränkten Bimsstein schleift. Anschließend das Werkstück unter fließendem Wasser mit der Glasbürste bearbeiten und mit destilliertem Wasser abspülen. Das Teil trocknen und erneut brennen. Abkühlen lassen, abbeizen und säubern, dann mit Bimspulver, das unter Zugabe von Wasser cremig angerührt wird, polieren – man kann sich auch mit Zahnpasta behelfen. Entweder von Hand mit einem Leder- oder Filzholz, oder mit der Poliermaschine arbeiten.

Emailliertechniken

Sechs der wichtigsten Emailliertechniken werden im folgenden beschrieben: Grubenschmelz, Grubenrelief, Zellenschmelz, Fensteremail, Limöges und Grisaille.

Grubenschmelz und Grubenrelief

Bei beiden Techniken werden Vertiefungen in einer Metalloberfläche mit Email gefüllt. Während beim Grubenschmelzverfahren diese Vertiefungen eben sind und mit einer beliebigen Farbe emailliert werden, hat man bei der Grubenrelieftechnik einen reliefartigen Untergrund und verwendet ausschließlich transparente Farben, wodurch ein dezent schraffierter Effekt entsteht. Die Vertiefungen werden entweder geätzt, graviert, geprägt, ziseliert oder es wird ein durchbrochenes Blech auf einen flachen Untergrund gelötet. Die Tiefe sollte 0,5 mm nicht überschreiten, da eine dicke Emailschicht leicht bricht.

Ein gesägtes Blech sollte nur mit speziellem Email-Lot auf den Untergrund gelötet werden. Sauberes, genaues Arbeiten unter Verwendung einer geringen Lotmenge ist wichtig. Die Blechrückseite mit Borax einpinseln. Im Abstand von 4 bis 5 mm Email-Lot-Paillen über die gesamte Fläche verteilen. Dann die Platte erhitzen, bis das Lot zu schmelzen beginnt – bevor es jedoch fließt, die Flamme fortnehmen. Das Unterlegblech mit Borax einpinseln und beide Teile mit Bindedraht oder einem Splint fixieren. Nun erneut erhitzen, bis das Lot fließt. Darauf achten, daß es in alle Zwischenräume läuft, damit keine Lücken bleiben.

ANHÄNGER IM GRUBENRELIEFVERFAHREN

Die Wirkung eines emaillierten Schmuckstücks hängt in hohem Maße von der Farbauswahl ab. Emailfarben lassen sich nicht wie andere Farben mischen: jedes Körnchen behält seine Originalfarbe. Es besteht jedoch die Möglichkeit, unterschiedliche, transparente Emailfarben an den Farbübergängen zu vermengen. Nach dem Brennen scheinen sie dann ineinander zu verlaufen. Erfolgreiches Emaillieren setzt eine absolut saubere Umgebung voraus. Staubpartikel in der Luft oder Zigarettenasche können zu Verfärbungen führen. Der Grubenrelief-Dosendeckel stammt von Sarah Letts (GB).

1. Einen Kreis anreißen. Die Außenkante mit einem Bollstichel vertiefen, dann den Kreis mit einem Flachstichel bis auf maximal 0,5 mm Tiefe herausarbeiten.

EMAILLIEREN 113

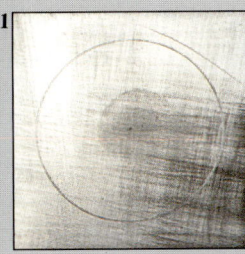
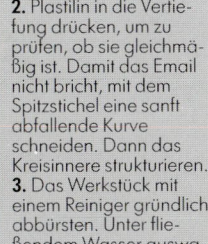
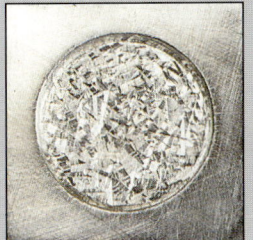

2. Plastilin in die Vertiefung drücken, um zu prüfen, ob sie gleichmäßig ist. Damit das Email nicht bricht, mit dem Spitzstichel eine sanft abfallende Kurve schneiden. Dann das Kreisinnere strukturieren.
3. Das Werkstück mit einem Reiniger gründlich abbürsten. Unter fließendem Wasser auswaschen.
4. Zum Reinigen und Herrichten der Oberfläche das Stück ganz kurz in eine Lösung aus 3 Teilen konzentrierter Salpetersäure und 1 Teil Wasser tauchen. Vor dem Ansetzen der Säure die Warnhinweise auf der Seite 31 lesen!
5. Das Email in Wasser zerreiben.

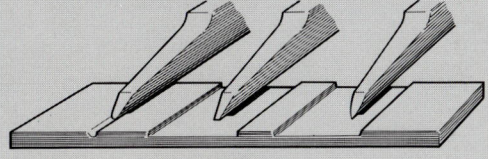

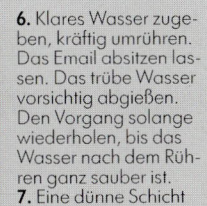
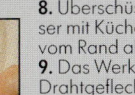
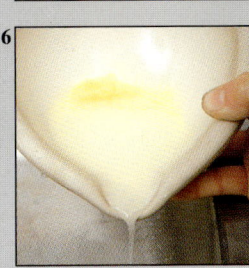

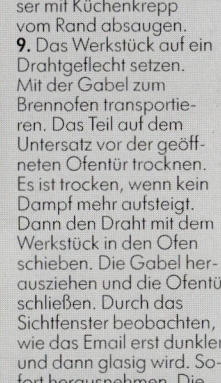

6. Klares Wasser zugeben, kräftig umrühren. Das Email absitzen lassen. Das trübe Wasser vorsichtig abgießen. Den Vorgang solange wiederholen, bis das Wasser nach dem Rühren ganz sauber ist.
7. Eine dünne Schicht Email in den Kreis geben.
8. Überschüssiges Wasser mit Küchenkrepp vom Rand absaugen.
9. Das Werkstück auf ein Drahtgeflecht setzen. Mit der Gabel zum Brennofen transportieren. Das Teil auf dem Untersatz vor der geöffneten Ofentür trocknen. Es ist trocken, wenn kein Dampf mehr aufsteigt. Dann den Draht mit dem Werkstück in den Ofen schieben. Die Gabel herausziehen und die Ofentür schließen. Durch das Sichtfenster beobachten, wie das Email erst dunkler und dann glasig wird. Sofort herausnehmen. Die Oberflächenstruktur sollte einer Apfelsinenschale ähneln.

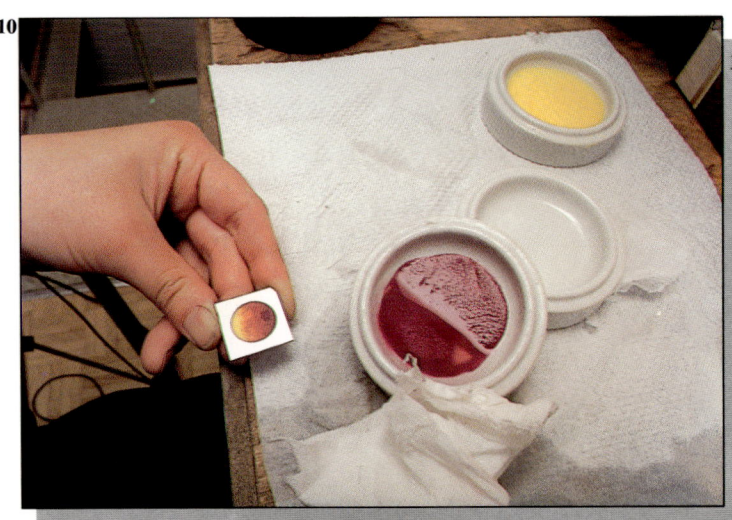

10. Wurde das Oberflächenkupfer nicht mit der Salpetersäure weggeätzt, hat sich eventuell schwarzes Oxid gebildet. Mit der Glasbürste unter fließendem Wasser entfernen.
11. Eine zweite dünne Emailschicht auftragen.
12. Erneut bis zur »Orangenhaut« brennen.

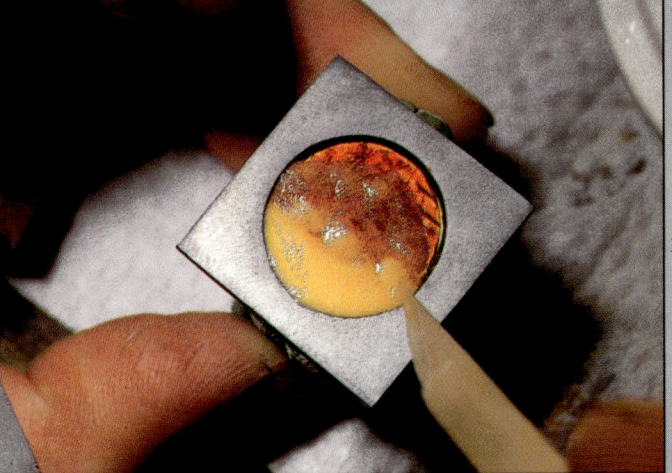

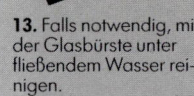

13. Falls notwendig, mit der Glasbürste unter fließendem Wasser reinigen.
14. Wieder Email auftragen.
15. Ein drittes Mal brennen, diesmal jedoch über das »Orangenhautstadium« hinaus. Durch das Sichtfenster das Werkstück beobachten. Wenn das Email als glatte Fläche rotglühend glänzt, wird es sofort aus dem Ofen genommen. Zum Abkühlen auf ein bereitstehendes Stahlbrett legen. Durch zu schnelles Abkühlen kann das Email spröde werden.
16. Wenn das Werkstück abgekühlt ist, wird es mit verdünnter Schwefelsäure (1 Teil Säure auf 10 Teile Wasser) gereinigt, dann gründlich unter fließendem Wasser abwaschen.

EMAILLIEREN 115

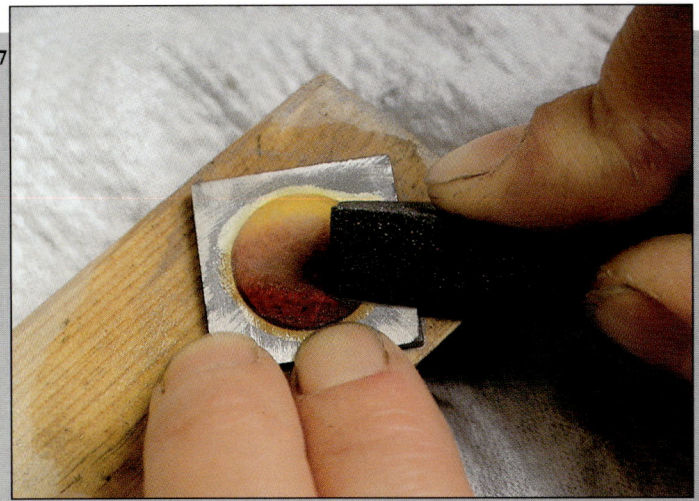

17. Bei vielen Emailarten sieht es besser aus, wenn Metall und Email auf einer Ebene abschließen. Dies erreicht man durch Bearbeiten der Oberfläche mit einem Abzieh- oder Bimsstein, die es in Drogerien gibt. Mit Bims dauert es etwas länger, das Auswaschen ist jedoch einfacher.

18. Mit der Glasbürste unter fließendem Wasser alle Schleifrückstände entfernen. Jedes auf der Oberfläche zurückgebliebene Körnchen kann Fehler verursachen. Das Werkstück erneut brennen, bis die matte Emailoberfläche glasig wird.

19. Das Email mit einer Paste aus feinem Bimspulver und Wasser polieren. Etwas von der Masse auf ein Filzkissen geben und damit die Oberfläche bearbeiten, oder mit einem Filzrad an der Poliermaschine polieren.
Kleine Löcher in die Ecken des Schmuckstücks bohren und an eine Kordel oder Kette hängen.

Nachdem die Vertiefungen hergestellt sind, müssen eventuell die Kanten mit einem Stichel nachgearbeitet werden. Ideal sind schräg abfallende Zellwände: scharfe Kanten stellen Spannungsherde dar, die zu Sprüngen im Email führen können. Beim Grubenrelief sollten zwischen dem höchsten und dem niedrigsten Punkt nicht mehr als 0,2 mm liegen. Sehr tiefe Stellen wirken einfach nur dunkel und die Feinheiten der Bodenstruktur gehen verloren. Mit einem Stück Plastilin, das in die Vertiefungen gedrückt wird, läßt sich am leichtesten feststellen, ob der Grund einer Grubenschmelzarbeit wirklich eben oder ein Grubenrelief richtig strukturiert ist. Der Plastilinabdruck ist einfacher zu bewerten, als das Metall selbst. Die nasse Emailfarbe wird, wie bereits zuvor erklärt (Seite 112), in drei dünnen Schichten in die Vertiefungen gegeben.
Beide Emailarten wirken besser, wenn das Werkstück geschliffen, gebrannt und poliert wird, so daß Metall und Email auf gleicher Ebene abschließen. Der Glanzbrand hinterläßt zuweilen eine leichte Absenkung im Email, was bei manchen Stücken gut aussehen kann.

Zellenschmelz und Fensteremail

Bei Zellenschmelz und Fensteremail sind farbige Emailabschnitte durch Drahtstege voneinander getrennt. Zellenschmelzarbeiten haben eine Metallgrundplatte, während beim Fensteremail auch die Rückseite offen ist. Eine Fensteremailarbeit wirkt durch transparente Farben wie buntes Glas. Manchmal wird das haltende »Gerippe« auch aus Metall gesägt.

Stege: Als Stege für Zellenschmelzarbeiten werden Kupfer-, Silber- oder Golddrähte verwendet. Sie sollten 0,2 bis 0,3 mm breit und 1,5 bis 1,8 mm tief sein. Ein 0,4 mm starker Runddraht läßt sich ungefähr auf dieses Maß herunterwalzen.
Der Draht wird vor der Verarbeitung ausgeglüht, da er anderenfalls beim Brennen des Emails verrutschen könnte. Damit er nicht schon beim Ausglühen schmilzt, wickelt man ihn zu einem Knäuel oder formt daraus kleine Bündel. Dann wird der Draht in eine Stahldose gelegt und mit Kohlegranulat bedeckt. Mit der Lötpistole oder im Brennofen erhitzen, bis die Dose rot glühend ist. Abkühlen lassen. Ausgeglühten Draht anschließend abbeizen und auswaschen.

Die Stege in einer Zellenschmelzarbeit bilden die »cloisons« oder Zellen. Sie werden mit der Blechschere oder einem Seitenschneider abgetrennt und mit der Zange gerichtet. Ungestützte, gerade Drähte kippen leicht, deshalb sollten die Stege entweder leicht gebogen oder aber beidseitig durch andere Stege gestützt sein.

Zellenschmelz: Email-Flußmittel ist ein klares, transparentes Email. Es wird bei Zellenschmelzarbeiten zum Sichern der Stege auf der Grundplatte verwendet. Flußmittel und Metall vorbereiten und eine dünne Schicht auf die Grundplatte brennen. Mit einer Glasbürste abreiben, um Oxid zu entfernen. Anschließend auswaschen. Die Unterkanten der Stege in schwache Tragantlösung tauchen und nacheinander auf die vorbereitete Grundplatte plazieren. Das Haftmittel trocknen lassen. Nun das Werkstück solange erhitzen, bis das Flußmittel an den Stegunterkanten haftet. Es scheint an den Stegen hochkriechen zu wollen. Abkühlen lassen, abbeizen und auswaschen.

Von der Mitte aus zum Rand wäßriges Email in drei dünnen gleichmäßigen Schichten

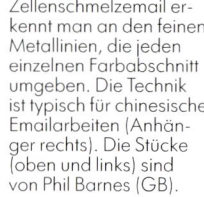

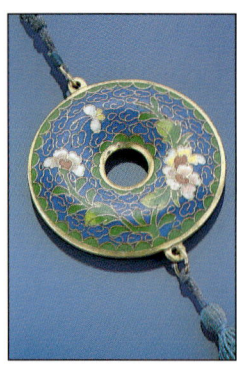

Zellenschmelzemail erkennt man an den feinen Metallinien, die jeden einzelnen Farbabschnitt umgeben. Die Technik ist typisch für chinesische Emailarbeiten (Anhänger rechts). Die Stücke (oben und links) sind von Phil Barnes (GB).

EMAILLIEREN

auftragen und brennen. Die Zellen müssen nicht ganz gefüllt sein, da überstehende Drähte abgeschliffen werden können.
Die Oberflächenbehandlung beim Zellenschmelzemail hängt von der gewünschten Wirkung ab. Im allgemeinen werden Stege und Email plan geschliffen, gebrannt und poliert.

Fensteremail: Beim Fensteremail sind die einzelnen Zellen bereits im vorhinein miteinander verbunden. Das Werkstück wird entweder aus Draht konstruiert oder aus Blech gesägt. Bei einer Drahtkonstruktion darf nur mit Emaillot gelötet werden. Hier ist größte Geschicklichkeit gefordert, da die dünnen Drähte bei den zum Löten notwendigen hohen Temperaturen leicht schmelzen. Anfängern wird deshalb empfohlen, für die ersten Versuche mit dieser Technik gesägtes Blech zu verwenden.
Das Email haftet am besten in Zellen, die nicht scharfkantig sind und einen Durchmesser von weniger als 3 mm haben. Dickes Email ist rißempfindlicher als dünnes. Ob man in Draht oder Blech arbeitet, die maximale Dicke sollte 0,5 mm betragen.

1. Blütenblätter biegen.
2. Um Kratzer auf dem Metall zu vermeiden, eine Pinzette oder sehr feine Rundzange dazu verwenden.
3. Die Blütenblätter an ihren Enden verlöten.
4. Alle Blätter mit Emaillot oder strengtfließendem Lot verbinden. Fortgeschrittene benutzen leichtfließendes Lot. So wenig Lot wie möglich verwenden, da überschüssiges Lot das Email in Mitleidenschaft ziehen könnte.

HERSTELLUNG EINES FENSTEREMAILOHRSTECKERS

Das Geheimnis einer erfolgreichen Fensteremailarbeit besteht darin, eine wirklich dünne Emailschicht sicher in ihre Umrahmung zu setzen. Die bei diesem Projekt verwendeten feinen Runddrähte erfordern nur eine zarte Emailschicht. Georgina Follett (GB) hat sich auf Fensteremailschmuck spezialisiert. Die zarten, transparenten Motive (oben) sind trotz ihres zerbrechlichen Eindrucks stabil.

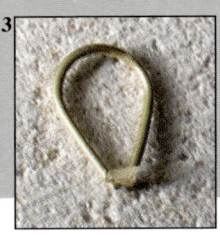

SPEZIALTECHNIKEN

Fensteremaillieren: Für diese Technik eignen sich durchsichtige Emailfarben am besten. Eine gute Transparenzwirkung wird erreicht, wenn man die Emailbrocken in Partikel von etwa 0,3 mm Durchmesser (etwa zuckerfein) zerreibt.

Das Email wird entweder mit oder ohne Rückenfolie gebrannt. Arbeitet man ohne Folie, müssen Mascheneinsätze oder spezielle Brenngestelle aus rostfreiem Stahl, an denen man das Werkstück vertikal oder horizontal aufhängen kann, vorbereitet werden. Das befestigte Werkstück soll ungehindert zugänglich sein. Nasses Email in die Zellen geben und sofort in den Brennofen schieben. Das Brennen der feuchten Farbe ist hier problemlos, da der Dampf nach zwei Seiten entweichen kann. Das Werkstück säubern und auswaschen. Zu dünne oder lückenhafte Zellen mit einer weiteren Farbschicht füllen. Erneut brennen, jedoch anders plaziert, damit das Email nicht nur in eine Richtung fließt. Falls gewünscht, die Arbeit schleifen, glanzbrennen und polieren.

Als Rückenfolie lassen sich verschiedene Materialien verwenden. Anfängern wird zu Platinfolie geraten, da sie sich für jedes Motiv eignet und leicht zu handhaben ist. Dicke Platinfolie ist zwar teuer, läßt sich aber nach dem Brennen problemlos vom Werkstück lösen. Die Folie ein wenig größer als die Konturen des zu emaillierenden Teils schneiden und mit etwas Tragantlösung dahinterkleben. Anschließend drei Naßaufträge und Brennvorgänge wie bei einer gewöhnlichen Zellenschmelzarbeit vornehmen. Die ersten Schichten werden solange gebrannt, bis die Oberfläche granuliertem Zucker ähnelt. Wenn die Zellen gefüllt sind, folgt der Glanzbrand. Nach dem dritten Brennen die Platinfolie abziehen, das Werkstück schleifen, glanzbrennen und polieren.

Limoges und Grisaille

Limoges ist ein allgemeiner Begriff bezogen auf malerisches Email, Grisaille ist die Kunst der monochromen Malerei. Bei beiden wird mit speziellen Emaillierfarben ein Bild direkt auf einen emaillierten Hintergrund gemalt.

Vorbereitung der Farben: Die Emailfarbe auf einer Mattglasscheibe mit einem am Ende abgeflachten Glasstab zerkleinern. Andere Mahlwerkzeuge könnten die Farbe verunreinigen. Eine kleine Menge Emailpulver mit einem Spezialmittel mahlen, bis die Mischung glatt und cremig ist und keine

In der Goldschmiede findet man Emailmalerei hauptsächlich bei bildhaften Darstellungen, aber auch das Blumendekor dieser emaillierten Gürtelschnalle (rechts) ist gemalt. Beim malerischen Email beginnt man mit der kräftigsten Farbe: werden helle Farben zuerst aufgetragen, können sie im Verlauf der Brennvorgänge im Hintergrund verblassen. Diese Arbeit wird häufig als ziemlich schwierig empfunden, deshalb beginnt man vielleicht lieber mit dem Malen von Mustern, bei denen es nicht unbedingt auf die genaue Abstufung der Farbtöne ankommt.

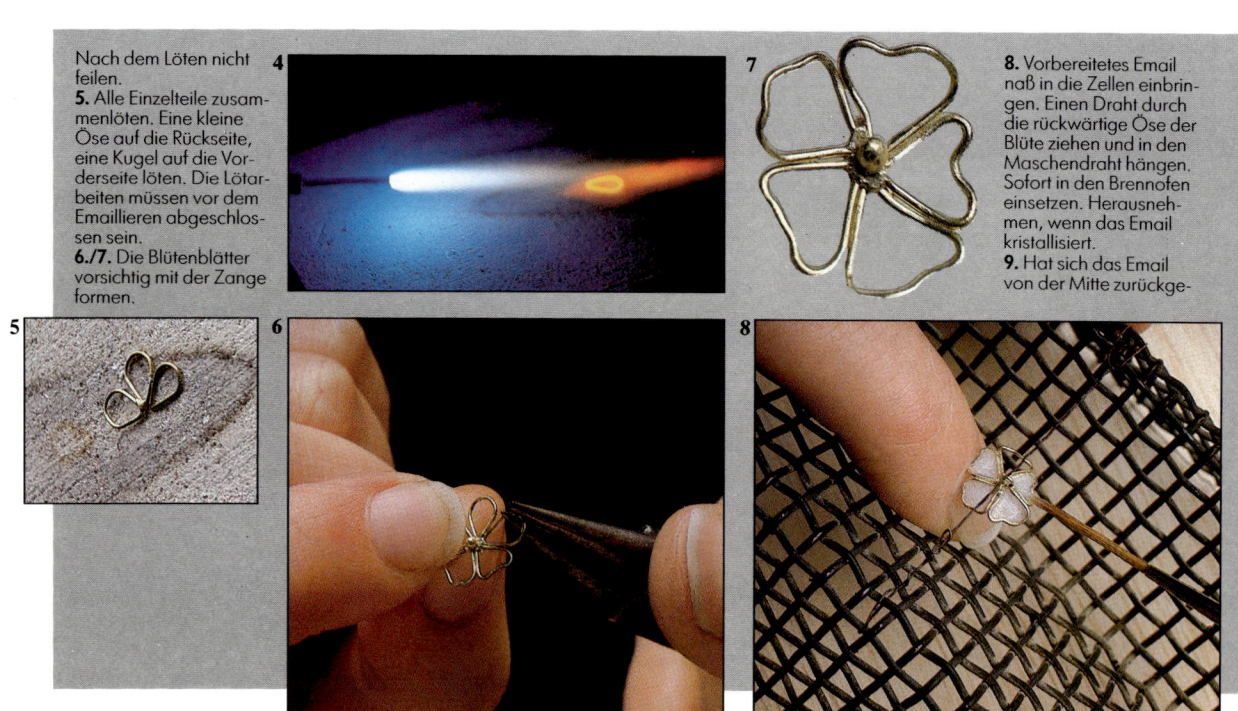

Nach dem Löten nicht feilen.
5. Alle Einzelteile zusammenlöten. Eine kleine Öse auf die Rückseite, eine Kugel auf die Vorderseite löten. Die Lötarbeiten müssen vor dem Emaillieren abgeschlossen sein.
6./7. Die Blütenblätter vorsichtig mit der Zange formen.

8. Vorbereitetes Email naß in die Zellen einbringen. Einen Draht durch die rückwärtige Öse der Blüte ziehen und in den Maschendraht hängen. Sofort in den Brennofen einsetzen. Herausnehmen, wenn das Email kristallisiert.
9. Hat sich das Email von der Mitte zurückge-

EMAILLIEREN 119

Körner mehr vorhanden sind. Die Creme mit einem Spachtel in eine Keramikplatte geben und bis zur Verwendung abdecken Emailfarben müssen täglich neu angerührt werden, da sie bald nach dem Mischen verderben und ihre Farbwirkung nachläßt.

Limoges-Emaillierung: Das Miniaturenmalen in Email ist eine Verfeinerung des originalen Limogesstils. Zuerst werden für den Hintergrund drei dünne Schichten weiße Emailfarbe gebrannt, anschließend die Oberfläche plan geschliffen, das Teil ausgewaschen und erneut gebrannt.
Entweder wird das Motiv direkt mit dem Pinsel unter Verwendung der kräftigsten Farbe aufgetragen oder aber zuvor durch Abpausen umrissen. In jedem Falle verblassen die Linien im Laufe der Brennvorgänge. Einen für die Größe des Schmuckstücks und das Motiv geeigneten Marderhaarpinsel aussuchen. Zuerst wird der Hintergrund mit dünnen, gleichmäßigen Emailschichten aufgebracht. Trocknen lassen und brennen, bis die Oberfläche glasig wird. Das Werkstück sofort aus dem Ofen nehmen und abkühlen lassen. Mit der Glasbürste das Oxyd an den Kanten entfernen.
Das Bild kontinuierlich aufbauen. Der jeweilige Zustand kann durch Brennen fixiert werden. Ein Zuviel an Farbe wirkt häufig diffus. Deshalb sollte man das Bild im voraus sorgfältig planen. Das Vordergrundthema und Details zum Schluß malen. Es dauert einige Zeit, bis man die Reaktionen unterschiedlicher Farben einschätzen kann und einen persönlichen Stil im malerischen Emaillieren entwickelt.

Grisaille-Emaillierung: Den Hintergrund mit drei dünnen Schichten schwarzer oder transparenter, dunkelblauer Emailfarbe brennen, die Oberfläche schleifen und erneut brennen. Dann weiße Grisaille-Emailfarbe mit einem Spezialmittel aufbereiten und anschließend mit dem Marderhaarpinsel auftragen: gut verdünnte Farbe verschmilzt mit dem Hintergrund, dickere Farbe ist als klare Linie zu erkennen. Schattierungen einbringen, das Bild allmählich aufbauen, zwischendurch durch Brennen fixieren. Zum Abschluß die hellsten Stellen malen. Zwischen den Brennvorgängen das Werkstück nicht abbeizen, die Metallkanten jedoch schleifen, damit das Email nicht durch Oxydrückstände beeinträchtigt wird.

zogen und Löcher hinterlassen, erneut auftragen und brennen.
10. Fortfahren, bis alle Blütenblätter mit Email gefüllt sind. Beim letzten Brennvorgang die Arbeit im Ofen lassen, bis das Email glasig wird.
11. Abbeizen und den Ohrringbügel befestigen.

FÄRBEN VON METALL

Farbigkeit erhalten Schmuckstücke seit jeher durch Steine, durch Email oder durch das Nebeneinandersetzen naturgemäß unterschiedlich gefärbter Metalle, wie z. B. Gelbgold und Weißgold. Dem Schmuckmacher stehen zudem Chemikalien zur Verfügung, mit denen er Metall färben kann: Silber, z. B., läßt sich mit einer Schwefelverbindung schwärzen. Was jedoch Schmuckträger und -gestalter besonders fasziniert, ist die enorme Farbvielfalt, die man auf einige hitzebeständige Metalle und Aluminium produzieren kann.

Die hitzebeständigen Metalle

Niob, Tantal, Titan und Zirkonium gehören zu der Gruppe von Metallen mit besonders hohem Schmelzpunkt – hitzebeständige Metalle genannt. In den sechziger Jahren spielten englische Schmuckmacher eine Vorreiterrolle beim Färben dieser Metalle. Die Farbigkeit kommt durch eine Oxidschicht auf der Metalloberfläche zustande. Das Metall ist aber nur scheinbar bunt, denn die eigentlich transparente Oxidschicht beeinflußt die vom Metall zurückreflektierten Lichtstrahlen. Ein ähnlicher Effekt läßt sich auch bei Seifenblasen oder Öllachen auf Wasser beobachten.

Die Illusion von Farbe, die das Auge wahrnimmt, hängt von der Dicke der Oxidschicht ab. Die Farbpalette umfaßt gelb, goldbraun, kastanienbraun, violett, blau, grün und grau. Bleibt der Oxidfilm unversehrt, sind diese Farben dauerhaft haltbar, durch Kratzer werden sie verändert.

Da unterschiedliche Oberflächenstrukturen Licht auf verschiedenartige Weise reflektieren, wird auch durch die Beschaffenheit der Oberfläche die Farbe beeinflußt: das Farbergebnis variiert, wenn eine polierte oder eine matte Fläche unter gleicher Spannung eloxiert werden. Hitzebeständige Metalle erhalten die gleiche Oberflächenbehandlung wie die übrigen in der Goldschmiede verwendeten Metalle. Mit Teststücken läßt sich die am besten geeignete Struktur für eine gewünschte Farbwirkung ermitteln.

Bei Titan werden die intensivsten Farben auf geätzten Flächen erzielt. Da jedoch die Chemikalien zum Ätzen von Titan zu gefährlich für den Hausgebrauch sind, sollte man bereits geätztes Titan kaufen.

Titan
Dieses leicht färbbare Metall ist äußerst schwer zu biegen. Deshalb wird es meistens in flacher Form verarbeitet. Da Titan nicht gelötet werden kann, faßt man es – ähnlich wie einen Stein – in einen Rahmen oder vernietet Elemente miteinander. Der Titanschmuck (unten und ganz unten) ist von Brian Eburah (GB).

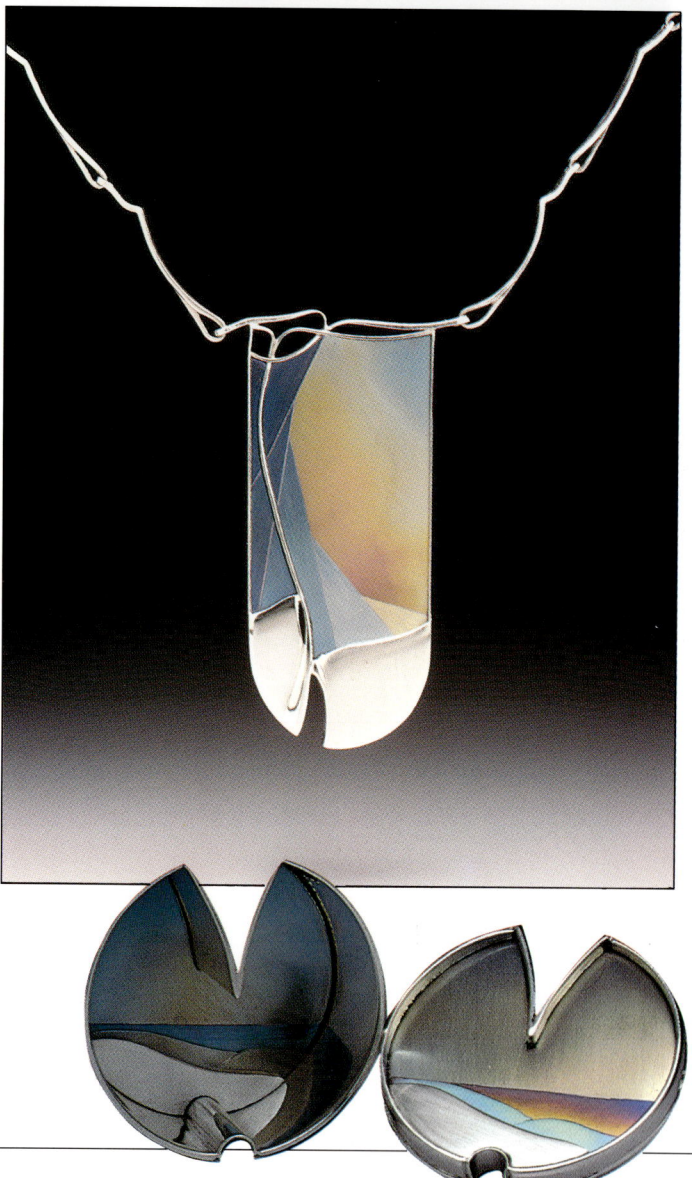

FÄRBEN VON METALL **121**

Niob
Die gravierten Linien der drei Broschen (oben links) von Alan Craxford (GB) werden durch Farben hervorgehoben. Die Arbeiten (rechts) von Clarissa Mitchell (GB) zeigen, wie weit heute die Farbgebung beim Eloxieren von Niob steuerbar ist. Welche Leuchtkraft die auf Niob erzielten Farben haben können, macht der Anhänger (unten) von Pauline Gainsbury (GB) deutlich. In der Brosche (unten) hat Kathy Morell Silber mit Niob kombiniert.

Geschwärztes Silber
Die gravierte und geschwärzte Silberbrosche (ganz oben rechts) von Alan Craxford (GB) gehört, wie die Broschen oben links, zu seiner Serie von »Mandala«-Broschen. Daphne Krinos

(GB) kombinierte geschwärztes Silber mit 18 ct Gold und Mondsteinen (ganz rechts).

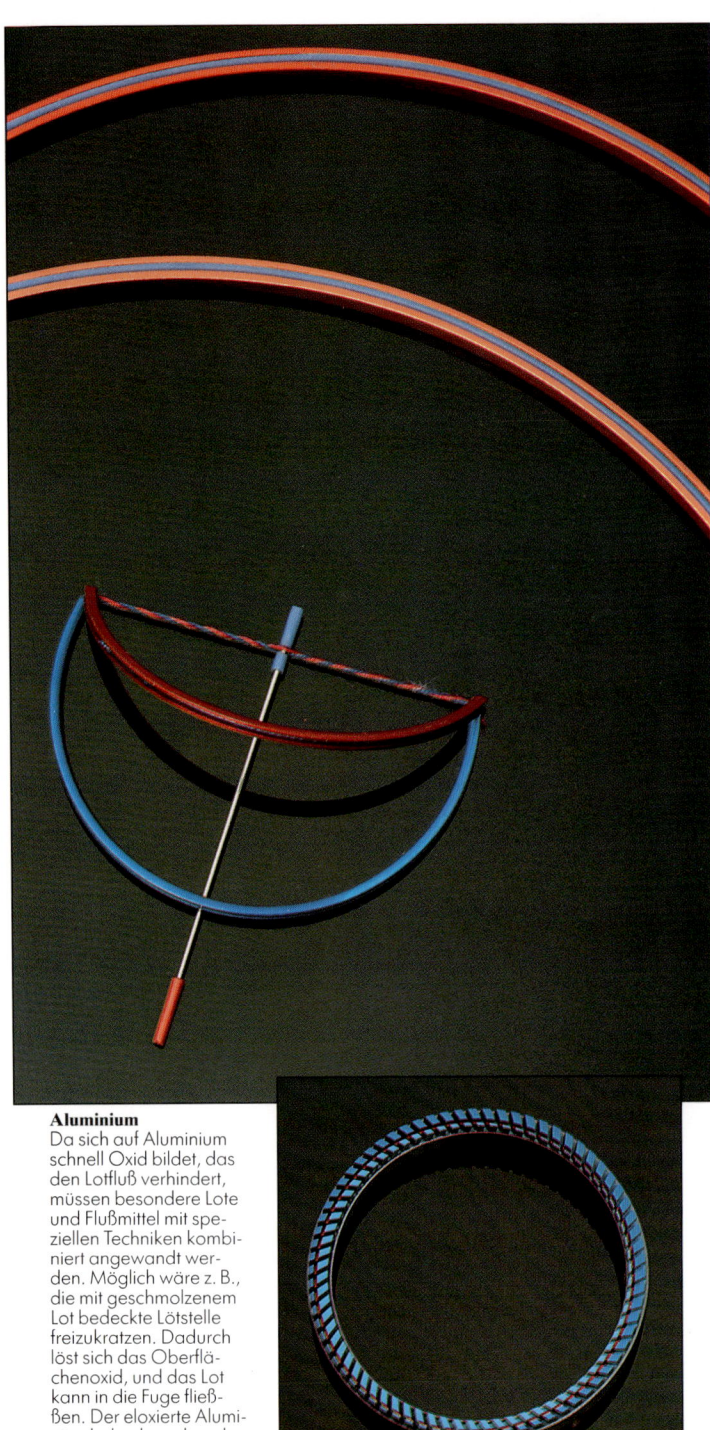

Färben durch Hitze

Wird Titan in einem Brennofen oder mit der Lötpistole erhitzt, entsteht Oxid und somit eine Farbwirkung. Es ist jedoch außerordentlich schwierig, die Hitzezufuhr so zu dosieren, daß genau die richtige Oxiddicke für den gewünschten Farbeffekt produziert wird. Einige Schmuckmacher sind allerdings in dieser Technik so gut, daß sie keine Spezialausrüstung benötigen. Titan nicht überhitzen, sonst werden die Farben trübe! Niob, Tantal und Zirkonium lassen sich nur schlecht durch Hitze färben, sie müssen eloxiert werden.

Färben durch Eloxieren

Die erfolgreichste Methode, eine bestimmte Oxidmenge auf hitzebeständigen Metallen abzulagern, ist das Eloxieren. Es handelt sich hierbei um einen elektrochemischen Prozeß: durch eine leitende Lösung – Elektrolyt genannt – fließt Strom direkt von der Anode zur Kathode. Mit einer zehnprozentigen Ammoniumsulfatlösung lassen sich gute Ergebnisse erzielen, aber auch andere Lösungen sind verwendbar.

Das zu färbende Metall wird an der Anode befestigt und entweder in die Lösung hineingetaucht oder damit eingepinselt. Für die erste Methode empfiehlt sich als Kathode ein mit Platin überzogener Titanmaschendraht. Soll die Lösung aufgepinselt werden, dient der Metallteil des Pinsels als Kathode. Das Bad bewirkt gleichmäßige Farben, während sich die Pinselmethode für unregelmäßige Färbung und malerische Effekte eignet.

Die Dicke der Oxidschicht und somit das Farbresultat sind abhängig von der Spannung. Hat das Oxid die der eingesetzten Voltzahl entsprechende Dicke erreicht, stabilisiert es sich an dieser Stelle. Soll mehr als eine Farbe produziert werden, beginnt man mit der Farbe, die höchste Spannung benötigt und verdeckt die übrigen Stellen. Dann reduziert man die Spannung für die Farbe mit der zweithöchsten Voltzahl und eloxiert das Metall erneut, usw. Bei hoher Voltzahl entstandene Farben verändern sich nicht mehr durch niedrigere Spannung.

Unterschiedliche Metalle nehmen bei gleicher Spannung unterschiedliche Farben an. Durch Kombination lassen sich ungewöhnliche und interessante Effekte erzielen.

Aluminium
Da sich auf Aluminium schnell Oxid bildet, das den Lotfluß verhindert, müssen besondere Lote und Flußmittel mit speziellen Techniken kombiniert angewandt werden. Möglich wäre z. B., die mit geschmolzenem Lot bedeckte Lötstelle freizukratzen. Dadurch löst sich das Oberflächenoxid, und das Lot kann in die Fuge fließen. Der eloxierte Aluminiumhalsschmuck und die Broschen (rechts und oben) sind von Eric Spiller (GB).

FÄRBEN VON METALL 123

Farbtests
Auf den Seiten 124f wird der Eloxierprozeß gezeigt. Um die Farbverteilung besser steuern zu können, sollte man folgendes versuchen:
1. Mit Hochspannungsfarben beginnen. Die übrigen Stellen mit Lack – meistens wird Nagellack verwendet – abdecken. Den Lack teilweise wieder entfernen (Aceton für Nagellack), die Spannung herabsetzen und so die nächste Farbe produzieren. Farben mit höherer Spannung werden hiervon nicht beeinflußt.
2. Das Metall mit klarer Klebefolie abdecken. Für die erste Farbe die Folie einschneiden; nach und nach für die weiteren Farben immer mehr Folie abnehmen.
3. Die Farben gehen ineinander über, wenn das Blech unter Spannungsveränderung langsam aus dem Bad gezogen wird. Hierbei immer Gummihandschuhe tragen!

1

2

3

SICHERHEIT BEIM ELOXIEREN

Die beim Eloxieren benötigte Ausrüstung und eingesetzten Chemikalien sind gefährlich. Zu Hause eloxieren sollte man wirklich nur dann, wenn ein sauberer, trockener Arbeitsbereich zur Verfügung steht. Kinder und Haustiere sollten keinen Zugang zu den Geräten und Chemikalien haben. Einige auf die Eloxiertechnik spezialisierten Schmuckmacher nehmen Auftragsarbeiten an. Besteht zu Hause keine sichere Arbeitsmöglichkeit, sollte man die Schmuckstücke Profis überlassen.

Färben von Aluminium

Bei Aluminium wird ein kombiniertes Verfahren aus Eloxieren und Färben angewendet. Durch das Eloxieren entsteht ein poröser Oxidfilm, der mit einem Farbstoff imprägniert und versiegelt wird.
Die benötigten Chemikalien und Geräte eignen sich nicht für den Hausgebrauch. Aluminium wird für den Industriebedarf eloxiert. Viele Firmen, die eloxieren, nehmen auch Schmuckstücke aus privater Hand an.

Sulfieren von Silber

Silber läßt sich mit Schwefelleber (Kaliumsulfid) schwärzen. Die in Brockenform erhältliche Schwefelleber wird schnell un-

Der gefärbte Aluminiummodeschmuck (unten) ist von Cliff Grove und Judith Leggett.

124 SPEZIALTECHNIKEN

Materialien

Eloxierausrüstung
Säge und Blättchen
Niob: zwei Rechtecke
à 5 cm × 1 cm, 0,6
mm, für Ohrringe
Aceton
Watte
Abdecklack (Nagellack)
klare Kunststoffklebefolie
geeignete Furnituren

brauchbar, wenn man sie der Luft und dem Licht aussetzt. Deshalb immer nur soviel wie nötig entnehmen und den Behälter sofort wieder verschließen. Es gibt drei Methoden, diese Chemikalie zu verwenden: als Dampf oder in warmem oder kaltem Wasser gelöst. Der schwarze Überzug ist weich und leicht entfernbar. Er hinterläßt auf einer matten Fläche eine gleichmäßigere Schwärzung als auf einer polierten.

Die Dampfmethode
In den Deckel einer verschließbaren Blechdose mehrere kleine Löcher (3 mm Durchmesser) schlagen. Ein Stück Schwefelleber in die Dose legen und das Silber an einem Faden hineinhängen. Dann die Dose von unten erwärmen. Der Dampf färbt das Silber zunächst gelb, dann braun und zuletzt schwarz. Die Gelbtöne sehen zwar gut aus, sind aber nicht dauerhaft und dunkeln eventuell nach.

Die Warmwassermethode
Einen Nylonpinsel in warmes Wasser tauchen und wie Wasserfarbe etwas von der Schwefelleber aufnehmen. Dann die Lösung an die gewünschten Stellen des kalten Silbers streichen. Nur Nylonpinsel verwenden, da die Chemikalie Naturborsten angreift, die dadurch ausfallen könnten.

Die Kaltwassermethode
Ein Stück Schwefelleber pulvrig zerkleinern und mit etwas Wasser vermischen. Die Lösung mit einem Nylonpinsel auf das Silber auftragen. Anschließend das Metall erwärmen, bis es geschwärzt ist.

FÄRBEN VON NIOB
Ein Teststreifen mit Farbproben kann als Ohrring verwendet werden.
1. Das Metall mit einem Reiniger und Wasser auswaschen. Zusätzlich mit einem Aceton-getränkten Wattebausch säubern.
2. Bei ausgeschaltetem Gerät den Teststreifen mit der Klammer am Isolierkabel der Anode (positiv) und das Isolierkabel der Kathode (negativ) am platinbeschichteten Titannetz befestigen. Ohne das Gerät anzuschalten, die Stecker einstecken. Anode und Kathode in den Elektrolytbehälter geben: die Klammern dürfen nicht in das Elektrolyt gelangen.
3. Gummihandschuhe anziehen. Das Gerät einschalten und die Voltzahl langsam erhöhen. An der Spitze des Teststreifens mit der »Höchstspannungsfarbe« beginnen – die Farbe entsteht in ca. 30 Sekunden. Dann die Voltzahl langsam auf 0 zurück.
4. Den Streifen herausziehen und prüfen. Mit destilliertem Wasser abspülen und trocknen.
5. Den Vorgang wiederholen, wobei der Streifen ein Stückchen tiefer in das Bad getaucht und die Spannung etwas niedriger gehalten wird. Die erste Färbung wird nicht beeinflußt.
6./7./8. Fortfahren, bis der ganze Streifen gefärbt ist.

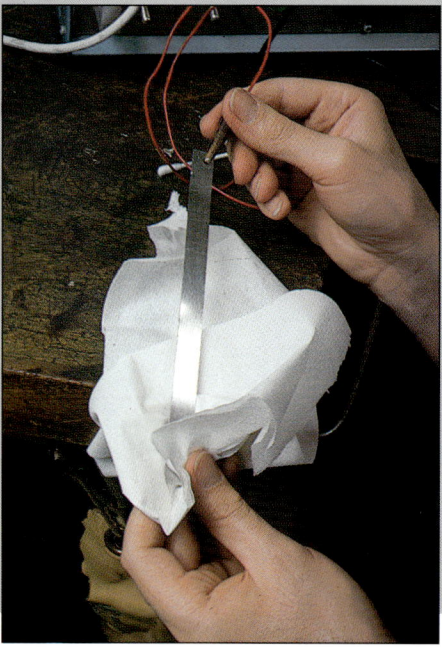

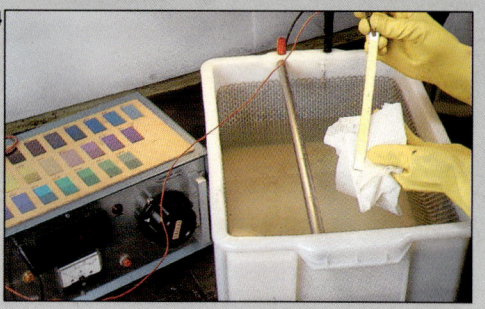

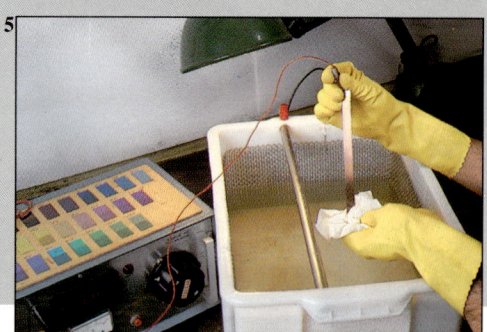

FÄRBEN VON METALL   125

Eloxierausrüstung
Zur Grundausrüstung (rechts) gehören ein Gleichrichter, Isolierkabel, ein Kunststoff- oder Glasbehälter für das Elektrolyt sowie Reinigungslösungen. Zu Beginn benötigt man eine Kathode aus platinbeschichtetem Titanmaschendraht und eine 10%ige Ammoniumsulfatlösung als Elektrolyt. Die Tabellen (unten) zeigen die Farben, die beim Eloxieren unter bestimmter Spannung auf Titan, Niob und Tantal erzielt werden können. Der Arbeitsbereich muß sauber und trocken sein. Die Warnhinweise auf der Seite 123 beachten! Während des Eloxierens unbeschädigte Gummihandschuhe tragen.

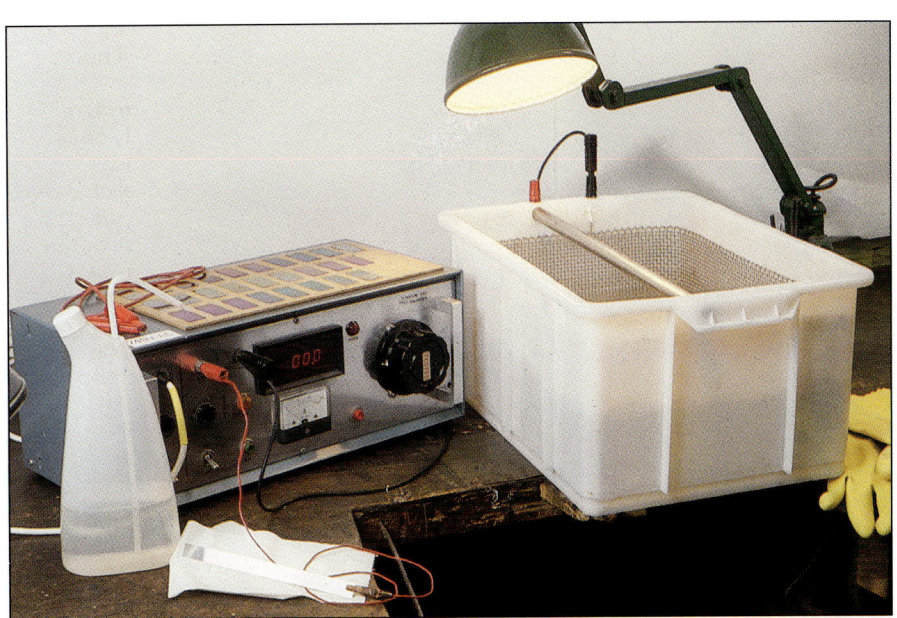

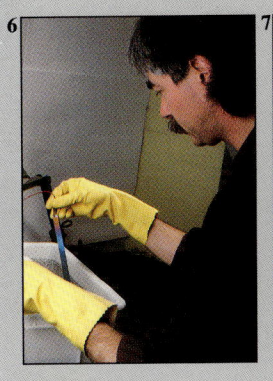

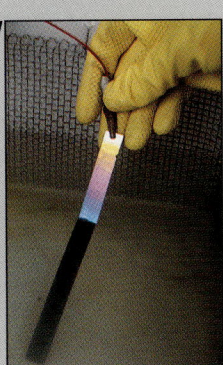

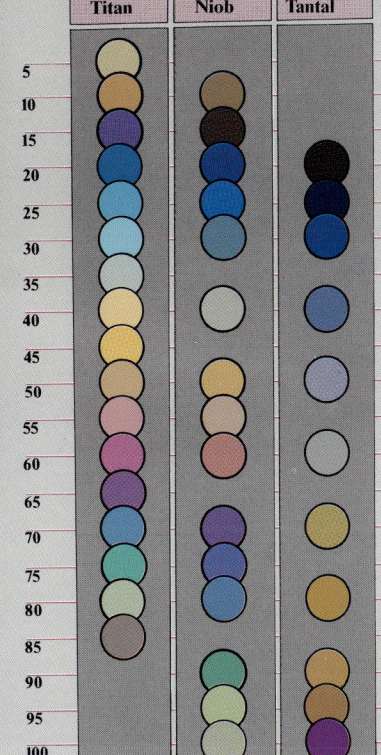

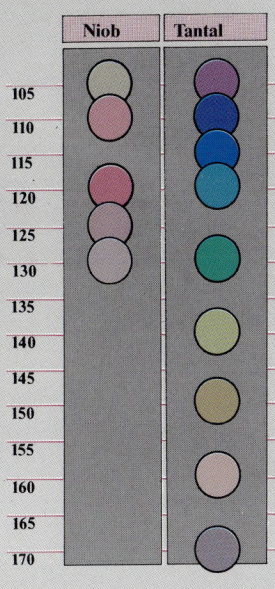

PRÄGEN, TREIBEN, STANZEN

Es gibt verschiedene Verfahren zur spanlosen Umformung von Metall. Ein Blech kann mit diversen Punzen und Stempeln geformt bzw. verziert werden.

Schon im zweiten Jahrhundert v. Chr. vervielfältigten Goldschmiede mit Hilfe von Stempeln Motive auf weichem Metall. Die alten Ägypter verwendeten Bronzepunzen, die Griechen stanzten wahrscheinlich bereits im 6. Jh. v. Chr. mit Holz- oder Hornpunzen.

Beim Prägen erscheint das Motiv nur auf einer Seite der Arbeit, während beim Treiben die Vorderseite als Relief oder Kamee und die Rückseite als vertieftes Bild oder Intaglio zu sehen ist.

Prägen

Feingehaltsstempel sind ein bekanntes Beispiel für die Prägetechnik. Das Metall muß auf einer harten Metallunterlage liegen, damit das Prägemotiv auf der Vorderseite deutlich erscheint und auf der Rückseite nur ein kleines Druckmal entsteht. Mit dieser Technik lassen sich auch Flächen gestalten.

Prägestempel

Zum Prägen benötigt der Goldschmied einen Stempel, eine solide Unterlage und einen Hammer. Punzen mit Buchstaben, Zahlen oder Mustern kann man kaufen, aber auch aus Werkzeugstahl oder Messing speziell anfertigen.

Das zu prägende Metall benötigt eine harte Unterlage, wie etwa ein Stahlbretteisen. Ist die Unterlage zu weich, entsteht eher eine Delle als eine klare Prägung.

Einen schweren Hammer (450 g) mit großer, flacher Schlagfläche verwenden. Mit einem Holzhammer kann das Metall zum Schluß geglättet werden.

Herstellen von Prägestempeln

Kleine Stempel sind in der Regel leichter zu handhaben als große. Man beginnt deshalb mit einem Metallrohling, dessen Durchmesser 5 mm nicht überschreiten sollte. Möglichst Werkzeugstahl verwenden, falls dieser nicht zur Verfügung steht, kann man auch aus Messing Stempel anfertigen. Da Messingpunzen jedoch relativ schnell abnutzen, eignen sie sich nur für begrenzten Gebrauch auf gut ausgeglühtem Metall. Dafür kann man sie leicht umarbeiten.

Diese von Navajo-Indianern stammende Gürtelschnalle (unten) hat eine geprägte Kante. Der Feingehaltsstempel (unten) ist ein bekanntes Beispiel für Prägungen. Für Käufer wertvoller Metallobjekte dient er als Gütesiegel, das Auskunft gibt über den Hersteller des Stücks, das verwendete Edelmetall und über Ort und Zeit der Anfertigung.

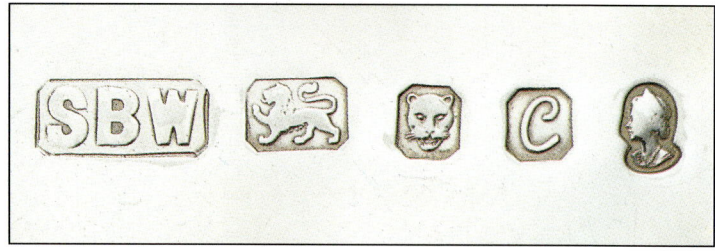

Ein etwa 10 cm langes Stück Werkzeugstahl oder Messing absägen und ausglühen. Ist der Stempel zu lang, läßt er sich nur schlecht schlagen, ist er zu kurz, kann man ihn nicht sicher festhalten. Der Rohling muß erhitzt werden bis er rot glühend ist. Nicht ablöschen, sonst wird der Werkzeugstahl zu hart. Messing nicht glühen, da es nur schwer wieder ausgehärtet werden kann. Das Motiv kann entweder gefeilt, flachstich- oder reliefgraviert werden. Der Stempelkopf sollte weder tiefe Rillen aufweisen, in denen sich das Metall verkeilen könnte, noch unterschnittene Kanten haben, damit sich der Stempel nach jedem Schlag wieder leicht abnehmen läßt. Das Dekor zunächst überprüfen, indem man den Stempel in Plastilin drückt. Weiter daran arbeiten, bis das

Motiv deutlich erkennbar ist. Zum Entfernen von Feilkratzern wird der Kopf zuerst mit grobem und dann mit feinem Schmirgelpapier bearbeitet. Die Kanten auf der Dekorseite des Stempels brechen. Dadurch wird verhindert, daß sich das Metall nach mehrmaligen Hammerschlägen an den Kanten kräuselt und kleine Metallstückchen beim Hämmern abspringen.

Ein Stahlpunzen wird gehärtet, indem man seine Dekorseite rot glühend erhitzt und dann sofort in Wasser ablöscht. Durch diese Maßnahme wird der Stahl aber nicht nur sehr hart, sondern auch spröde und neigt folglich zum Splittern. Deshalb muß man das Metall durch Anlassen wieder etwas weicher machen. Den Stempel zuerst grob- und dann feinschmirgeln. Die oberen 5 cm des Stempels mit Seife einreiben, damit das Metall während des Anlassens sauber bleibt. Dann die Flamme etwa 3 cm oberhalb der Spitze auf den Stempel richten. Bald sieht man verschiedene Farben, die von der erhitzten Stelle aus über das Metall wandern. Die erste Farbe ist ein helles Strohgelb. Während des Erhitzens muß das Metall aufmerksam beobachtet werden, da die Farben sehr schnell wandern. Sobald das dunkle Gelb die Stempelspitze erreicht, die Flamme wegnehmen und die Spitze ablöschen. Hat man die richtige Farbe verpaßt, muß der Stempel vor einem erneuten Anlassen erst wieder gehärtet und geschmirgelt werden. Nach dem Anlassen nochmals schmirgeln und polieren.

Prägetechniken

Das zu prägende Metall ausglühen und auf eine Stahlunterlage, z. B. einen Brettamboß, legen. Dann wird der Stempel auf das Metall gesetzt und mit einem schweren Hammer geschlagen. Durch mehrere Schläge kann das Bild verwischen. Soll eine gleichmäßige Dekorlinie entstehen, versetzt man den Punzen nach jedem Schlag und hämmert dann erneut. Auf diese Weise fortfahren, bis die Linie fertig ist. Verbogenes Metall kann mit einem Holzhammer wieder gerichtet werden.

Treiben

Treiben ist die Bearbeitung von Metall mit einem Punzen, bei der ein Motiv beidseitig auf dem Metall erscheint. Als Schlagunterlage dient eine weiche Form. Wird Metall

HERSTELLEN EINES PRÄGESTEMPELS
Dieser Stempel kann für das Armband mit den Doppelkugeln auf Seite 129 verwendet werden.
1. Mit der Reißnadel oder einem Ankörner vier Punkte am Ende des Stahlrohlings ankörnen.
2. Mit einem 1 mm Bohreinsatz die Vertiefungen bohren.
3. Schrägkanten feilen, bis sich die Löcher in Kantennähe befinden.

Materialien	
Ausrüstung zum Erhitzen Feilen Stechzirkel zum Ausmessen Bohrer und 1 mm Bohreinsatz	Ausrüstung zum Reinigen und Polieren 10×5 cm Stahlrohling Seife zur Herabsetzung der Oxidation auf poliertem Stahl

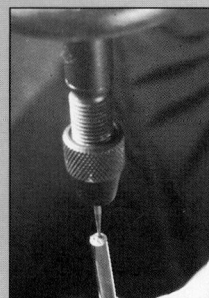

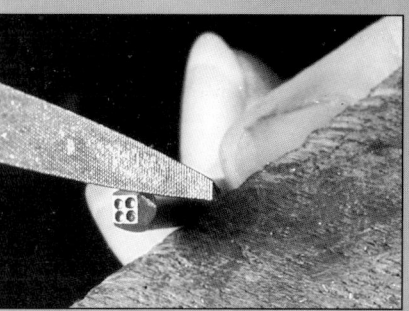

Schmirgeln und polieren.
4. Den Stempel härten und anlassen: zuvor eine Seifenschicht auftragen, damit der Stahl nicht oxidiert, dann die Spitze rot glühen. Sofort ablöschen. Der Stahl wird hierdurch hart, aber auch spröde. Den Stempel erneut polieren. Durch das Anlassen wird er wieder etwas weicher und splittert nicht so leicht, wenn man ihn schlägt: die Flamme etwa 5 cm über die Stempelspitze halten. Das Farbenspiel sehr sorgfältig beobachten. Ein helles Strohgelb erscheint und wandert zur Spitze. Es wird gefolgt von einem dunkleren Strohgelb und anschließend von einem Goldgelb. Sobald das Goldgelb die Spitze erreicht, den Punzen in Wasser ablöschen.

Dieser wahrscheinlich etruskische Doppelreifen (unten) ist aus feinem Blattgold mit farbigen Glassteinen. Die zarten Perllinien sind geprägt.

mit einem Punzen in eine harte Form – ein Gesenk – geschlagen, nennt man diese Technik Auftiefen. Da beim Treiben oder Auftiefen immer mehrere Hammerschläge notwendig sind, spielt das Gewicht des Hammers keine so große Rolle wie beim Prägen.

Herstellen eines Punzens
Ein Punzen wird auf ähnliche Weise wie ein Prägestempel hergestellt, hat jedoch andere Eigenschaften.
Da der Punzen sich mühelos in eine neue Position bringen lassen muß, sollte er glatte runde Merkmale haben. Den Punzenkopf überprüfen, indem man ihn mit einem Tropfen Maschinenöl einreibt und dann in Plastilin drückt. Bleibt Plastilin am Punzenkopf kleben, wird er sich später auch im Metall verkeilen. Die Arbeitsfläche solange korrigieren, bis sich der Punzen leicht und sauber aus der Plastilinmasse heben läßt.

Unterlagen für das Treiben
Die beste Unterlage ist Blei. Ein kleiner Bleiblock ist eine praktische Bereicherung für jede Werkstatt. Den Bleiklotz kann man selbst herstellen, indem man Bleistückchen in einer Blechdose (ideal: eine 50 g Tabaksdose) von unten her erwärmt und zum Schmelzen bringt. Möchte man ein altes Bleirohr schmelzen, muß man es zuvor aufsägen, damit keine Luft eingeschlossen wird. Es könnte sonst zu Explosionen kommen, wenn sich die Luft ausdehnt. Mit einem Stückchen Pappe die Schlacke von der Bleioberfläche abnehmen und den Block in der Dose abkühlen und erstarren lassen. Nach dem Erstarren kann das Blei in und außerhalb der Dose verwendet werden.

Als Schlagunterlage eignet sich auch weiches Holz: ein Quadrat mit Kanten à 10 cm dürfte ausreichen. In Hobby-Märkten bekommt man häufig geeignete Abfallstücke.

Treiben in weicher Unterlage
Zuerst wird der Punzen mit dem Hammer in die weiche Unterlage (Bleiklotz/Holz) geschlagen, so daß eine 2 bis 3 mm tiefe Mulde entsteht. Für die Dicke des Metalls muß kein zusätzlicher Spielraum einkalkuliert werden, da sich die weiche Unterlage anpaßt. Wird Edelmetall auf Blei bearbeitet, sollte man ein Stück Papier dazwischen legen, da Edelmetall durch Blei angegriffen wird. Sobald das Papier reißt, muß es ersetzt werden.
Anfängern wird empfohlen, höchstens 0,5 mm starkes Blech zu treiben. Das Metall ausglühen und über die Vertiefung legen. Ausreichend Material überstehen lassen. Das Metall nimmt die Form des Unterstempels an, indem seine Dicke abnimmt und Material von den Seiten mit in die Vertiefung gezogen wird. Eine 3 bis 4 mm tiefe Mulde erfordert einen 2 bis 3 mm großen Materialspielraum.
Durch Schlagen mit dem Hammer drückt der Punzen das Blech in die Vertiefung. Ausglühen, wenn das Metall zu federn beginnt. Zum Schluß kann die entstandene Form entweder ausgesägt oder der äußere Metallkranz mit einem Holzhammer geglättet werden.

Herstellen eines Gesenks
Messing oder Stahl mit Reliefgravur oder gegossene Bronze eignen sich als Material für ein Gesenk.
Wie der Punzen muß auch die Unterlage frei von Rillen und unterschnittenen Kanten sein, damit sich das Metall nicht im Gesenk verhakt. Anfänger sollten mit höchstens 4 mm tiefen Mulden beginnen.
Damit die Mulde beim Treiben keinen Schaden nimmt, muß um die Kanten herum immer in ausreichender Menge Material vorhanden sein. Man sollte grundsätzlich einen Spielraum von mindestens 2 cm nach unten und zur Seite kalkulieren.
Soll ein Messing- oder Stahlgesenk hergestellt werden, fertigt man vorher ein Modell, z. B. aus Holz, an.

PRÄGEN, TREIBEN, STANZEN   129

ANLEITUNG FÜR EIN ARMBAND MIT DOPPELKUGELN

Hier wird gezeigt, wie man ein ähnliches Armband wie das abgebildete (links) aus dem Pompeji des 1. Jh. n. Chr. anfertigen kann. Die regelmäßige Form der Kugeln läßt vermuten, daß sie mit einem Punzen aufgetieft wurden. Die beschriebenen Techniken gleichen denen, die in früheren Zeiten von Goldschmieden angewandt wurden.

Materialien
Kugelanke und Kugelpunzen
Schwerer Hammer
Lötzubehör
Polierzubehör
Metallblech: 0,6 mm stark, Größe entsprechend der gewünschten Anzahl von Kugeln.
Metalldraht: 1 mm starker Runddraht, je 2 cm für jede Zierleiste, 1,2 cm für jede Öse und 5 cm für den Verschluß berechnen.

1. Eine Scheibe aussägen, deren Durchmesser knapp dem Außendurchmesser einer Mulde in der Kugelanke entspricht. Die gut ausgeglühte Scheibe in die Mulde legen und mit einem schweren Hammer auf einen Kugelpunzen schlagen, der das Metall in die Vertiefung treibt. Im Idealfall genügt ein Hammerschlag für das Entstehen der Wölbung. Falls nicht, wird die Scheibe in der Mulde hin- und hergeschoben und dabei weiter mit dem Punzen geschlagen. Eigentlich ist dies die übliche Art, mit dem Kugelpunzen zu arbeiten, da es selten perfekt aufeinander ab-

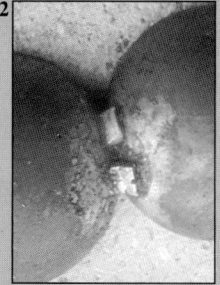

stimmte Mulden und Punzen gibt. Weitere Scheiben auftiefen, bis man genügend Halbkugeln hat.
2. Zwei Halbkugeln seitlich plan feilen und an diesen Stellen mit strengfließendem Lot zusammenlöten. So ent-

steht eine stabile Verbindung. Mit den anderen Halbkugeln genauso verfahren.
3. Zur Herstellung der Verbindungsösen Draht um einen Stab wickeln. Hat der Stab eine rauhe Oberfläche, wird es später schwierig, die Ösenspirale wieder abzuziehen, deshalb zuvor etwas Papier um den Stab wickeln.
4. Je zwei horizontale Ösen so an die Kugelpaare legen, daß sie später durch die vertikalen Ösen des nächsten Pärchens passen. Die Horizontalösen wie gezeigt mit einem Metallstück stützen. Darauf achten, daß die Unterlage nicht mit den Lötstellen in Berührung kommt. Die Ösen mit Hilfe zweier Zangen zusammendrücken. An der offenen Stelle etwas flachfeilen, leicht öffnen und mit der flachen Seite an die Halbkugel legen. Die Öse in einem Arbeitsgang zu- und anlöten. Die vertikalen Ösen werden neben der Öffnung leicht abgeflacht, ein wenig geöffnet, in die Lötpinzette genommen und an die Halbkugeln gelötet.
5. Für die Zierleiste zwei 1 mm starke Runddrähte aneinander löten und mit dem auf Seite 127 beschriebenen Prägestempel schlagen.
6. Von der Zierleiste Stücke abtrennen und mit der Halbrundzange biegen. Die Bögen zwischen die Halbkugelpärchen löten.
7. Für den Verschluß einen Drahtbügel an ein Pärchen löten, an ein anderes einen Doppelhaken. Der Haken sollte um den Bügel einrasten.
8. Einzelteile polieren. Dann die vertikalen Ringe eines Elements in die horizontalen Ringe des nächsten Pärchens haken. Die Ringe mit der Spitzzange zusammendrücken und verlöten. Vorsicht, daß nicht die Nachbarglieder mit verlötet werden. Zum Schluß nochmals polieren.

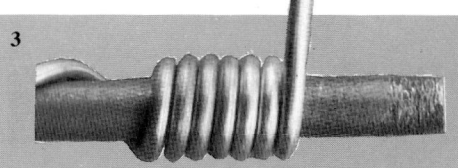

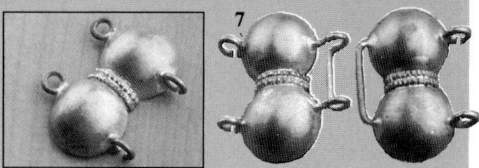

130 SPEZIALTECHNIKEN

Zuerst muß die Bleiunterlage hergerichtet werden: Bleistückchen in einer kleinen Stahldose auf dem Herd oder mit dem Bunsenbrenner bei niedriger Flamme schmelzen. Bleirohr muß zuvor aufgeschnitten werden, damit keine Luft eingeschlossen wird, wenn das Metall schmilzt (eingeschlossene Luft kann Explosionen erzeugen). Mit einem Stück Pappe die Schlakke von der geschmolzenen Bleioberfläche entfernen. Das Motiv in den Punzen gravieren, sägen oder feilen. Soll der Punzen häufiger benutzt werden, muß man ihn härten und anlassen (siehe Seite 127). Durch Hämmern des Oberstempels in das Blei entsteht der Unterstempel. Beide an einer Stelle markieren, damit man sie wieder korrekt zusammenführen kann. Ein Blech über die Vertiefung legen. Mit Hilfe der Markierung den Punzen richtig plazieren und das Blech in den Unterstempel schlagen. Überstehendes Material entfernen.
Das Bronzegesenk oder Intaglio (unten) wurde erst kürzlich in Korfu entdeckt. Das aus dem 6. Jh. v. Chr. stammende Fundstück zeigt zwei Boxer flankiert von zwei Pferden, an den Seiten eine Eule, einen Delphin, eine Nixe und die Darstellung von Ajax' Tod. Mit Hilfe von Leder oder Blei wurde wahrscheinlich Gold in dieses Gesenk getrieben.

Für ein Bronzegesenk muß eine Wachsform von dem Modell gemacht werden. Dies geschieht durch Erwärmen eines Gießwachsklumpens, in den das Modell gedrückt wird (siehe Seite 133). Innerhalb weniger Sekunden erstarrt das Wachs zu der entsprechenden Form. Da kaum ein Goldschmied über eine so leistungsstarke Schmelzeinrichtung verfügt, mit der sich die benötigte Menge Bronze schmelzen ließe, gibt man das Wachsmodell gewöhnlich in eine Bronzegießerei. Gießereien findet man in fast allen größeren Städten. Sie beliefern die Industrie, aber auch Architekten und Bildhauer. Gegossene Bronze muß wie andere Metalle gefeilt, geschmirgelt und poliert werden.

Zum Herstellen eines Harzgesenks gießt man flüssiges Epoxydharz um ein Modell, das sich in einem Behälter befindet. Der Behälter muß so groß sein, daß die Harzschicht um das Wachs herum mindestens 2 cm beträgt. Die Befestigungsvorrichtung für das Modell darf das Harz höchstens 4 mm durchdringen. Das Modell möglichst markieren, damit die richtige Harzmenge eingegossen werden kann. Vor dem Gießen sollte das Wachsmodell mit Talkumpuder bestäubt werden, so daß kein Harz daran kleben bleibt. Das Harz mit dem entsprechenden Härter vermischen, bis zur markierten Stelle in den Behälter gießen und 24 Stunden stehenlassen.

Auftiefen

Das Auftiefen ist die am häufigsten angewandte Treibtechnik in der Goldschmiede. Hierbei befindet sich Metallblech zwischen einem Gesenk und dem entsprechendem Punzen. Der Punzen ist sozusagen das Positiv und das Gesenk das Negativ.

Das bekannteste Gesenk ist die Kugelanke aus Stahl oder Messing mit unterschiedlichen halbkugeligen Vertiefungen. Punzen und Halbkugel müssen von der Größe her aufeinander abgestimmt sein: das aufzutiefende Metall soll gerade noch dazwischen Platz haben. Die scharfen Kanten der Mulden hinterlassen Spuren auf überstehendem Blech. Die besten Ergebnisse erzielt man also, wenn die Scheibe nicht größer ist als der obere Rand der Halbkugel. Die kleine Scheibe nennt man Formstück. Ein einziger präziser Hammerschlag treibt ein 0,5 mm dickes, ausgeglühtes Formstück in die Vertiefung.

Treiben in Blei oder Leder

Das Metall wird mit Hilfe eines »Trägermaterials« in das Gesenk getrieben. Hierfür können Kissen aus Bleiblättern oder Leder verwendet werden.

Man beginnt mit etwa 0,5 mm starkem Blech. Ausreichend Material berechnen, da es zum Teil mit in die Vertiefung gezogen wird. Ein Kissen aus Blei oder Leder falten und über das Blech legen. Bei der Arbeit mit Edelmetall kommt, wenn Blei benutzt wird, noch ein Stück Papier dazwischen. Mit dem Hammer auf das Kissen schlagen und so das Blech in die Vertiefung treiben. Zwischendurch ausglühen. Fortfahren, bis die Form ausgebildet ist. Manche Leder werden rissig und müssen ab und zu ausgewechselt werden.

Soll eine Form mehrfach hergestellt werden, ist es zweckmäßig, die Formstücke in größeren Mengen vorzubereiten. Mit Industriegesenken und -pfaffen läßt sich Metall in der Regel nicht nur formen, sondern auch tren-

Blatt- und Blümchenmotiv in dieser Brosche (unten) sind geprägt. Die vorgeprägten Elemente wurden um den Stein angeordnet.

Die Blätter dieser Manschettenknöpfe veranschaulichen alle typischen Eigenschaften des Auftiefens: die Gleichförmigkeit der Blätter zeigt, daß sie alle im selben Gesenk gemacht wurden. Die Gestaltung von Rück- und Vorderseite entspricht einander, was darauf hinweist, daß die Blätter aufgetieft wurden.

nen, so daß keine Formstücke benötigt werden. Anfänger haben meistens keine solche Ausrüstung zur Verfügung, aber Formstücke lassen sich problemlos in großen Mengen herstellen. Man kauft Aushauer (Schneidepunzen) für runde Formstücke oder entwirft eigene Formen, die man selbst anfertigt.

Aushauer: Runde, an der Spitze hohle Punzen, sind in Werkzeughandlungen für Goldschmiede erhältlich. Ihr Durchmesser reicht von 2,5 mm bis zu 2 cm, und man kann sie zum Schneiden von ausgeglühtem Gold-, Silber-, Kupfer- oder Messingblech bis zu 1,2 mm Stärke verwenden. Für den Anfang wählt man ein maximal 0,5 mm dickes Blech.

Das zu schneidende Metall auf eine weiche (ausgeglühte) Messingunterlage legen. Stahl eignet sich nicht als Unterlage, weil es den Punzen stumpf werden läßt. Hat man kein Messing zur Verfügung, kann ersatzweise auch Blei oder Holz verwendet werden. Auf einer Bleiunterlage dauert es länger als auf Messing und das Formstück wird leicht gewölbt. Hartes Holz ist zweckmäßig, wenn es eine gleichmäßige Maserung hat. Den Aushauer auf das Blech setzen und darauf schlagen, bis es durchtrennt ist. Bleibt das Formstück im Punzen stecken, kann es meistens durch Schütteln und Klopfen wieder herausgeholt werden.

Herstellen von Stanzwerkzeugen: Der Goldschmied kann sich aus Werkzeugstahl selbst Stanzwerkzeuge unterschiedlicher Form anfertigen. Die schneidende Kante sollte meißelförmig und in einem Winkel von 45 Grad gefeilt sein. Den Punzen härten und anlassen.

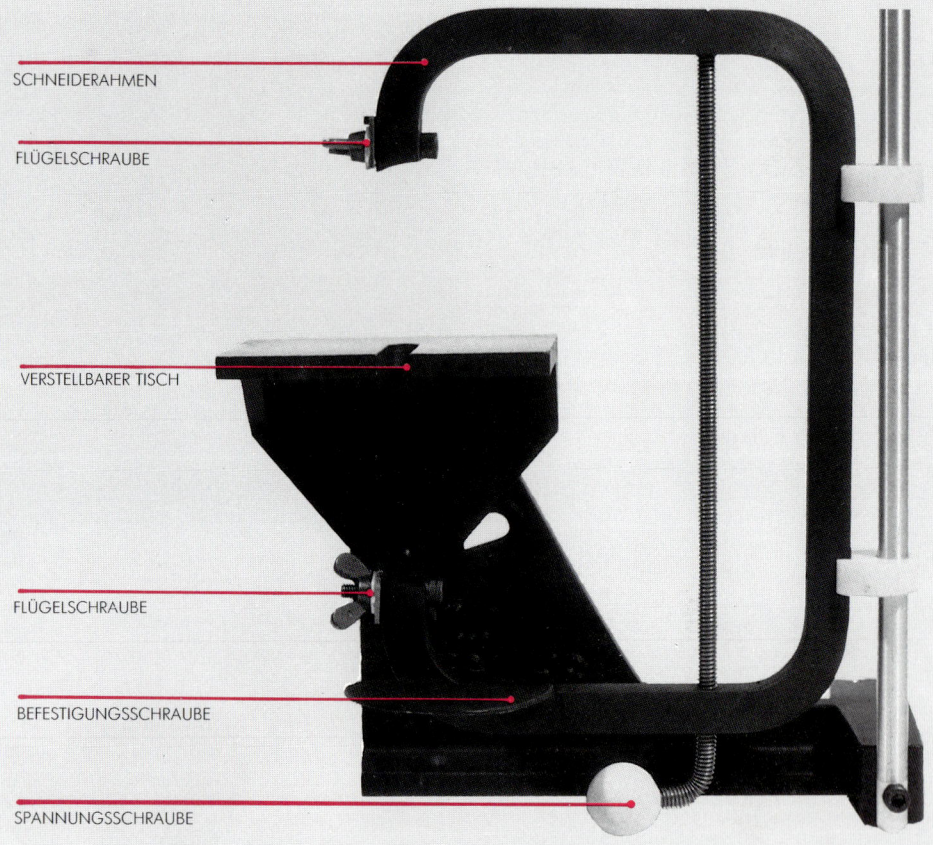

Stanzwerkzeugschneider (von Roger Taylor)
Dieses Gerät wurde zum exakten Schneiden von Stanzwerkzeugen entwickelt. Durch unpräzise Stanzwerkzeuge wird ein Blech nämlich eher verbogen, als daß es herausgetrennt wird. An diesem Sägetisch läßt sich jeder Schnitt im gewünschten Winkel ausführen. Ein Stanzwerkzeug ist ein sehr vielseitiges Instrument, mit dem man Metall zwischen 0,1 mm und 2 mm Dicke aber auch Plastik und Papier schneiden kann. Es hilft, Zeit zu sparen, wenn ein Gegenstand in größeren Mengen hergestellt werden soll.

SCHNEIDERAHMEN
FLÜGELSCHRAUBE
VERSTELLBARER TISCH
FLÜGELSCHRAUBE
BEFESTIGUNGSSCHRAUBE
SPANNUNGSSCHRAUBE

PRÄGEN, TREIBEN, STANZEN 133

Das Roger Taylor Stanzsystem: Dieses als bestes seiner Art geltende System wurde in den späten 70er Jahren von dem Londoner Goldschmied Roger Taylor entwickelt. Der R.-T.-Werkzeugschneider hat geformte Klingen und schneidet genauso wie eine Schere. Ober- und Unterstempel entstehen durch Heraustrennen der gewünschten Formen aus einem einzigen Stahlstück. Das Blech wird zwischen Ober- und Unterstempel gelegt und durch Hämmern, Pressen oder Einspannen in den Schraubstock getrennt. Ein solches Stanzwerkzeug ist schnell herzustellen und zeitsparend im Gebrauch. Roger Taylor benötigte zum Beispiel nur 40 Minuten, um das Werkzeug zu schneiden und 100 Schmetterlinge aus 0,6 mm starkem Blech zu stanzen. Mit diesem System ist es sogar lohnend, für nur 5 Formstücke ein Stanzwerkzeug herzustellen. Früher kam dies erst in Betracht, wenn mindestens 50 gleiche Formen ausgestanzt werden sollten. Das Roger-Taylor-System ist patentiert, jedoch haben Roger Taylor und die »Goldsmiths' Research Foundation« für interessierte Goldschmiede einen exzellenten Bericht mit genauen Angaben über Herstellung und Anwendung des Systems herausgegeben. Der Bericht, der gleichzeitig die Lizenz für die Arbeit mit dem System ist, wurde von der »Worshipful Company of Goldsmiths« veröffentlicht und ist bei der »Goldsmiths' Hall« in London erhältlich.

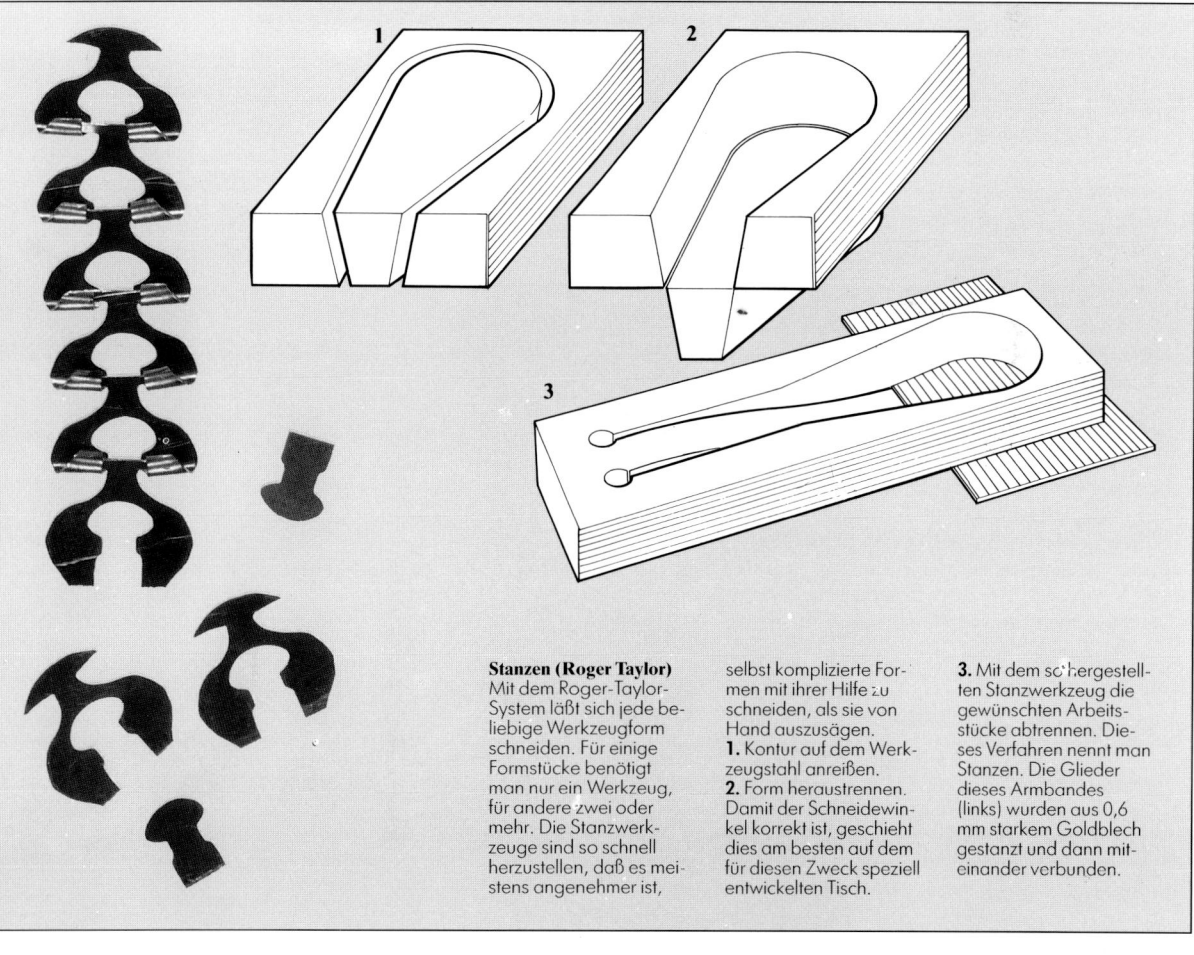

Stanzen (Roger Taylor)
Mit dem Roger-Taylor-System läßt sich jede beliebige Werkzeugform schneiden. Für einige Formstücke benötigt man nur ein Werkzeug, für andere zwei oder mehr. Die Stanzwerkzeuge sind so schnell herzustellen, daß es meistens angenehmer ist, selbst komplizierte Formen mit ihrer Hilfe zu schneiden, als sie von Hand auszusägen.
1. Kontur auf dem Werkzeugstahl anreißen.
2. Form heraustrennen. Damit der Schneidewinkel korrekt ist, geschieht dies am besten auf dem für diesen Zweck speziell entwickelten Tisch.
3. Mit dem so hergestellten Stanzwerkzeug die gewünschten Arbeitsstücke abtrennen. Dieses Verfahren nennt man Stanzen. Die Glieder dieses Armbandes (links) wurden aus 0,6 mm starkem Goldblech gestanzt und dann miteinander verbunden.

GIESSEN

Ein Gußobjekt entsteht, wenn man eine Flüssigkeit, wie z. B. geschmolzenes Metall, in einen Hohlraum gießt und erstarren läßt. Die Gußform wird nach einem Modell des Objektes angefertigt oder auf andere Weise herausgearbeitet. Die Gießtechnik ist besonders für solche Formen zweckmäßig, die mit anderen Methoden nur umständlich herzustellen sind. Da mit Gußformen Schmuckstücke beliebig oft kopiert werden können, eignet sich das Verfahren auch für die Massenproduktion. Gegossenes Metall hat eine dumpfe Oberfläche, manchmal auch Kratzer und überstehende Stücke. Gußobjekte müssen also auf jeden Fall gefeilt, geschmirgelt und poliert werden.

Gießentwurf

Gute Ergebnisse werden vor allem dann erzielt, wenn das geplante Schmuckstück speziell als Gußobjekt entworfen wurde. Metall in gegossener Form ist porös und weniger gut polierbar als nicht gegossenes Metall. Schmucklose, ebene Flächen gleichen oft einer kleinen Kraterlandschaft, deshalb besser von vornherein eine dekorierte Oberfläche planen. Da gegossenes Metall manchmal ein wenig spröde ist, sind große, stabile Formen eher geeignet als zierliche, dünne. Wichtig ist außerdem, daß das Metall ungehindert in jede Ritze der Gußform fließen kann. Es wird z. B. kaum in Abzweigungen laufen, die nicht in seiner Hauptfließrichtung liegen. In schmalen Rinnen erstarrt es beinahe augenblicklich und hindert das restliche geschmolzene Metall daran, die Gußform ganz auszufüllen.

Da sich Metall beim Abkühlen zusammenzieht, wird das Gußobjekt kleiner als die Gußform. Der Schrumpfgrad hängt von der Gießtechnik und der Metallegierung ab, er kann jedoch bis zu 3 % in der Länge betragen, was für das Gesamtvolumen 9 % bedeutet. Kommt es auf genaue Größen an, sollte dieser Faktor schon in der Entwurfsphase berücksichtigt werden.

Gießtechniken

Als Material für Gußformen lassen sich Ossa-Sepia-Schalen, Holzkohle, Keramik oder Gips verwenden. Welche Technik gewählt wird, hängt von dem Gußobjekt und der geplanten Vervielfältigung ab.

Eine Sepia-Gußform ist zweckmäßig, wenn ein vorhandener harter Gegenstand einmal

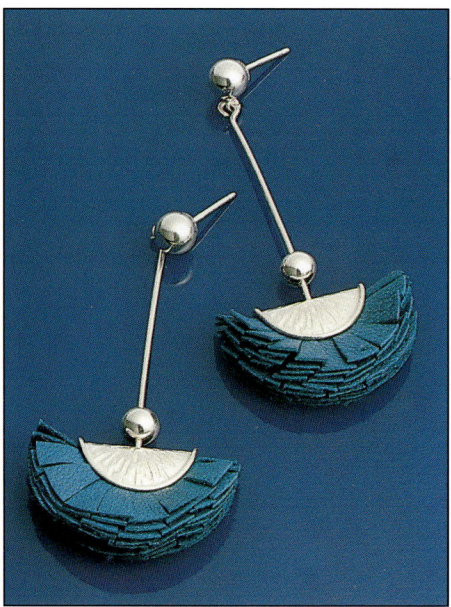

Gießen ist eine praktische Methode, mit der sich große oder ungewöhnliche Formen, deren Herstellung mit anderen Mitteln kompliziert wäre, erzeugen lassen. Das häufig kommerziell genutzte Verfahren eignet sich besonders für die Massenproduktion von Objekten. Die Ohrringe aus Silber und Leder stammen von Vivia Bremmer-Goldie und Peter Crump (GB). Die Anstecknadeln (rechts) wurden von Julie Crossland (GB) aus Rot-, Gelb- und Weißgold gegossen. Der goldene Halsschmuck (unten) mit dem Titel »Baying at the Moon« ist von Merry Kerr Woodeson (GB). Bevor sie die Formen für diesen Halsschmuck auswählte, experimentierte sie mit Wachsmodellen.

GIESSEN IN OSSA SEPIA

1. Zwei Schalen durch Reiben auf Schmirgelpapier abflachen.
2. Das Modell bis zur Hälfte in eine abgeflachte Schale drücken. Drei Positionsstifte um das Modell herumstecken. (z. B. Streichholzstückchen).

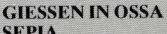

Materialien

Sepiaschale
Streichhölzer
Bindedraht
Reißnadel
Ausrüstung zum Erhitzen
Schmelztigel und Griff
Borax
Reinigungs- und Polierausrüstung
Modell
Metall zum Schmelzen:
Silber, Gold, Messing oder Bronze

3. Die zwei Schalen mit dem Modell fest aufeinanderdrücken.
4. Wieder auseinandernehmen und das Modell herausholen. Mit einem Messer einen Gußkanal schneiden. Mit der Reißnadel Luftkanäle über die Oberfläche ziehen.
5. Sepiaschalen mit Hilfe der Positionsstifte wieder zusammenbringen. Die Gußform mit Bindedraht zusammenbinden und aufrecht neben den Lötbereich stellen. Das Metall mit etwas Borax im Schmelztigel erhitzen.
6. Das Metall erst hineingießen, wenn es vollständig geschmolzen ist. Dies ist der Fall, wenn es sich in eine bewegliche Kugel mit einer scheinbar »rotierenden« Oberfläche verwandelt hat.
7. Nach wenigen Minuten die beiden Sepiaschalen wieder trennen und das Gußobjekt entnehmen. Zum Schluß feilen, schmirgeln und polieren.

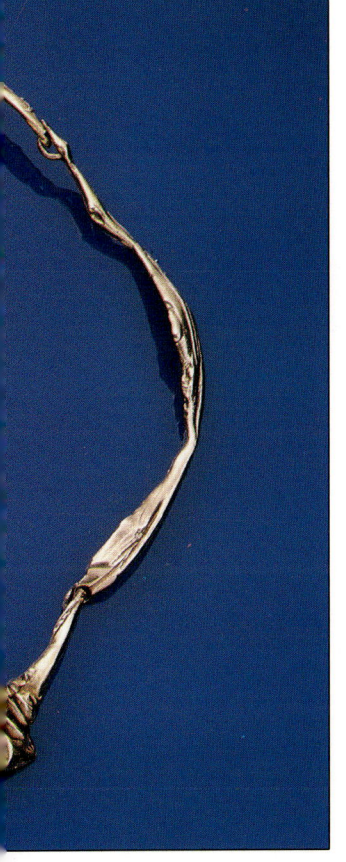

reproduziert werden soll. Aus Holzkohle wird das Motiv herausgeschnitzt. Man braucht also kein Modell. Eine Holzkohleform eignet sich für einen oder zwei Gießvorgänge. Keramik- und Gipsgußformen werden nach einem Wachsmodell gefertigt und erlauben beliebige Vervielfältigung. Wachsmodelle konstruiert der Goldschmied entweder selbst, oder er stellt sie nach Modellen aus einem anderen Material her, die in einem vorausgehenden Wachsausschmelzverfahren entstanden.

HOLZKOHLEGUSS

1. Das Motiv direkt in die flache Holzkohle graben. Etwa 15 mm hiervon entfernt eine tellerförmige Schmelzgrube aushöhlen. Die Grube sollte tiefer als die Schmuckform liegen, damit das flüssige Metall nicht schon vor dem Gießen hineinläuft. Beide durch eine Rinne verbinden. Mit einem spitzen Gegenstand Luftkanäle schneiden.
2. Einen zweiten, flachen Holzkohleblock mit Bindedraht so auf dem ersten befestigen, daß die Schmelzgrube und die Rinne offenliegen, während die Schmuckform verdeckt ist. Das Metall in der Grube schmelzen. Dann die Kohle schräg halten, damit das flüssige Metall in die Form fließt.
3. Nach wenigen Minuten, wenn das Metall erstarrt ist, die Holzkohlen wieder trennen und das Gußobjekt herausnehmen. Feilen schmirgeln und polieren.

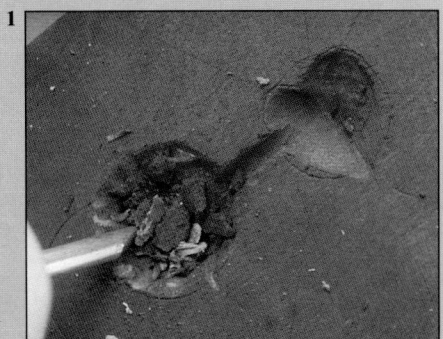

Materialien
Gravierstichel
zwei Weidenholzkohlen
Bindedraht
Ausrüstung zum Erhitzen
Borax
Reinigungs- und Polierausrüstung
Metall zum Schmelzen:
Silber, Gold, Messing oder Bronze

Gießen in Ossa Sepia

Sepiaschalen sind weich und zerbrechlich, aber hitzebeständig: obwohl durch den Kontakt mit flüssigem Metall die Oberfläche verkohlt, bleibt die Gußform erhalten.
Um eine Gußform herzustellen, werden zunächst zwei Sepiaschalen auf einem Bogen Schmirgelpapier flachgezogen. Dann drückt man das Modell vorsichtig bis zur Hälfte in eine der Schalen und steckt um es herum drei bis vier Positionsstifte. Die zweite Schale mit der flachen Seite fest auf das halb heraussthende Modell drücken, bis beide Schalenflächen fest aufeinanderliegen. Die Teile wieder trennen und das Modell herausnehmen. Auf einer Seite werden vom Rand der Gußform aus Luftkanäle von maximal 1 mm Tiefe zum äußeren Schalenrand gezogen. An einer Stelle eine trichterförmige Rille graben, die als Gußkanal für das flüssige Metall dient. Dann werden die Schalen mit Hilfe der Positionsstifte wieder exakt zusammengesetzt und mit Bindedraht fixiert. Das Metall mit der Lötpistole in einem Schmelztiegel schmelzen und in die Form gießen. Nach einigen Minuten ist das Metall erstarrt. Die Gußform wieder auseinandernehmen, das heiße Gußobjekt mit einer Stahlpinzette herausholen und abkühlen lassen.

Gießen in der Holzkohle

Eine Weidenholzkohle, wie sie als Lötunterlage benutzt wird, läßt sich als Gußformmaterial verwenden. Da die Kohle hitzebeständig ist, kann das Metall in einer Vertiefung nahe der Gußform geschmolzen werden. Durch Kippen des Kohleblocks fließt das Metall über eine Zulaufrinne in die Gußform.
Mit Hilfe von Gravierstichen wird die gewünschte Form in die Oberfläche der Holzkohle gegraben. Auch hier müssen mit der Reißnadel Luftkanäle von maximal 1 mm Tiefe von der Gußform aus bis zum Rand der Kohle gezogen werden. Etwa 2 cm von der Gußform entfernt, eine flache Mulde ausheben, die als Schmelzgrube dienen wird. Beides durch eine Rinne verbinden.
Einen zweiten Holzkohleblock so über die Gußform legen, daß Schmelzgrube und Zulaufrinne nicht verdeckt sind. Die Blöcke mit Bindedraht zusammenbinden. Mit der Lötpistole wird das Metall in der Grube geschmolzen.

Dann nimmt man eine große Stahlpinzette und hält damit die Blöcke etwas schräg, so daß die Flüssigkeit über die Rinne in die Gußform laufen kann.
Die Kohle etwa eine Minute, bis zum Erstarren des Metalls, nicht bewegen. Dann die Blöcke trennen, das heiße Gußobjekt mit der Stahlpinzette entnehmen und abkühlen lassen.

Wachsausgußverfahren

Bei dieser Technik werden Wachsmodelle mit einer Keramik- oder Gipsmasse umgeben. Anschließend wird das Wachs geschmolzen und abgegossen: der entstandene Hohlraum ist die Gußform für das Metall. Eine solche Gußform ist nur einmal verwendbar.
Ein Wachsmodell entsteht folgendermaßen: einmal, indem das Gießwachs direkt bearbeitet wird, durch Gravieren, Schmelzen oder Feilen, oder indem man flüssiges Wachs in eine Gummiform gießt, in der es dann erstarrt. Mit der Gummiform lassen sich beliebig viele identische Wachsmodelle herstellen.

Arbeiten mit Wachs: Gießwachs ist in Block-, Blatt- und Drahtform erhältlich, wie auch in Form vorgefertigter Schmuckzubehörteile. Es läßt sich gut mit Gravierstichen oder einem Skalpell gestalten. Ein angewärmtes Skalpell glättet Oberflächen. Wachsteile können miteinander verbunden werden, indem man die jeweiligen Stellen mit dem Skalpell anwärmt bis sie verschmelzen.
Um ein Wachsmodell gießen zu können, muß man zuvor nach einem Metallvorbild eine Negativform aus Gummi herstellen. Hierzu wird ein etwa 2 mm starker Metalldraht – der Gußstotzen (der spätere Zulauf für das flüsse Wachs) – am Modell befestigt. Das Metallmodell kommt in einen Stahlrahmen, der ein Loch für den Gußstotzen hat. Um das Metall herum Rohgummischnipsel (ein hitze- und druckbeständiger Spezialgummi) legen. In einer Vulkanisierpresse werden Gummi und Modell im Stahlrahmen vulkanisiert, d. h. Hitze und Druck ausgesetzt. Dadurch schmilzt der Gummi und fließt um das Metall. So entsteht die Gußform. Nach dem Auskühlen wird die

Wachsausgußverfahren

Das Modell wird zunächst in Wachs gestaltet und dann durch einen kurzen Wachsgußstotzen mit einem halbkugeligen Ständer aus Wachs verbunden. Das Ganze mit einem Stahlzylinder umgeben, der nun mit einem Präparat aus Gips und Kieselerde – Einbettmasse genannt – gefüllt wird. Nachdem die Einbettmasse gebunden hat, die Wachshalbkugel abnehmen und die entstandene Gußform langsam rot glühend erhitzen, um das Wachs herauszuschmelzen, Rückstände zu verbrennen und die Einbettmasse zu härten. Etwas abkühlen lassen und das Gußmetall in den Einspritzkegel gießen. Später die Einbettmasse abschlagen und den Gußstotzen vom Objekt absägen. Sollen mehrere Gegenstände gleichzeitig gegossen werden, verbindet man die Gußformen mit Kanälen zu einem »Wachsbäumchen«. Die Abbildung (unten) zeigt einen Muffelofen und Zubehör für Arbeiten in dieser Technik.

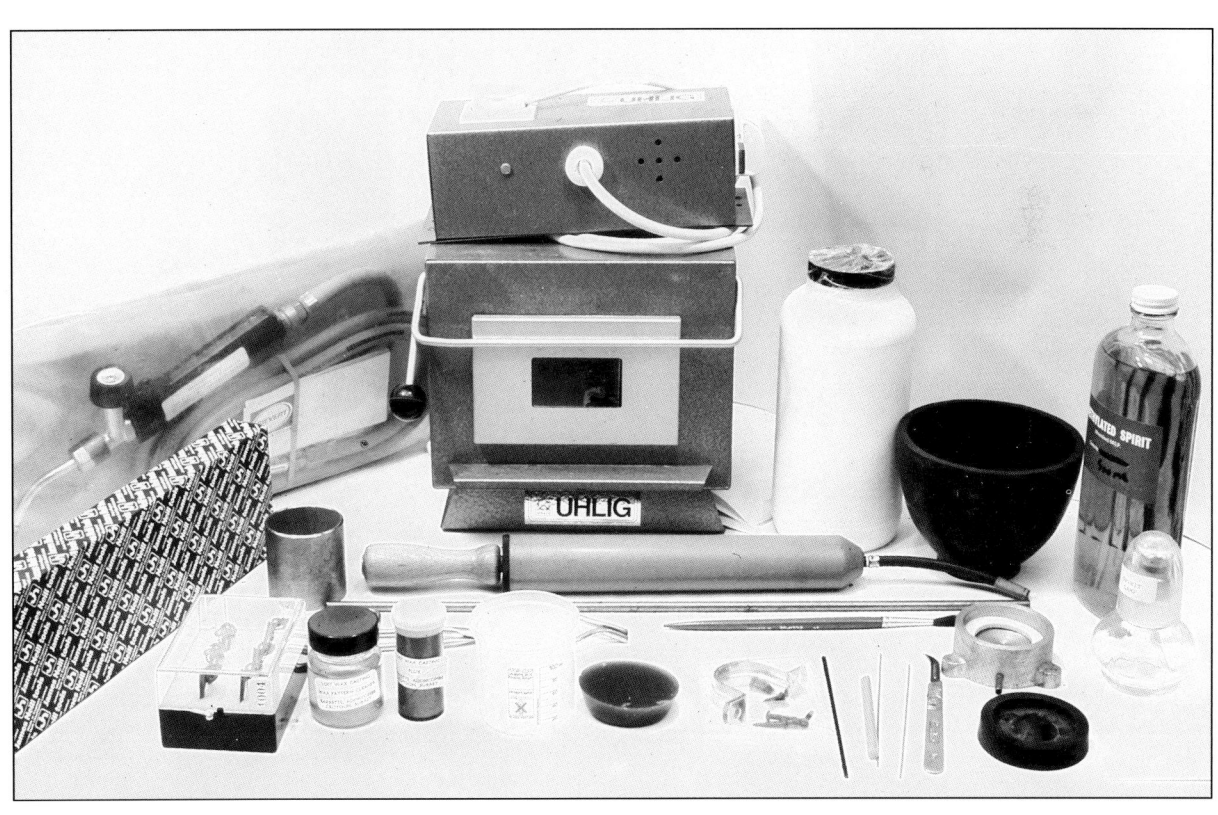

Gummiform mit einem Skalpell geöffnet. Gleichzeitig werden Positionsmarkierungen angebracht, damit die Gußform immer wieder exakt zusammengesetzt werden kann. Das Metallmodell entnehmen, die Gummiform wieder zusammensetzen und flüssiges Wachs in die Öffnung, die durch den Stotzen entstanden ist, gießen. Nach dem Abkühlen die Gummiform wieder öffnen und das erstarrte Wachsmodell herausholen. Diese Modelle können dann weiter für Keramikformguß oder Schleuderguß verwendet werden.

David-Reid-Keramikformguß: Mitte der siebziger Jahre entwickelte und verfeinerte der neuseeländische Bronzegießer David Reid eine neue Wachsausschmelztechnik. Sein Verfahren, mit dem sich schnell qualitativ hochwertige Ergebnisse erzielen lassen, basiert auf dem Keramikformgußverfahren, wie es in der Bildhauerei und Bronzegießerei manchmal eingesetzt wird.

Durch unmittelbares Gestalten oder durch Gießen in eine Gummiform wird ein Wachsmodell hergestellt. Einen kurzen Gußstotzen und Wachstrichter an das Modell anbringen. Das Objekt wird mit drei Keramikschichten überzogen. (Anleitung s. u.)

Wenn die Schale um das Wachsmodell getrocknet ist, wird sie hochkant auf eine Drahtunterlage gestellt und mit der Lötpi-

Zur Herstellung einer Gummiform für ein Objekt wie diesen ägyptischen Scarabäus (unten), hängt man das Modell an einem Wachsstab in einen kleinen Behälter und gibt Gummikaltguß (Rohkautschuk) hinein. Wenn das Gummi gebunden hat, das Modell und den Wachsstab entfernen. Die Gummiform wieder zusammensetzen und flüssiges Wachs hineingeben.

KERAMIKFORMGUSS

1. Einen Wachstiegel anfertigen und an dem Wachsscarabäus befestigen. Der Tiegel entsteht durch mehrmaliges Ausschwenken einer kleinen, glasierten Tasse mit flüssigem Wachs. Das erkaltete Wachs läßt sich leicht herausnehmen.
2. Das Wachs in einer Lösung aus 10 Teilen Spiritus und einem Teil Flüssigreiniger auswaschen.
3. Aus kolloidaler Kieselerde 1030 und Molochite 200 eine cremige Einbettmasse anrühren. Sofort über das Wachsmodell gießen.
4. Auf die feuchte Masse pusten, um eine blasenfreie Struktur zu erreichen.
5. Das Objekt mit Molochite 30/80 bestäuben.
6. Vor einem Ventilator 30–60 Minuten trocknen. Keine Wärme zuführen, damit das Wachs nicht schmilzt. Die Außenschale muß vor der Weiterverarbeitung absolut trocken sein. Fingerprobe: solange sich noch etwas Masse abwischen läßt, ist sie noch feucht.
7. Reine kolloidale Kieselerde über das Teil geben.
8. Eine weitere Schicht auftragen. Entwässern und mit Molochite 16/30 bestäuben. Vor dem Ventilator trocknen.

Materialien
Ausrüstung zum Erhitzen
Borax
Ausrüstung zum Reinigen und Polieren
Ventilator
Wachs für das Modell
Spiritus und Flüssigreiniger zum Auswaschen
Kolloidale Kieselerde
Molochite 200
Molochite 30/80
Molochite 16/30

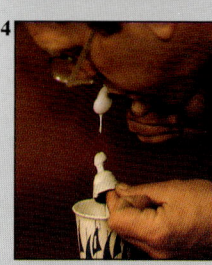

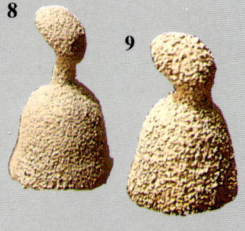

stole erhitzt. Das Wachs schmilzt und fließt durch das Gußstotzenloch heraus. Das zu schmelzende Metall in den Trichter der noch heißen Gußform geben, so daß es aus dem Tiegel in die Gußform fließt. Nach dem Erstarren des Metalls die Keramikschicht vorsichtig abklopfen.

Der Schleuderguß: Dieses Verfahren wird hauptsächlich in kommerziellen Gießereien angewandt. Zuerst muß ein Wachsmodell angefertigt werden. Einen Wachsgußstotzen von 2 bis 5 mm Länge mit dem Modell verbinden. Das Modell bis auf den Gußstotzen in eine Masse (Durotherm) einbetten. Dann das Wachs herausschmelzen und das geschmolzene Metall in die noch heiße Gipsform gießen. Ist das Metall erstarrt, wird der Gips abgeklopft.

Für mehrere Formen auf einmal können die Modelle durch einen zentralen Dorn zu einem »Wachsbäumchen« verbunden werden. Das Wachs wird dann in einem Muffelofen aus der Einbettmasse herausgeschmolzen und anschließend das flüssige Metall in die Form hineingespritzt. Dies geschieht mittels Vakuum oder durch Zentrifugalkraft in einer Gießschleuder.

Möchte man ein bestimmtes Stück in größeren Mengen reproduzieren, sollte man das Metallmodell besser in eine Gießerei bringen.

9. Das Objekt in kolloidaler Kieselerde tauchen und Schritt 8 wiederholen. Unten sieht man das Wachsmodell mit den drei Beschichtungen.
10. Das beschichtete Wachsmodell auf eine Drahtunterlage legen. Mit der Lötpistole das Wachs schnell aus der Form herausschmelzen.
11. So lange erhitzen, bis die Außenschale ganz weiß ist.

12. Nach dem Abkühlen die Kanten des Trichters glätten.
13. Metall in den kalten Tiegel legen.
14. Die Mulde vorsichtig erhitzen, bis sie rot glühend ist. Dann das Metall zum Glühen bringen. Beachte: Wer mit Standardsilber arbeitet, sollte das Metall mit einer Holzkohleschicht bedecken, da es ansonsten beim nächsten Erhitzen stark oxidiert. Die Gußform weiter erhitzen, dann die Flamme auf das Metall richten, damit es schnell schmilzt: es sollte direkt in die Gußform laufen. Die Flamme wegnehmen.
15. Zehn Minuten abkühlen lassen. Anschließend die Schale mit einem Hammer vorsichtig vom Gußobjekt abklopfen.

FLACHSTICHGRAVIEREN

Beim Gravieren wird mit einem Stahlinstrument – dem Gravierstichel – Metall aus einer Fläche gestochen, wodurch feine scharfe Linien entstehen. Flachstichgraviert werden Monogramme, Ornamente und Schriften.

Zurichten des Stichels

Ein Stichel ist ein Stahlstift mit scharfer Spitze, dessen Angel in einem Holzheft befestigt wird. Zum Flachstichgravieren besorgt man sich einen 2,5 mm starken Vierkantrohling und ein abgeflachtes Stichelheft. Stichel mit rautenförmiger Kontur werden manchmal zum Stechen sehr feiner Linien verwendet, sie sind jedoch vergleichsweise schwierig zu handhaben.

Vor dem Anpassen des Stichelhefts muß der Rohling eventuell gekürzt werden. Die Größe des abzutrennenden Stücks läßt sich ermitteln, indem man das Heft in die Handfläche und den Stab parallel daneben legt und so zwischen Daumen und Zeigefinger hält, daß die Spitze etwa 2 cm heraussteht. Da das Heft etwa 3 cm des Stichelendes aufnimmt, weiß man nun, um wieviel die Angel gekürzt werden muß.

Zum Kürzen den Stichel im Schraubstock befestigen. Nur das zu entfernende Endstück sollte vorstehen, damit es mit einem Hammerschlag abgetrennt werden kann und eine saubere Bruchstelle entsteht. Eventuell wird die Angel mit Hilfe eines Schleifsteins wieder angespitzt, um das Einsetzen in das Stichelheft zu erleichtern. Die Angel vor dem Einsetzen erhitzen und dann wie eine Feile im Heft befestigen. Dabei ist genau darauf zu achten, daß die Stichelbahn und die Flachseite des Heftes eine Linie bilden.

Der Stichel schneidet am besten, wenn er fast parallel zur Metalloberfläche geschoben wird. Dies ist jedoch schwierig, da die eigene Hand im Weg ist.

Gravierstichel werden deshalb vor dem Gebrauch auf unterschiedliche Arten zugerichtet: entweder durch leichtes Biegen des Stichels, durch winkliges Anbringen des Hefts, oder aber die Bahn wird im 10 Grad-Winkel schräg geschliffen. Die letzte Möglichkeit wenden professionelle Graveure an! Ist der Stichel zugerichtet, wird er zum Schluß auf einem Ölstein nachgeschliffen.

Zurichten des Stichels
Die schneidende Bahn eines Stichels sollte fast parallel zum Metall liegen. Dies erreicht man entweder durch Biegen des Stichels, winkliges Anbringen im Heft oder durch Schrägschleifen (20 Grad) der Bahn.

Den Stichel der Handgröße anpassen und in das abgeflachte Heft einlassen (siehe Seite 25, Feilen).

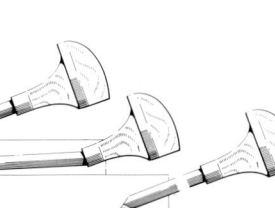

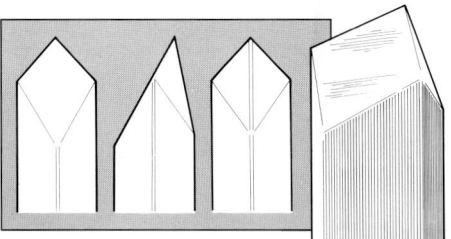

Übertragen des Motives

Welche Technik man beim Übertragen des Motives wählt, ist abhängig davon, ob eine normale oder eine spiegelbildliche Kopie der Vorlage gewünscht wird. Bei einem Siegel, beispielsweise, wird die Zeichnung seitenverkehrt übertragen, damit später das aufgedrückte Siegel »richtig herum« ist. Zur Gestaltung symmetrischer Muster werden manchmal Motive direkt und spiegelbildlich nebeneinander übertragen.

Soll eine Zeichnung unmittelbar auf das Metall gebracht werden, ist die Methode mit Pauspapier und Plastilin anzuwenden (siehe Seite 20). Zum Übertragen eines spiegelbildlichen Motivs benötigt man eine sehr dünne Acetatplatte: das Bild mit einer spitzen Reißnadel auf der Platte anreißen. Mit einem Bleistift über die entstandenen Rillen schraffieren. Der Graphitstaub legt sich in die Linien, eventuell muß mit der Fingerspitze etwas nachgeholfen werden. Überschüssigen Staub abklopfen. Plastilin über die Metallfläche rollen, damit sich das Bild leichter übertragen läßt.

GRAVIEREN EINES OHRRINGS ODER HALSREIFS

1. Das Motiv auf Metall übertragen: da Ohrringe meistens als symmetrische Teile angefertigt werden, das direkte Motiv mit Pauspapier, das spiegelbildliche mit Ace-

Materialien
Stichelrohling
Abgeflachtes Stichelheft
Ölstein zum Anschleifen des Stichels
Lederkissen
Polierstahl (für Metall)
Säge und Blättchen
Ausrüstung zum Reinigen und Polieren
Ausrüstung zum Erhitzen
Transparentes Plexiglas:
2 oder 3 mm stark,
oder
Metall:
1 mm stark
Evtl. Ohrringfurnituren

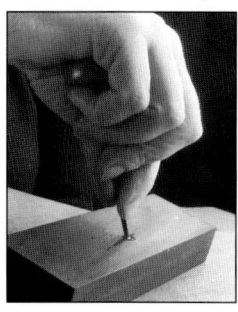

Anschleifen des Stichels
Die Stichelspitze mit einem Tropfen Öl auf einen Ölstein setzen. Die gesamte Kappe muß Kontakt mit dem Stein haben. Gleichmäßig hin- und herziehen. Erneut anschleifen, wenn das Schneiden mühevoll wird.

FLACHSTICHGRAVIEREN 141

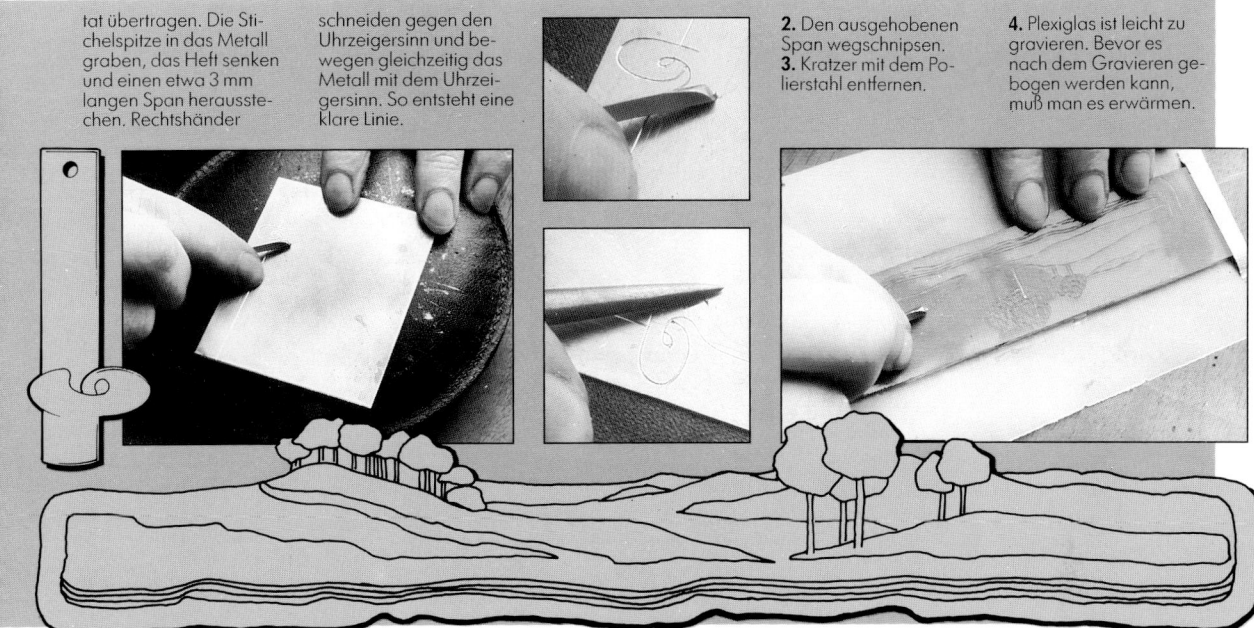

tat übertragen. Die Stichelspitze in das Metall graben, das Heft senken und einen etwa 3 mm langen Span herausstechen. Rechtshänder schneiden gegen den Uhrzeigersinn und bewegen gleichzeitig das Metall mit dem Uhrzeigersinn. So entsteht eine klare Linie.

2. Den ausgehobenen Span wegschnipsen.
3. Kratzer mit dem Polierstahl entfernen.

4. Plexiglas ist leicht zu gravieren. Bevor es nach dem Gravieren gebogen werden kann, muß man es erwärmen.

Graviert sind vielfach Monogramme, persönliche Botschaften, Wappen und Ornamente. Die Manschettenknöpfe (unten) von George Lukes (GB) tragen ein Monogramm und ein Wappen in Flachstichgravur. Das Medaillon (ganz unten) wurde durch Gravieren ornamental verziert.

Die Acetatplatte mit der Motivseite auf das Metall legen und mit dem Polierstahl darüberreiben. Hat sich das Motiv auf die Plastilinschicht übertragen, zieht man die Linien mit der Reißnadel nach.

Ausheben von Linien

Das Werkstück sollte vor dem Gravieren poliert werden, da durch Schleifen und Polieren Schärfe und Glanz der Linien zerstört würden.

Das Metall wird zum Gravieren auf ein mit Sand gefülltes Lederkissen gelegt (15 cm Durchmesser ist ausreichend) oder besser noch in der Kittkugel fixiert. Auf einer solchen erhöhten Unterlage läßt sich das Werkstück leichter festhalten und bearbeiten. Das Heft liegt fest in der Hand, und der etwa 2 cm vorstehende Stichel wird zwischen Daumen und Zeigefinger gehalten. Die Spitze genau in eine Linie graben, dann die Hand senken, damit die Stichelunterkante möglichst parallel zum Metall liegt, dabei jedoch die Spitze nicht von der Stelle bewegen. Nun den Stichel 2 bis 3 mm durch die Metalloberfläche schieben: vor der Spitze bildet sich ein Metallkringel, der Span. Den Span mit dem Stichel wegschnipsen und das Werkzeug zurück in die Rille setzen. Die nächsten 2 bis 3 mm ausstechen und den Span entfernen. Auf diese Weise bis zum Schluß fortfahren. Das Gravieren von Bögen ist (für Rechtshänder) leichter, wenn gegen den Uhrzeigersinn geschnitten und das Metall von der anderen Richtung auf den Stichel zu gedreht wird. Der Stichel darf niemals auf die Hand, die das Werkstück festhält, gerichtet werden.

Fehlerkorrigierung

Mit einem halbrunden, ovalen Polierstahl lassen sich beim Gravieren entstandene Fehler »ausradieren«. Ein unbeabsichtigter Schnitt kann beseitigt oder zumindest kaschiert werden, indem man mit der halbrunden Seite des Stahls an seinen Kanten entlangreibt. Das umgebende Metall wird dadurch in die Lücke gedrängt. Nicht mit dem Stahl über den Schnitt fahren, weil er dadurch weiter vergrößert werden könnte.

Vollenden der Flachstichgravierarbeit

Während des Gravierens ist die Metalloberfläche vielleicht ein wenig verkratzt worden. Das Entfernen der Kratzer muß so vorsichtig wie möglich geschehen, damit die feinen Gravurlinien erhalten bleiben. Für diesen Zweck eignet sich Holzkohle, da sie eine sehr feine schleifende Wirkung hat. Kratzer mit einem Holzkohlestückchen sanft wegreiben, dann das Metall vorsichtig mit einem Lederholz polieren (siehe Seite 47).

RELIEFGRAVIEREN

Beim Reliefgravieren wird mit Stichel oder Meißel Metall oder ein anderes Material spanweise weggeschnitten. Da Werkzeuge und Arbeitstechniken denen des Flachstichgravierens ähneln, sind Details über die hier nur kurz behandelten Themen dem vorhergehenden Kapitel (siehe Seite 140) zu entnehmen.

Stichel für das Reliefgravieren

Für diese Technik gibt es zahlreiche verschiedene Stichel. Die untenstehende Auswahl wird für Anfänger empfohlen. Jeder Stichel erhält ein rundes Holzheft.

Zurichten des Stichels

Der Stichel sollte bequem in der Hand liegen und 1,5 bis 2 cm zwischen Daumen und Zeigefinger vorstehen. Überschüssige Länge abschlagen und die Angel in das Heft einlassen.
Die Kappe (die schneidende Spitze) des Stichels wird durch Schleifen auf einem kleinen Siliziumkarbid geschärft. Für das Schleifen zwischendurch nimmt man einen Arkansasstein, der eine sehr feine Schleifwirkung hat. Die Anleitung auf Seite 140 zeigt, wie ein Stichel zugerichtet und angeschliffen wird.

Anreißen des Metalls

Das Motiv auf die Fläche übertragen und anschließend deutlich anreißen. Manchmal wird das Bild zuerst flachstichgraviert, bevor das Relief ausgearbeitet wird, so daß einige der Führungslinien sichtbar bleiben. Sind zu viele Linien durch die Reliefgravur verschwunden, muß das Motiv eventuell erneut übertragen werden. Das Werkstück entweder auf einem Sandkissen oder auf einem Holzblock mit Fasserkitt fixieren (siehe Seite 82f.).
Beim Reliefgravieren wird zunächst die Gesamtform des Stücks herausgearbeitet. Zuerst müssen alle Vertiefungen geschnitten werden, bis das Niveau der nebeneinanderliegenden Abschnitte korrekt in bezug zueinander steht. In diesem Stadium noch keine Details ausarbeiten, weil es dadurch

Reliefgravieren eines Rings
Je 15 mm an beiden Enden eines 3 mm starken und 5 cm langen Vierkantstabes flach walzen oder schmieden: die Gesamtlänge sollte dann 6,5 cm betragen. Zu einem Ring biegen, Ringschiene feilen. Fassungsdurchbrüche zuerst bohren, dann aussägen. Ornamente gravieren.

1. Reliefgravieren mit einem Meißel
Einen Schneidewinkel von etwa 45 Grad schleifen. Den Meißel in das Metall stechen, absenken, und sanft dagegen hämmern. Vor der Spitze sollte ein Metallspan herausgehoben werden. Ist der Winkel zu gering, rutscht der Meißel über die Fläche, ist er zu groß, gräbt sich die Spitze in das Metall.
2. Anschleifen des Stichels
Nur die Kappe des Stichels mit einem Winkel von etwa 45 Grad schleifen. Einen Tropfen Öl auf den Arkansasstein geben und die Kappe auf den Stein drücken, bis das Öl hervorquillt.
3. Stichel für das Reliefgravieren
Von oben nach unten: Spitzstichel, Nr. 10 (1 mm), Bollstichel Nr. 6 (0,6 mm), Justierstichel Nr. 19 (1,9 mm), Flachstichel Nr. 14 (1,4 mm), Fadenstichel Nr. 18 (8reihig, 1,8 mm).
4. Diese hübschen Goldringe von Alan Craxford (GB) sind reliefgraviert.

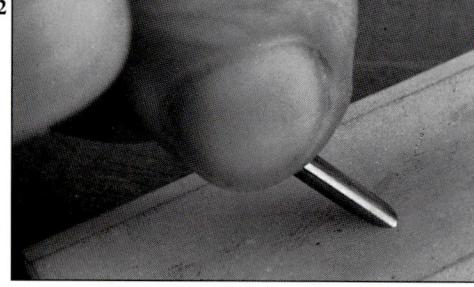

RELIEFGRAVIEREN 143

RELIEFGRAVIEREN EINES ANHÄNGERS

Das Motiv übertragen und aussägen. Ein großes Werkstück evtl. auf dem Lederkissen, ein kleineres auf einem Holzblock mit Fasserkitt fixieren. Zunächst die Gesamtform herausarbeiten. Sicherstellen, daß tiefer- und höherliegende Elemente im richtigen Bezug zueinander stehen. Zum Beispiel sollten die Füße ein niedrigeres Niveau haben als das Kleid, der hintere Arm tiefer liegen als der vordere, jedoch auf gleicher Ebene mit dem hinteren Bein. Nachdem diese Relationen hergestellt sind, kann mit dem Schneiden der Details, wie Materialfalten und Haarlocken, begonnen werden. Zum Schluß schmirgeln und polieren.

Materialien

Stichel mit Rundheft: Spitzstichel Nr. 10, Bollstichel Nr. 6, Justierstichel Nr. 19, Flachstichel Nr. 14, Arkansasstein zum Schleifen der Stichel Holzblock und Fasserkitt zum Fixieren der Arbeit Säge und Blättchen Reinigungs- und Polierausrüstung **Metall, Holz oder Plexiglas:** 2 mm stark, ausreichend für das Motiv

schwieriger wird, die Gesamtkontur zu beurteilen.

Mit dem Stichel Stück für Stück kleine Metallspäne aus der Oberfläche herausschneiden und wegschnipsen.

Ist die Gesamtkontur deutlich umrissen, kann mit der Detailarbeit begonnen werden. Zum Schneiden glatter Flächen den Stichel flacher halten und höher gelegene Stellen vorsichtig abtragen. Eine bessere Glanzwirkung wird erzielt, wenn man die Stichelbahnen mit feinem Schmirgelpapier abreibt.

Manchmal ist das Gesamtstück durch Reflektionen von glanzgeschnittenen Flächen nur schwer zu beurteilen. Solche Spiegelungen lassen sich mildern, wenn die Oberfläche mit Talkumpuder bestäubt wird. Zum Herstellen eines Streusäckchens vier Quadrate à 15 cm aus feinem Baumwollgewebe übereinanderlegen. Drei Teelöffel Talkum hineingeben und mit einer Schnur zu einem Säckchen binden. Der Puder wird durch den Stoff auf das Werkstück gestäubt und hinterläßt einen feinen Film. Auf diese Weise ist die Spiegelung beseitigt, ohne daß die Gesamtkontur verdeckt wird.

Reliefgravieren mit dem Meißel

Einige professionelle Graveure bevorzugen statt des Stichels einen Meißel, da sie damit schneller arbeiten können. Meistens wird jedoch das Gravieren mit dem Meißel als schwer erlernbar empfunden.

Die zum Reliefgravieren verwendeten Meißel haben kein Heft. Sie werden mit dem Hammer in das Metall oder Material getrieben. Meißelgraveure fertigen ihre Werkzeuge in der Regel selbst an. Man kann sie wie Musterpunzen aus Werkzeugstahl schmieden, feilen, polieren und dann härten und anlassen. Die Meißelbahnen werden auf einem Ölstein ähnlich wie bei gewöhnlichen Holzmeißeln geschliffen.

Herkömmliche Stichel lassen sich auch als Meißel zurichten. Da die weiche Angelspitze durch einen Hammerschlag verbiegen würde, bricht man sie bis auf 1 cm ab. Die Angel wird nicht ganz entfernt, da beim unmittelbaren Hämmern auf gehärtetem Metall kleine Stahlstückchen abspringen können.

Zum Gravieren wird der Meißel auf das Metall gesetzt und dann mit einem Ziselierhammer sanft geschlagen. Dabei sollten keine großen Stücke, sondern kurze, dünne Metallspäne ausgehoben werden.

ZISELIEREN

Ziselieren ist eine formende Gestaltung von Metall. Mit einer Vielzahl unterschiedlicher Punzen wird ein Motiv in kleinen Abschnitten auf das Material geschlagen. Es kann von der Vorder- oder von der Rückseite eingearbeitet werden und komplexe, überlappende oder ineinander verschlungene Formen bilden. Anders als beim Auftiefen hat das Metall die Möglichkeit, in verschiedene Richtungen auszuweichen.

Schroten bezeichnet das Aufbringen eines Motivs von der Vorderseite des Werkstücks, Modellieren ist die Gestaltung von der Rückseite. Beide Begriffe werden häufig unter »Ziselieren« zusammengefaßt. Ein Fachmann, der Schroten und Modellieren beherrscht, ist ein Ziseleur.

Ziselierwerkzeuge

Zum Ziselieren benötigt man Ziselierpunzen, eine Kittkugel und einen Ziselierhammer. Es gibt vier Kategorien von Punzen, die jeweils unterschiedlichen Funktionen dienen:

1. Schrotpunzen für lineare Zeichnungen
2. Modellierpunzen mit gewölbtem Kopf zur plastischen Formung
3. Planierpunzen mit flacher Arbeitsfläche zum Planieren von Flächen
4. Musterpunzen mit gemusterter Arbeitsfläche zum Strukturieren von Flächen

Ziselierpunzen kann man entweder selbst herstellen oder kaufen: Eine Anleitung zum Selberschmieden von Punzen folgt auf Seite 146. Das Werkstück wird während seiner Bearbeitung in der Kittkugel befestigt. Die Kittkugel ist eine gußeiserne, halbkugelige Schale, die auf einem Lederkranz liegt. Sie hat gewöhnlich einen Durchmesser von 20 cm, der sich für die meisten Goldschmiedearbeiten eignet. Die Kugel ist zum größten Teil mit Eisenstückchen oder Zement gefüllt, nur die oberen 3 cm bestehen aus Treibkitt. Die Treibkittmischung wird aus 2 Teilen schwarzem Pech, einem Teil Gipspulver und einem Fingerhut Talg angerührt.

In der Regel kommt man am besten mit einem 115 g schweren Hammer zurecht. Der Ziselierhammer hat eine breite Schlagfläche und einen kugeligen Griff, der sich federnd in der Hand bewegt, wenn er auf den Punzen geschlagen wird.

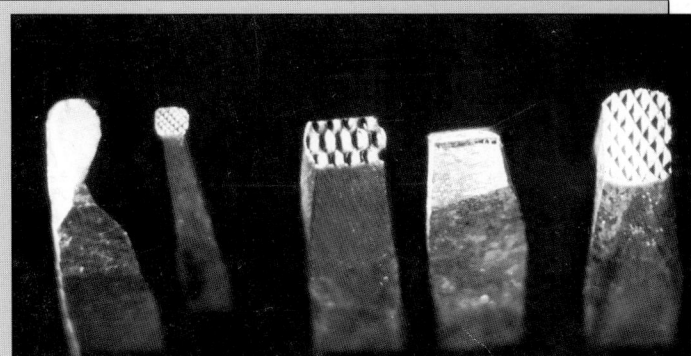

Ziselierwerkzeuge
Schrotpunzen haben schmale Köpfe zum Ziselieren linearer Motive. Ihre Arbeitskante ist entsprechend den Anforderungen unterschiedlich geformt. Der Schrotpunzen ist meistens der erste Punzen, mit dem beim Ziselieren gearbeitet wird, der Modellierpunzen ist der zweite. Modellierpunzen haben volle, abgerundete Arbeitsflächen. Sie können eine runde, quadratische, birnenförmige (erster Punzen, ganz oben) oder sogar eine dreieckige Kontur haben. Planierpunzen mit glatten Köpfen werden zum Planieren verwendet. Die Kontur des Punzens ist auf die Form der Metallfläche abzustimmen. Musterpunzen haben eine gemusterte Arbeitsfläche zur Gestaltung von Metall (zweiter, dritter und fünfter Punzen, ganz oben). Die Kittkugel (oben) ruht auf einem Lederkranz. Daneben befindet sich eine Auswahl an Ziselierpunzen und ein Ziselierhammer mit handgefertigtem Griff. Die breite Schlagfläche mindert das Risiko, daß man danebenschlägt. Durch den kugeligen Griff federt der Hammer in der Handfläche.

Der ziselierte Goldanhänger (rechts) stammt aus dem antiken Rom. Roy Flewin (GB) ziselierte die Gürtelschnalle aus Niob (ganz rechts) nach einer chinesischen Jadeschnitzerei. Sie ist auf der Seite 144 in der Kittkugel zu sehen. Der Mittelteil dieses Leder- und Silberhalsschmucks (unten) von Susan Fortune (GB) ist ziseliert.

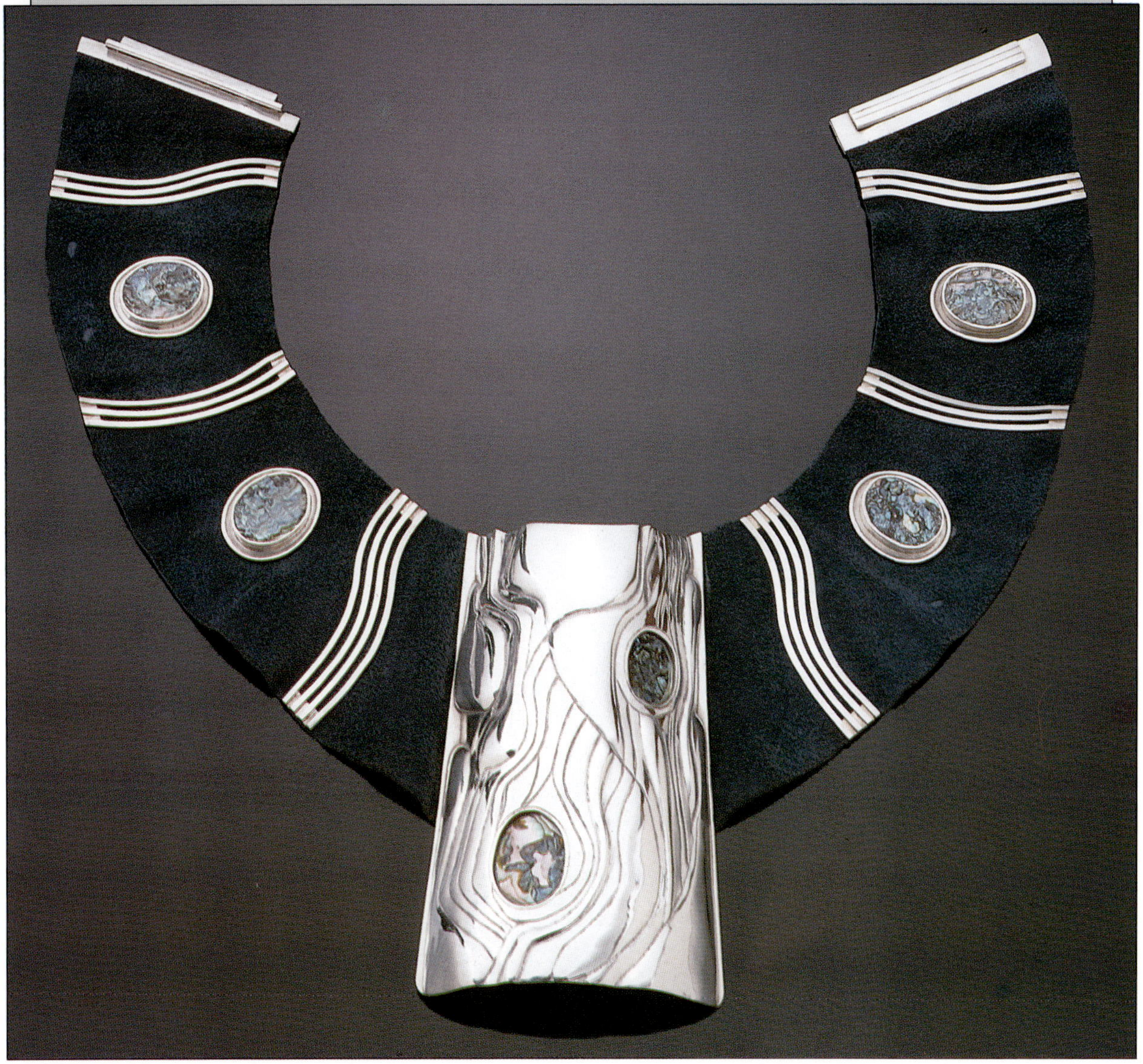

HERSTELLUNG EINES SCHROTPUNZENS

1. Den Stahlrohling hochhalten und die Flamme nach oben auf das Metall richten. Das Ende rot glühen und die Grundform schmieden.
2. Nachfeilen. Das andere Punzenende abschrägen, damit die Kanten durch die Hammerschläge nicht umbiegen. Schmirgeln und polieren.
3. Etwa 5 cm der Punzenspitze mit Seife einreiben. Das Ende rot glühen und sofort ablöschen. Da der Punzen dadurch nicht nur hart, sondern auch spröde wird, muß er angelassen werden: die Flamme etwa 3 cm unterhalb der Spitze halten und die Farbveränderung beobachten. Zuerst wird der Punzen strohgelb, dann bewegt sich das helle Strohgelb unter weiterer Hitzezufuhr zur Spitze, gefolgt von einem dunkleren Strohgelb und einem Goldgelb. Sobald das Goldgelb die Spitze erreicht, den Punzen ablöschen.

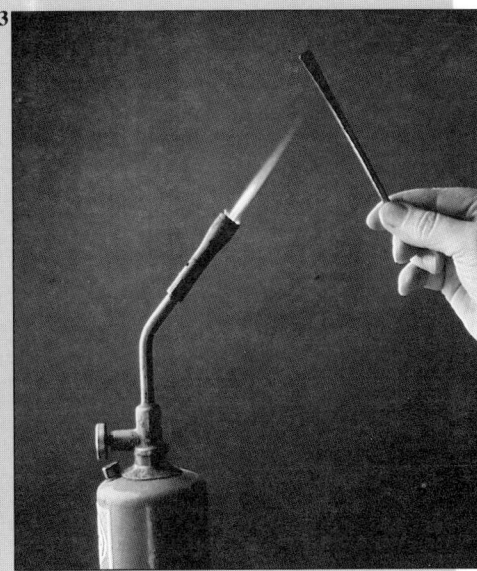

Materialien	
Ausrüstung zum Erhitzen	lierausrüstung
Schmiedehammer	5 × 10 mm Vierkantstahlrohling
Bretteisen	Seife zum Herabsetzen der Oxidierung auf poliertem Stahl
Feilen	
Reinigungs- und Po-	

Zisleiertechniken

Das Motiv übertragen und anreißen. Vor dem Befestigen im Kitt wird das Werkstück angewärmt und von der Unterseite befeuchtet. So läßt es sich später leichter aus dem Kitt herausnehmen. Vorsichtig die Flamme über den Kitt führen, damit er weich wird. Er darf jedoch nicht blasig werden oder brennen! Das Metall in die Kugel legen und mit *nassen Fingern* ein wenig Kitt über den Rand des Werkstücks drücken, um es sicher zu befestigen. Warten, bis der Kitt abgekühlt ist. Nicht versuchen, warmen Kitt von den Fingern zu entfernen, da dies recht schmerzhaft werden könnte.

Den Punzen, wie auf Seite 147 gezeigt, in der linken Hand (Rechtshänder) halten. Dadurch ist größtmögliche Stabilität gewährleistet. Wird der Punzen nur mit den Fingerspitzen gehalten, wackelt er bei jedem Schlag.

Ein kompliziertes Motiv zuerst mit dem Schrotpunzen vorbereiten. Anderenfalls kann auch direkt mit dem Modellierpunzen begonnen werden.

Beim Ziselieren trifft der Hammer in gleichmäßiger Folge auf den Punzen, während dieser immer ein wenig weitergezogen wird. So entstehen gleichmäßige Vertiefungen. Den Punzen während des Schlagens stetig weiterziehen, bis die gewünschte Modellierung erreicht ist. Das Werkstück mit der Kittkugel bei Bedarf drehen und verschieben.

Nach Beendigung das Metall umdrehen und von der anderen Seite bearbeiten. Sobald es hart wird, muß es aus dem Kitt gelöst und ausgeglüht werden. Dann den Kitt wieder erwärmen, das Werkstück hineinlegen und fortfahren.

Ist die Gesamtkontur des Werkstücks hergestellt, werden mit dem Schrotpunzen feinere Details eingebracht, eventuell von der Vorder- und der Rückseite. Anschließend mit dem Planierpunzen unerwünschte »Beulen« beseitigen und eine glatte Oberfläche schaffen. Die planierte Oberfläche wird nun so belassen oder mit einem Musterpunzen strukturiert. Man kann sie auch mit einer Siliziumfeile bearbeiten und dann polieren.

ZISELIEREN

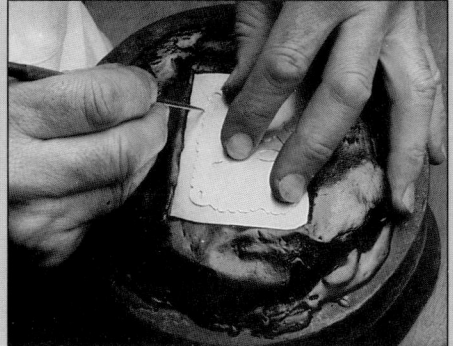

Materialien

Kitt, Kittkugel und Lederkranz
Ziselierpunzen
Ziselierhammer
Wärmequelle zum Erhitzen des Kitts
Säge und Blättchen
Metall: 0,5 bis 0,8 mm stark und ausreichend für das Motiv
Furnituren für Ohrring oder Gürtelschnalle

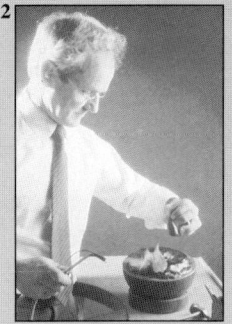

ZISELIEREN EINER BLUME

1. Den Kitt mit weicher Flamme anwärmen: er darf nicht blasig werden! Die Masse mit einem Holzstab zurechtdrücken.

2. Das Metall in den Kitt legen. Der Kitt unter dem Blech muß blasenfrei sein. Mit feuchten Fingern ein wenig Kitt über die Kanten drücken.

3. Das Motiv auf das Metall übertragen. Soll ein Teil mehrfach gefertigt werden, kann man eine Schablone herstellen und als Vorlage verwenden.

4. Mit dem Schrotpunzen beginnen. Den Punzen, wie gezeigt, fast senkrecht auf das Metall halten. Mit dem Hammer auf den Punzen schlagen und diesen gleichzeitig ein Stück an der Anreißlinie entlangziehen. Mit dem Modellierpunzen die Furchen herausarbeiten.

5. Plastilin in die Vertiefungen drücken, um Form und Tiefe der Furchen zu überprüfen.

6. Mit dem Planierpunzen abschließen.

WEITERFÜHRENDE TECHNIKEN

Bisher haben sich viele der vorgestellten Arbeiten mit einem einzigen Verfahren beschäftigt, um Anfängern die Möglichkeit zu geben, neue Techniken zu erlernen und zu üben. Das Anfertigen eines Schmuckstücks schließt jedoch meistens verschiedene Arbeitstechniken ein. In den fortgeschrittenen Projekten werden früher vorgestellte Techniken nun kombiniert angewandt. Obwohl die Schmuckstücke dadurch komplizierter wirken, bleiben die Techniken so einfach wie zuvor. Hat man gewisse Fertigkeiten erlangt, können eigene Arbeitsansätze und Kombinationsmöglichkeiten entwickelt werden.

Neben dem Üben der Grundtechniken, helfen auch eine Reihe nützlicher Tips, den Weg zur erfolgreichen Schmuckgestaltung zu ebnen. Vorausplanung ist unerläßlich: Der Entwurf eines Schmuckstücks umfaßt nicht nur seine äußere Erscheinung, sondern auch die Konstruktionsmethoden und deren Reihenfolge. »Fallen« können somit rechtzeitig erkannt und umgangen werden.

Immer den einfachsten Arbeitsansatz wählen. Kompliziert aussehende Schmuckstücke sind oft aus simplen, leicht herzustellenden Elementen zusammengesetzt: Die kunstvolle Granatkarmoisierung auf der gegenüberliegenden Seite besteht aus flachen, ovalen Steinlagen. Sie halten durch Stege zusammen, die vom oberen Element durch Löcher in das nächste Element gesteckt und umgebogen werden. Die Stege der zweiten Lage führen dann durch Löcher in der dritten usw. Die Lagen werden einzeln konstruiert und erst nach dem Polieren zusammengesetzt.

Nicht zu vergessen sind die allgemeinen Grundsätze: für präzises Arbeiten das Werkstück gut festhalten. Werkzeuge pfleglich behandeln – schadhafte Arbeitsgeräte können das Schmuckstück beschädigen. Für Sägearbeiten das richtige Blättchen auswählen. Beim Feilen immer mit der größtmöglichen Feile arbeiten. Löten grundsätzlich zuerst mit strengfließendem Lot, dann mit mittel- und zuletzt mit leichtfließendem Lot. Vor dem Polieren alle Kratzer beseitigen. Systematisch und sicher arbeiten.

MATERIALIEN
Mittlerweile wird man über einen Grundstock an Werkzeugen der untenstehenden Hauptkategorien verfügen. Für die fortgeschrittenen Arbeiten sind deshalb nur einige zusätzliche Geräte erforderlich.

1. Trennwerkzeuge
2. Formverändernde Werkzeuge
3. Ausrüstung zum Erhitzen und Löten
4. Ausrüstung zum Reinigen und Polieren

Zu jedem Projekt sind Abmessungsvorschläge gegeben. Hierbei handelt es sich nur um Richtwerte. Die exakten Maße für Steine und Material sollten individuell ermittelt werden.

Einlegearbeit mit Patinierung
Dana Tinsley kombinierte eine Einlegearbeit mit Patinierung, um diesen sehr individuellen Effekt zu erzielen. Seite 150f.

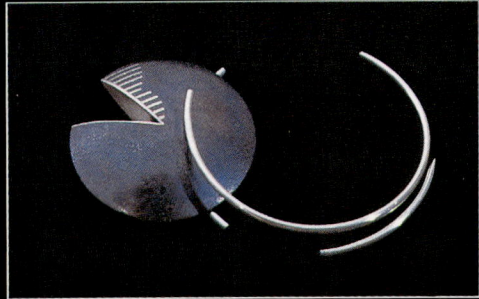

»Druckfreie« Fassung
Ideal für Steine, die für eine angedrückte Fassung zu zerbrechlich sind. Seite 158f.

Karmoisierung
Ein Goldschmied muß zahlreiche Techniken beherrschen, um solch aufwendige Fassungen herstellen zu können. Seite 166f.

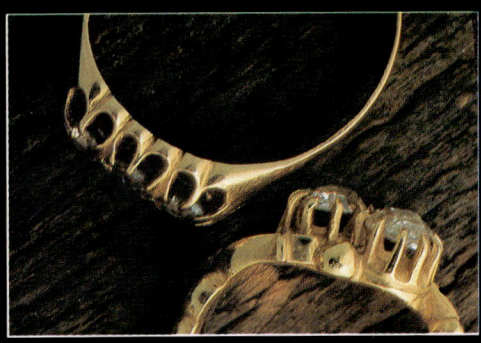

Ring mit einem Stein
Seite 160f.
Ring mit drei Steinen
Seite 162f.
Aufbaukonstruktion
Seite 164f.

Gliederketten
Seite 152f.

Verbindungstechniken
Seite 154–157

Einlegearbeit mit Patinierung

Diese Brosche wird nach dem Verfahren der amerikanischen Goldschmiedin Dana Tinsley angefertigt: Silber wird in Kupfer eingelegt, beide Metalle durch Ätzen oberflächenbehandelt und das Kupfer als Kontrast zum Silber chemisch dunkel gefärbt. Für diese Arbeit benötigt man etwa 1,2 mm dickes Kupferblech und Silberstreifen entsprechend der Stärke eines Sägeblättchens.

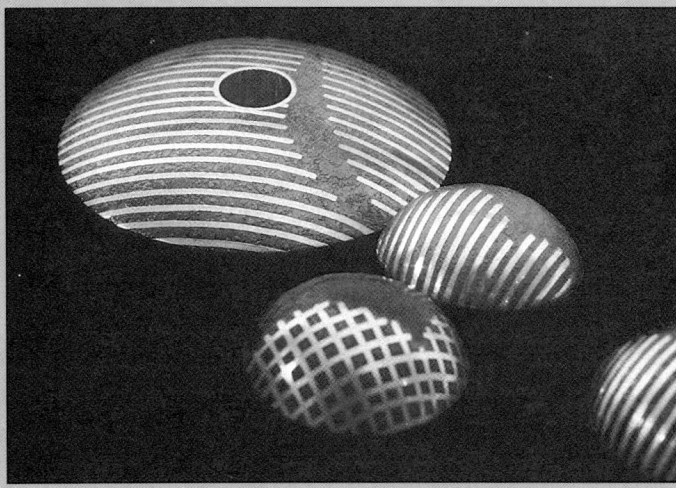

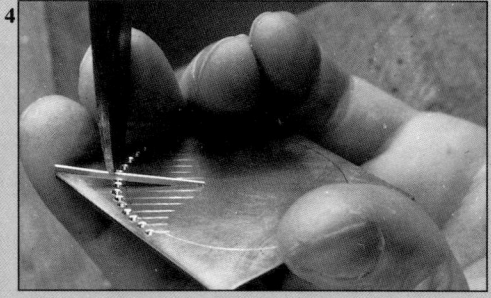

1. Auf dem Kupferblech einen Kreis anreißen und die Lage der Silberstreifen markieren. Außerhalb des Kreises an den Enden der Einlegelinien Durchbrüche zum Einführen des Sägeblättchens bohren.
2. Das Sägeblättchen durch ein Loch fädeln und die erste Linie sägen. Bei den anderen Linien genauso verfahren.
3. Silberstreifen vorbereiten, die exakt in die Schlitze passen. Die Streifen können ruhig nach oben ein wenig herausstehen, dürfen jedoch nicht unter der Oberfläche liegen. Die Streifen an den nicht gebohrten Enden in die Schlitze hämmern.
4. Mit der Blechschere auf die richtige Länge schneiden.
5. Die einzelnen Streifen mit einer Parallelzange fest in das Metall drücken.
6. Zum Löten Paillen gleichmäßig über den Einlegebereich verteilen.
7. Mit weicher Flamme erhitzen, bis das Lot zwischen alle Einlegestreifen geflossen ist.

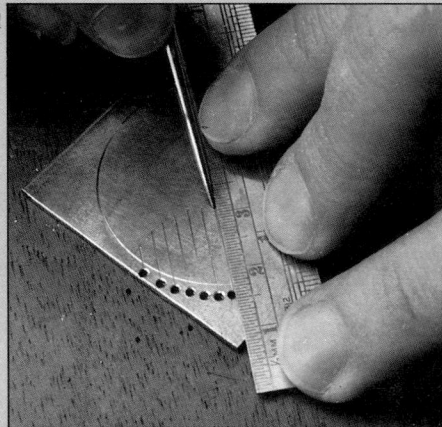

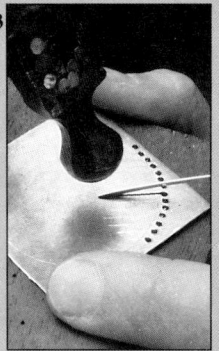

EINLEGEARBEIT MIT PATINIERUNG **151**

8. Die Scheibe aussägen, verfeilen und schmirgeln.

9. Mit einem Holzpunzen die Scheibe leicht auftiefen. Ein Metallpunzen könnte das Metall dehnen oder Kratzer hinterlassen.

10. Die Patinierung wird durch stellenweises Ätzen der Oberfläche mit Säure und anschließendes Färben des Kupfers erzielt. Zuerst Teile der Oberfläche mit einem Deckmittel beschichten, wodurch verhindert wird, daß die Säure diese Stellen angreift. In diesem Fall wird Harzpulver verwendet, das man im Druckereifachhandel erhält. Aus einem locker gewebten Material, wie Musselin, ein Säckchen formen. Harzpulver hineingeben und über das heiße Metall stäuben. Die Verteilung des Pulvers ist zufällig: einige Stellen bleiben unbedeckt und werden geätzt, andere sind geschützt. Das Metall abkühlen lassen.

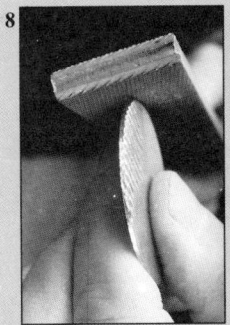

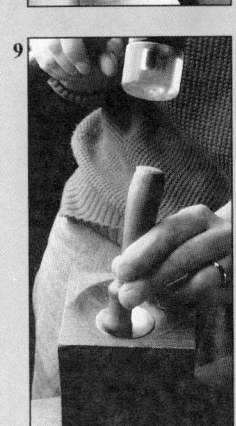

11. Zum Ätzen der Brosche das kalte, teilbeschichtete Metall in verdünnte Salpetersäure tauchen. Eine 20 %ige Lösung – 1 Teil Säure auf 5 Teile Wasser – verwenden. Warnung: Säure kann bei falscher Behandlung gefährlich sein. Die Anweisungen zum Säureansetzen auf Seite 31 beachten. Der Ätzvorgang dauert etwa 5 Minuten.

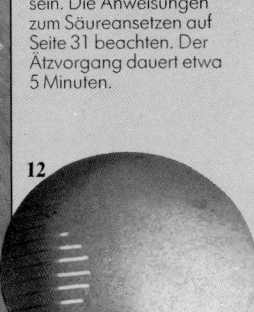

12. Während des Ätzbades das Werkstück mehrfach überprüfen, herausnehmen, wenn die gewünschte Oberflächenwirkung erreicht ist. Anschließend gründlich unter fließendem Wasser auswaschen. Das Harz durch Reiben mit einer Bürste und feinem Bimsmehl entfernen. Dadurch bleibt das Silber glänzend.

13. Für die Färbeflüssigkeit ein kleines Stück (etwa ein Würfel von 1 cm^2) Schwefelleber in einer Tasse kalten Wassers auflösen. Einen leicht bläulichen Schimmer erhält man durch Zugabe einiger Tropfen Ammoniak. Das Wasser muß unbedingt kalt sein, da in warmem Wasser auch das Silber dunkelt.

14. Das Werkstück in die Färbelösung tauchen und beobachten, wie das Kupfer dunkel wird. Ist die gewünschte Farbwirkung erreicht, die Brosche unter fließendem Wasser gründlich auswaschen. Falls auch das Silber verfärbt ist, erneut mit Bims abreiben. Die Farbe des Kupfers wird durch sanftes Reiben nicht berührt.

Gliederketten

Das Herstellen einer Kette ist nicht schwierig. Mit etwas Geduld lassen sich individuelle und phantasievolle Stücke gestalten. Eine Kette ist möglichst so zu konstruieren, daß ihre Glieder nicht gefeilt werden müssen und nach dem Löten frei beweglich sind. Kettenglieder gleicher Größe und Form werden ganz einfach mit Hilfe eines Ösenriegels gemacht: Die entstandene Gliederspirale mit einem geeigneten Sägeblättchen sauber auseinandersägen, so daß nicht mehr gefeilt werden muß. Die Ösenenden zusammendrücken und mit sehr wenig Lot verlöten. Die Arbeit sorgfältig planen, damit die Lötstellen nach dem Zusammensetzen durch die Nachbarösen verdeckt werden. Die Hitze genau steuern, um nicht versehentlich Glieder aneinanderzulöten. Zum Schutz vor dem Lot die Nachbarösen eventuell mit einer Polierrot/Öl-Mischung einpinseln. (Siehe Seite 154)

1

2

3

Kette mit ovalen Ösen
1. Draht um einen ovalen Riegel wickeln.
2. Glieder mit Sägeblatt Stärke 4/0 aufsägen.
3. Die Hälfte der Ösen zusammenlöten und mit den ungelöteten verbinden.
4. Die ungelöteten Glieder zum Löten aufrecht stellen.
5. Oder löten, während man die Nachbarösen in der Zange hält.

4

5

Kette im Viktorianischen Stil
Diese Kette besteht aus vielen unterschiedlichen Verbindungsgliedern, von denen einige mit Kordeldraht verzierte Zargenfassungen tragen. Die Schmuckglieder sind hier emailliert, würden aber sicher auch attraktiv wirken, wenn sie nur poliert wären. Die Glieder wurden mit Hilfe zweier speziell angefertigter Faulenzer hergestellt. Da es sehr zeitraubend wäre, die sechs kleinen Blätter für die Glieder einzeln auszusägen, empfiehlt sich für diese Arbeit ein Stanzwerkzeug (siehe Seite 133). Die Rückansicht (unten und ganz unten) zeigt Details der Verbindungen.

Faulenzerarbeiten
Um einen »Faulenzer« herzustellen, einen dicken und zwei dünne Nägel in ein Holzstück schlagen und die Köpfe entfernen. Den Draht um die Nägel wickeln – so können mehrere Ösen auf einmal gefertigt werden. Glieder aufsägen und verlöten. Die Lötstellen sollen durch Nachbarösen verdeckt werden. Faulenzerösen mit ovalen Gliedern verbinden.

GLIEDERKETTEN

1. Das ornamentale Glied wird aus zwei durchgehenden Elementen zusammengesetzt. Bei der Konstruktion des Gliedes läßt sich eine Menge Zeit sparen, wenn man die beiden Elemente auf den abgebildeten Faulenzern formt. Sie werden aus 3 mm breiten und 1,2 mm starken Alpakastreifen hergestellt, die auf 1 mm dickes Alpakablech gelötet werden. Alpaka eignet sich als Material, da es recht stabil und leicht zu verarbeiten ist und eine polierte Oberfläche behält. Die Faulenzer müssen poliert werden, damit alle eventuellen Unebenheiten, die sich sonst auf das Metall übertragen könnten, beseitigt sind. Für die Anfertigung der Faulenzer sollte man sich Zeit nehmen, da die Qualität der geformten Glieder von ihrer Präzision abhängt.

2. Die beiden Drahtelemente eines Gliedes mit Hilfe der Faulenzer formen.

3. Das diamantförmige Element so anfeilen, daß es sich genau in die Bögen des anderen Elementes schmiegt. Die Teile verlöten.

4. Blätter und Verbindungsösen anlöten. Die Blätter entweder flach lassen oder formen. Die Glieder einzeln schmirgeln und polieren. Zum Schluß alle Glieder miteinander verbinden und die gesamte Kette nochmals sorgfältig polieren (siehe Seite 45).

Verbindungsarten

Viele Schmuckstücke müssen beweglich sein, damit sie sich bequem tragen lassen. Ist beispielsweise ein enges Armband starr, wird dadurch die Bewegungsfreiheit des Handgelenks eingeschränkt. Beweglichkeit kann auch Beschädigungen vorbeugen: Ohrringe und Anhänger mit beweglichen Gliedern brechen nicht so leicht, wenn sie einmal unsanft behandelt werden. Die Verbindungen in einem Schmuckstück können aber auch dekorative Funktionen haben. Flexibilität läßt sich auf vielerlei Arten erreichen. Verschiedene Techniken bewirken unterschiedliche Beweglichkeitsarten und -grade. Das sollte man bei der Planung im Auge behalten.

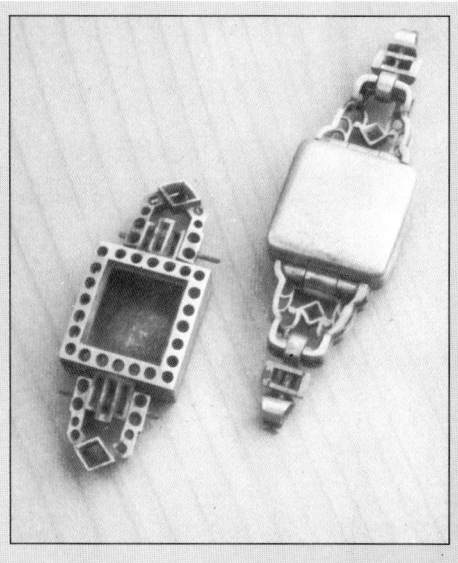

Die Gehäuseauflagen (links) sind durch Scharniere mit dem Gehäuse verbunden, während bei dem Anhänger (oben) kleine runde Ösen als Verbindungsglieder dienen.

1. Exakt passende vertikale Schlitze für den Steg sägen.
2. Den Steg in die Schlitze setzen und die Fassungen jeweils auf einer Seite an den Steg löten. Auf der anderen Seite durch die Fassungen und den Steg Durchbrüche für den Nietdraht bohren. (Oder: erst bohren, nachdem die Glieder getrennt sind).
3. Vernieten.
4. Aus dem Inneren der Fassungen den Steg heraussägen.

Auf- und Abbewegung
Dieses System ermöglicht eine leichte vertikale Bewegung der Fassungen an einem rechteckigen Steg entlang. Von vorne gesehen scheinen die Fassungen immer in gerader Linie zu liegen. Der rechteckige Steg muß stark sein und genau in die Fassungsschlitze passen. Das gleiche Prinzip läßt sich auch bei anderen Fassungsformen anwenden.

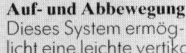

Seitliche Bewegung
Dieses System bewirkt eine horizontale Bewegung. Es läßt sich für jede Fassungsform anwenden.
1. Zwei waagerechte Schlitze sägen. Einen Runddraht, der genau in die Schlitze paßt, ziehen. Ein U biegen und in eine aufrecht stehende Fassung einhaken.
2. Das U in die nächste Fassung klemmen und vorsichtig verlöten.

VERBINDUNGSARTEN 155

Auf-/Abbewegung und seitliche Bewegung

Bei diesem Prinzip hat die vertikale Bewegung mehr Spiel als bei dem System auf Seite 154. Durch Erweiterung des Schlitzes, in dem der Ring sitzt, kann außerdem zusätzlich horizontale Beweglichkeit geschaffen werden, ohne daß die Stabilität leidet. Das System ist für alle Fassungsformen anwendbar. Anfängern sei es besonders empfohlen, da die Ösen – falls stark genug – nach dem Zusammendrücken nicht mehr gelötet werden müssen und keine Gefahr besteht, daß man versehentlich zwei Glieder zusammenlötet.

1. Gegenüberliegende, vertikale Schlitze sägen. Für die Schlitze passende Ringe herstellen. Ösen wie gezeigt festlöten.
2. Eine waagerechte Kerbe feilen. Den Steg auflöten und überstehenden Draht abfeilen.
3. Ösen über die Stege haken und schließen.

Tips für das Feinlöten
1. Die ersten Verbindungen mit streng-, die letzten mit leichtfließendem Lot löten.
2. Möglichst wenig Lot verwenden.
3. Verbindungen müssen absolut sauber und passend sein.
4. Polierrot mit Öl vermischt verhindert den Lotfluß. Paste auf fertig gelötete Verbindungen oder Nachbarösen pinseln, um Mißgeschicken vorzubeugen.
5. Mit feiner, harter Flamme arbeiten.

Multiflexibilität

Manchmal ist Beweglichkeit über eine ganze Fläche gefragt. Eine solche Konstruktion wirkt oft recht kompliziert, funktioniert aber nach einfachen Prinzipien der Mechanik. Der schwierigste Aspekt einer Arbeit wie dieser ist meistens, jedes einzelne Teil zum Löten an seinem Platz zu halten. Hier kann man sich mit Alabastergips behelfen, in dem die Elemente befestigt werden, bis sie fertig gelötet sind. Die Elemente mit Borax einpinseln und in Plastilin setzen. Eine cremige Alabastergipsmischung anrühren und darübergießen. Nach dem Erstarren die Arbeit umdrehen, das Plastilin entfernen und die Verbindungen löten. Das noch warme Werkstück in Wasser tauchen und den Gips abwaschen. Auf diese Weise lassen sich die in der Abbildung (unten) gezeigten Verbindungen herstellen.

Bewegungsscharnier

Scharnierverbindungen sind sehr gebräuchlich. Außen- und Mittelscharnier müssen in gerader Linie angeordnet sein, da sich der Dorn ansonsten gar nicht erst hineinschieben läßt oder dabei verbiegt und die Verbindung unbeweglich wird.
1. Scharnierverbindungen an einem Armband.
2. Ein Verbindungssteg, der später ganz ausgesägt wird, bleibt zunächst beim Auflöten des Außenscharniers stehen.

Gliederohrringe

Die Glieder werden mit einem Scharnierböckchen von einem einseitig offenen Vierkantscharnier abgetrennt (rechts und unten). Die Verbindungsstücke sind aus flachem Vierkantdraht. Nachdem das offene Vierkantscharnier ange-

fertigt ist, werden kurze Stücke für die Glieder abgesägt.
1. In einen 12 mm breiten und 0,8 mm dicken Metallstreifen zwei rechtwinklige, 0,4 mm tiefe Kerben jeweils 4 mm von der Außenkante entfernt einfeilen oder -gravieren. Die Seiten rechtwinklig hochbiegen und den Draht durch ein Vierkantzieheisen ziehen.

8. Die Enden der U-Drähte hinunterdrücken.
9. Die vorstehenden U-Drähte an das nächste Element löten.

Zum Schluß einen Stecker oder eine Öse für einen Bügel anlöten. Die Glieder mit einem Lederholz von Hand polieren (unten). Der Halsreif (rechts) hat 30 cm lange Gliederbänder.

2. Mit einem Scharnierböckchen 4,5 mm lange Stücke abtrennen.
3. 1 mm lange Stücke abschneiden.
4. Von den Armen der 1 mm-Stücke 1 mm absägen.
5. Vierkantdraht à 0,5 × 1 mm u-förmig biegen.
6. Die U-Bögen mit Polierrot/Öl einpinseln. In die 1 mm-Stücke einhaken.
7. Die 1 mm Elemente in die 4,5 mm Stücke löten.

VERBINDUNGSARTEN **157**

In den meisten Fällen sind einfache Verbindungssysteme recht wirkungsvoll. Bei dem Armband (links) wurden die Glieder durch Ösen, die durch Löcher im unteren Fassungsbereich verlaufen, verbunden. Manchmal sind die Verbindungselemente Bestandteil des Gesamtdesigns und deutlich hervorgehoben, ein anderes Mal sind sie verborgen an der Rückseite eines Schmuckstückes angebracht. Bei dem Armband (unten) ist von der Oberseite kaum zu erkennen, wo sich die Verbindungsglieder befinden und unmöglich zu bestimmen, um welche Verbindungsart es sich handelt. Die Rückansicht zeigt, daß das Armband aus Elementen unterschiedlicher Länge besteht, die mit Scharnieren zusammengehalten werden. Die Seitenansicht macht die Relation zwischen der Dicke des Armbands und der Größe der Scharniere deutlich.

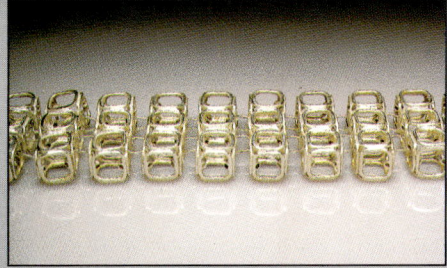

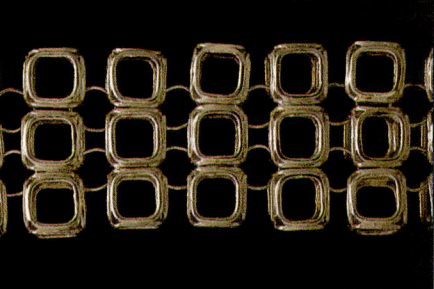

Durch eine U-Ösen-Verbindung ist die Kette (ganz links) so beweglich, daß man sie in enge Schlangenlinien legen kann. Bei dem Halsschmuck (links und unten links) führen Drahtösen locker durch die Aussparungen an den Innenseiten der gegossenen Kästchen. Hierdurch erhält das Schmuckstück große Beweglichkeit. Da die einzelnen Elemente miteinander verbunden sind, behalten sie trotzdem ihre korrekte Ausrichtung. Dieses Prinzip eignet sich nicht für eine einzelne Gliederreihe, da sich die locker verbundenen Glieder verdrehen würden.

»Druckfreie« Fassungen

Einige Steine und Materialien sind so empfindlich, daß sie dem Druck, der beim Fassen ausgeübt wird, nicht standhalten. Der in diesem Beispiel verarbeitete Bernstein hat sehr zarte, dünne Kanten. Er erhält deshalb eine Spezialfassung, bei der die Elastizität des Metalls ausgenutzt wird. Man setzt den Stein in die elastische Fassung und drückt diese in das Schmuckstück.

1. Die Fassung wird aus einem u-förmigen Metallstreifen gefertigt. Der Stein mißt 12 × 16 mm, entsprechend sollte das Metall 4 mm breit, 0,5 mm stark und 50 mm lang sein. Der u-förmige Querschnitt der Fassung bewirkt die Elastizität. Den Streifen mit Hilfe eines Dorns auf der Riefenanke in die gewünschte Form schlagen.

2. Ein Streifenende spitz zuschneiden.
3. Den Streifen durch das Zieheisen ziehen, um den U-Draht ein wenig zu schließen.
4. Den ausgeglühten U-Draht dem Stein entsprechend biegen. Sanft vorgehen, um die Kontur nicht zu zerstören. Öffnet sich der Draht, mit der Zange wieder zurechtbiegen.

5. Den Stein in die Fassung setzen. Sollte er nicht passen, muß die Fassung neu gerichtet oder die Enden so gefeilt werden, bis sie sich berühren.
6. Die Fassungsbasis aus einem 3 mm breiten und 0,6 mm starken Metallstreifen biegen. Sie sollte in die Innenkante der Fassung passen und wird sie später im Ring festhalten.
7. Fassung und Basis mit Bindedraht zusammenbinden und verlöten.
8. Als nächstes aus Runddraht die Fassungshalterung biegen: Sie ist der Bestandteil des Ringkörpers, in den später die Fassung »eingeschnappt« wird. Die Fassungsbasis muß genau in die Halterung passen. Der hier verwendete Runddraht hat einen Durchmesser von 2 mm.
9. Die Fassungsbasis an ihrer Rundseite auf eine Ebene mit der Halterung feilen. An der Spitze beidseitig 5 mm ungefeilt stehenlassen.
10. Mit der Rundzange die beiden 5 mm-Stücke nach außen umbiegen. Sie werden später unter die Fassungshalterung gesteckt.
11. An der Rundseite direkt unter der Fassung eine flache Kerbe in die Basis feilen. So läßt sie sich im nächsten Schritt leichter in die Fassungshalterung drücken.
12. An dieser Stelle muß ganz genau gearbeitet werden, wenn die Fassung problemlos in den Ring schnappen soll. Die »Ohren« der Fassungsbasis unter die Halte-

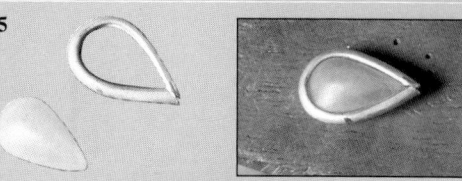

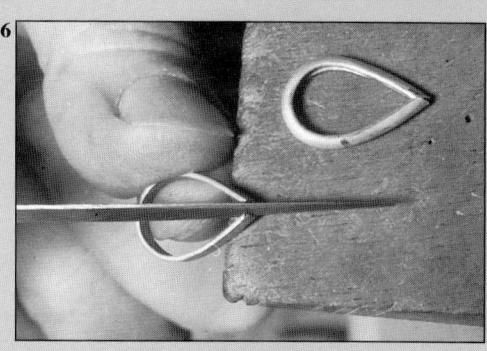

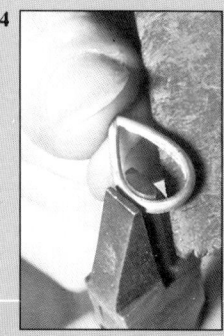

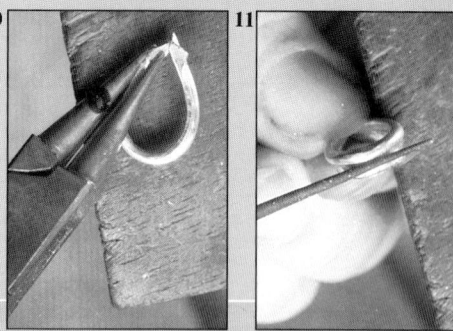

»DRUCKFREIE« FASSUNGEN 159

rung stecken und die Fassung fest hineindrücken. Mit einem Andrücker oder Polierstahl das Metall an der Rundseite der Basis insgesamt nur 8 mm über den Runddraht drücken, so daß sich die Fassung wieder herausnehmen läßt. Wird zuviel Metall über die Halterung gedrückt, ist die Fassung dauerhaft fixiert.
13. Einen Messerstichel zwischen Fassung und Runddraht schieben. Mit einer Drehbewegung die Fassung herausschnappen lassen. Geht dies zu leicht, muß sie wieder zurückgeschoben und noch etwas mehr Metall übergedrückt werden. Kommt sie gar nicht heraus, muß ein Stückchen übergedrücktes Metall wieder gelöst werden. Anschließend die Fassung wieder in die Halterung drücken. Es sollte ein deutliches Einschnappgeräusch zu hören sein. Der Schnappmechanismus muß jetzt funktionieren – falls nicht, wird er es später sicherlich auch nicht tun.
14. Als nächstes mit einem Papierstreifen den Umfang des Runddrahtes ausmessen. Den Bogen der Fingerrundung entsprechend zeichnen und ausschneiden. Das Papiermuster am Finger probieren, eventuell korrigieren.
15. Den Entwurf aus 1 mm dickem Metall sägen.

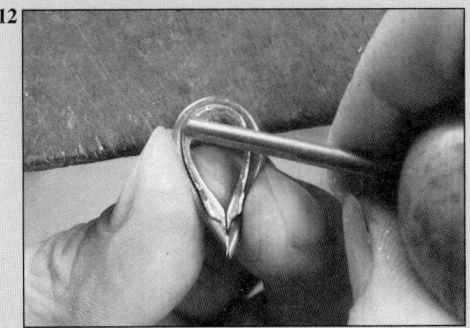
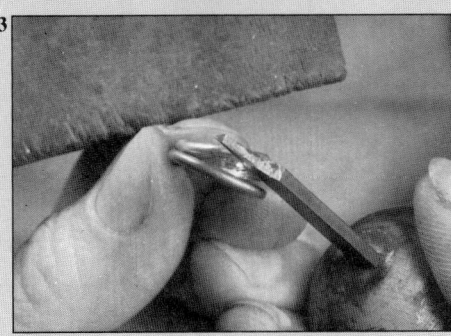

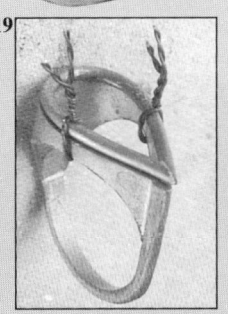
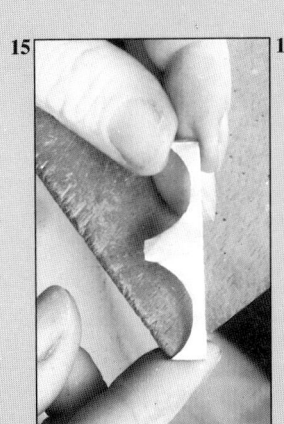
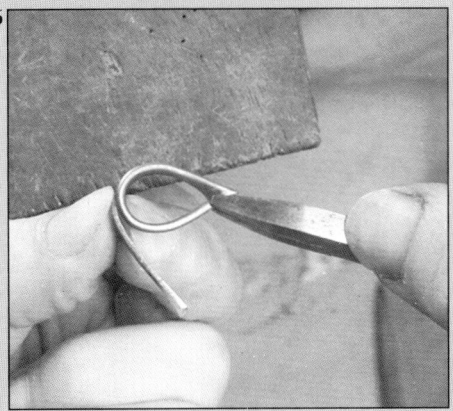

16. So biegen, daß er unter die Außenkante der Fassungshalterung paßt. Verlöten.
17. Die Ringschiene soll auf einer Seite halbrund auf der anderen dreieckig sein. Ein Stück 2 mm starken Runddraht in der Riefenanke entsprechend schlagen. (Die Anke durch Einfeilen von Kerben in einen Stahlriegel selbst herstellen).
18. Die Schiene biegen, auf die richtige Länge bringen und anlöten.
19. Den Runddraht an die Schiene binden und verlöten.
20. Den Stein in die Fassung stecken und in den Ring schnappen lassen.

Fassen eines Einzelsteines

Ein Solitärring ist als Verlobungsring weiterhin beliebt. In der Regel hat er einen leichten, aber stabilen Metallkörper. Für die Fassung (Chaton) einen 6 mm breiten und 0,9 mm dicken Metallstreifen ausglühen. Pro Fassung rechnet man etwa 30 mm.

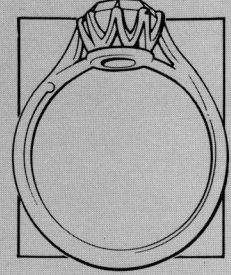

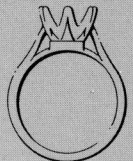 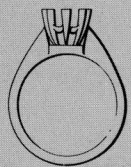 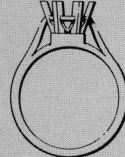

1. Den ausgeglühten Metallstreifen ganz hinten in einer Parallelzange festhalten und mit einer eingekerbten Halbrundzange einen Bogen biegen.
2. Eine Fassung wie gezeigt aufbiegen. Den Streifen überlappen lassen. Die Fassungswandung sollte noch zur Hälfte sichtbar sein, wenn die Steinrondiste aufliegt. Durch den doppelten Metallstreifen sägen und die Fassung zulöten.
3. Die Fassung mit einem Stempel im Stauscheisen konisch formen. Ist sie schief, wird der Stempel auf der Rückseite des Eisens durch die Fassung geschlagen.
4. Mit der Säge 6 Krappen markieren. Beachten, daß die Lötstelle ausgesägt wird und nicht in eine Krappe fällt. Krappenposition an den Seiten und am Fassungsboden markieren.
5. Die Fassungsunterseite mit der Dreikantnadelfeile v-förmig einkerben.
6. Die Kerben von außen verfeilen. Die entstandenen Spitzen unter den Krappen nennt man Zähne.

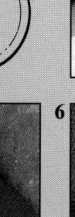 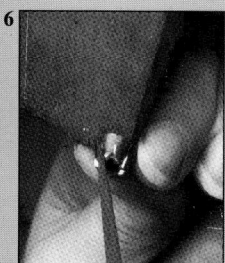  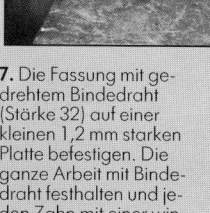

7. Die Fassung mit gedrehtem Bindedraht (Stärke 32) auf einer kleinen 1,2 mm starken Platte befestigen. Die ganze Arbeit mit Bindedraht festhalten und jeden Zahn mit einer winzigen Paille auf die Platte löten.
8. In der Fassungsmitte ein Loch durch die Platte bohren. Die Platte dem Neigungswinkel der Fassung entsprechend von außen verfeilen. Zum Schutz der Fassung von der Platte noch etwa 0,5 mm stehenlassen.
9. Erfahrene Goldschmiede halten das Chaton zum Aussägen der Krappen in der Hand. Anfänger können sich anders behelfen: einen Bleistift oder Holzstab anspitzen, an die Spitze Fasserkitt (oder Schellack) geben und den Kitt und das Metall anwärmen. Die Spitze durch das Loch im Fassungsboden stecken und etwas Kitt über die Platte drücken.
10. Zwischen den Krappen gerade heruntersägen. Die Krappen sollten 1,2 mm breit sein. V-förmige Bögen sägen. Feilen.

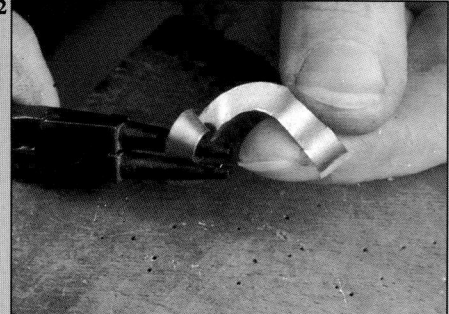 

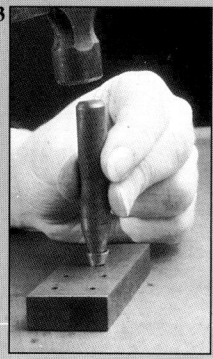 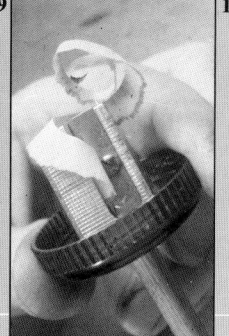 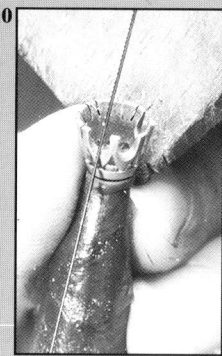

11. Die Ringschiene aus 2,5 mm starkem Vierkantdraht herstellen. An den Enden je 7 mm markieren und das Mittelstück plan schmieden.

12. Das dünnere Mittelstück im Fassonamboß halbrund schlagen. Die Schiene sollte nun 52 mm lang sein.

13. Vor dem Aufbiegen der dicken Enden zunächst ein Stück Papier zum Schutz des Metalls auf die Bleiunterlage legen. Dann einen Stahlriegel an einem Ende ansetzen und hämmern.

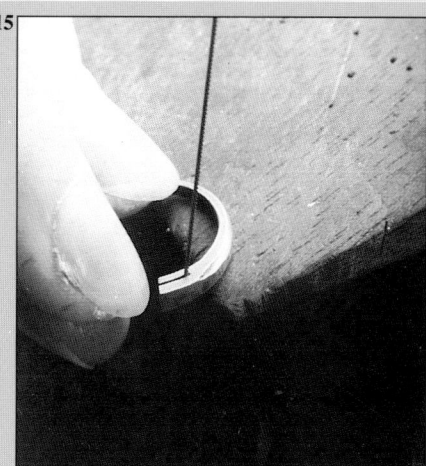
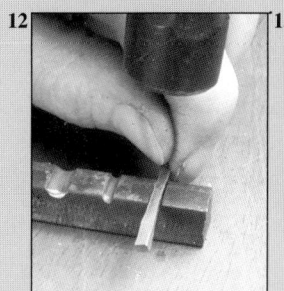

14. Den Rest mit der Halbrundzange biegen und die Enden verlöten. Auf dem Ringriegel rundklopfen.

15. Die Schiene an der Lötstelle aufsägen. An beiden Enden 1 mm von der Innenseite entfernt eine Markierung machen und diese um 4 mm verlängern. Sägen.

16. Die oberen Hälften hochbiegen, so daß sie sanft in die Fassung verlaufen. Die unteren Stege der Fassung entsprechend zurückfeilen.

17. Die Fassung wie gezeigt aufbinden. Das Werkstück am Bindedraht festhalten. Einen Untersteg anlöten. Prüfen, ob das Chaton aus jedem Blickwinkel korrekt in der Schiene sitzt. Die übrigen drei Punkte verlöten. Die Innenseite des Fassungsbodens (Gader) mit der Feile abrunden. Den Ring wie üblich vollenden und den Stein fassen.

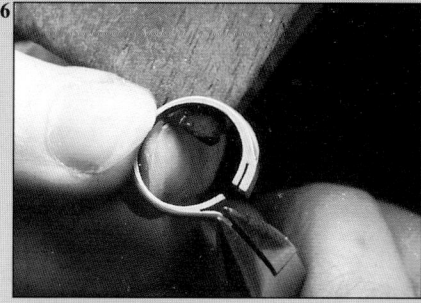

Fassen mehrerer Steine

Es gelten immer die gleichen Prinzipien, egal ob nun drei, fünf oder sieben Steine gefaßt werden. Wie auch bei der Einzelfassung besteht die Aufgabe des Metalls darin, die Steine ins rechte Licht zu rücken. Die Fassung sollte deshalb leicht sein und von oben betrachtet hinter den Steinen zurücktreten. Angenommen, man möchte fünf Steine auf eine schmale Schiene fassen, sollten die äußeren Fassungen höher sein als die in der Mitte. Ist dies nicht der Fall, werden die Steine zum Teil durch die angrenzenden Finger verdeckt.

3. In der Mitte der Innenfassung beidseitig Krappen markieren. Die beiden anderen Fassungen an ihren End- und Außenseiten jeweils mittig markieren. Die Zähne unter den einzelnen Krappen ausfeilen.

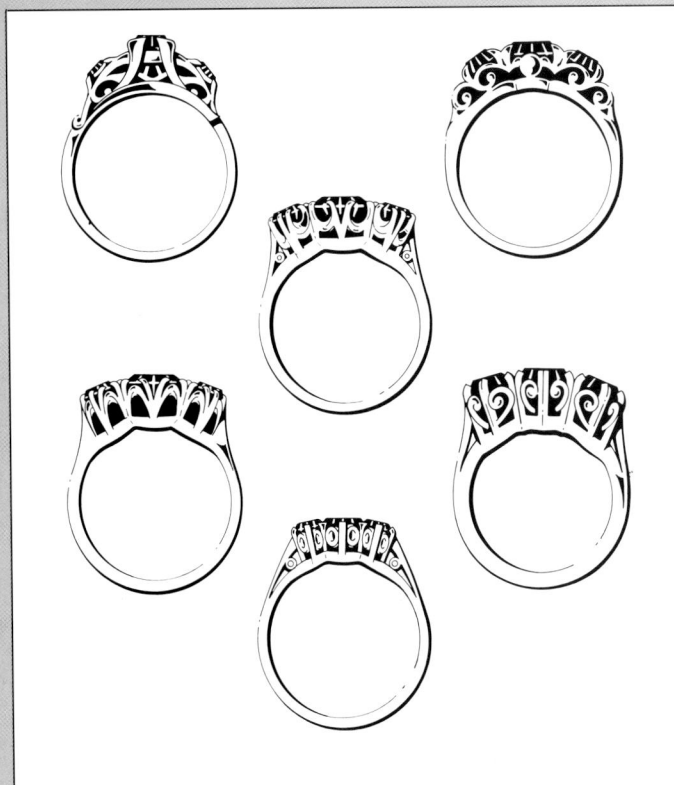

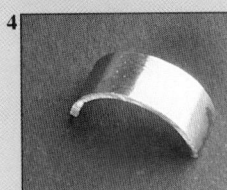

4. Aus 1 mm starkem Metall das Gader biegen.
5. Sicherstellen, daß die Fassungsunterseiten auf das Gader passen. Das Gader aufbinden und löten. Fassungen in der Mitte aufbohren und Außenseiten verfeilen.

1. Individuelle Fassungen, wie für einen Solitärring, anfertigen. Die Fassungswandung sollte noch zur Hälfte um die Steinrondiste sichtbar sein. Die drei Fassungen an ihren Lötnähten flachfeilen, eine davon auch auf der gegenüberliegenden Seite abflachen. Die Wandung an diesen Stellen um die Hälfte reduzieren. Zwei Fassungen an ihren »Flachstellen« zusammenlöten.
2. Die dritte Fassung an die anderen beiden löten. Den Innenbogen der Fingerwölbung entsprechend mit der Feile abrunden.

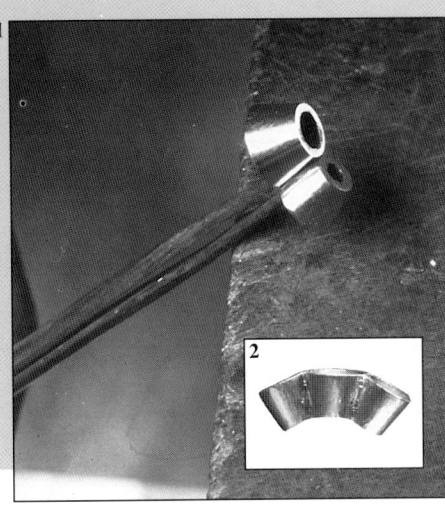

FASSEN MEHRERER STEINE 163

6. Nur die beiden äußeren Krappen herausarbeiten. Die Ringschiene konstruieren und befestigen (S. 160). So läßt sich das Werkstück zum Aussägen der restlichen Krappen besser halten.

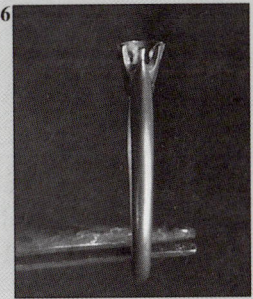

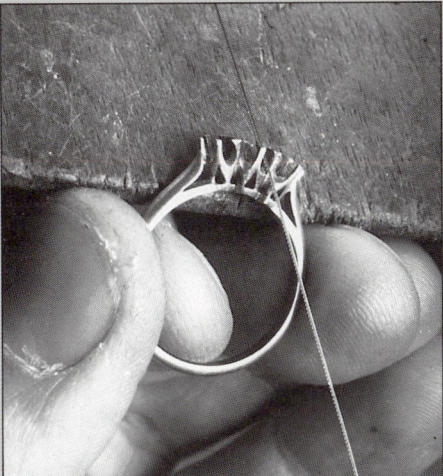

7. Restliche Krappen aussägen. Die Krappen müssen alle gleich breit, die Bögen alle gleich tief sein. Krappen in diesem Stadium nicht zu kurz geraten lassen. Beim Feilen, Schmirgeln und Polieren geht noch Metall verloren! Für ein Chaton benötigt man nur wenig Material, was beträchtliche Kostenersparnis bedeuten kann. Wenig Metall bedeutet auch, daß der Stein von unten viel Licht bekommt, was seine Wirkung weiter unterstreicht.
8. Die Krappen verfeilen.
9. Schmirgeln und polieren.

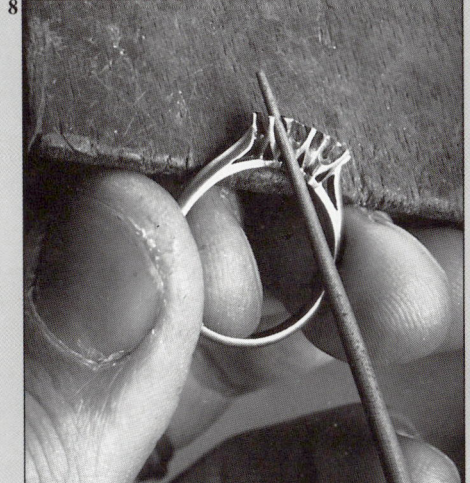

Das Fassen eines solchen Ringes ist nur für Profis, da hier verschiedene Fassungstechniken kombiniert angewandt werden müssen. Der einzelne Stein wird zum einen von Krappen, zum anderen von einem kleinen Metallrand gehalten. Letzterer wird wie eine Zarge angedrückt. Durch Körner, die in den dazwischenliegenden Abschnitten aufgestochen werden, bekommen die Steine zusätzlichen Halt.

Gewundene Ringschiene
1. Eine Ringschiene vier Größen weiter als die geplante Endgröße herstellen. Wie gezeigt s-förmig biegen.
2. Die Ringschiene so feilen, daß der Halbrunddraht mit den Bögen verschmilzt. Sehr elegant wirkt es, wenn die Bögen an den Berührungspunkten mit den Fassungen dünner sind.
3. Die Ringschiene für die Fassungen aufsägen. Die Elemente mit Bindedraht zusammenhalten, verlöten, feilen und polieren. Anschließend fassen.

Aufbaukonstruktion

Die meisten Schmuckstücke bestehen aus mehreren Elementen, die miteinander verbunden werden müssen. Oftmals ist es nicht leicht, die Einzelteile beim Löten an ihrem Platz zu halten. Manchmal hilft Ausbalancieren, aber in der Regel sollten die Elemente mit einem gedrehten, weichen Eisendraht aneinander befestigt werden. Es besteht auch die Möglichkeit, einzelne Teile in Alabastergips zu setzen, der nach dem Löten wieder abgeschlagen wird. Elemente, die einen ungünstigen Winkel oder unterschiedliche Höhen haben, lassen sich mit Kohlegranulat, wie man es für Aquariumfilter benutzt, beim Löten unterstützen. Manchmal werden einige Teile separat gefertigt und erst nach dem Fassen und Polieren durch Nieten, Scharniere oder Glieder an der Rückseite des Schmuckstücks befestigt. Viele Schmuckgegenstände, die kompliziert wirken, bestehen eigentlich aus mehreren, relativ einfachen Bestandteilen.

1. Der hier gezeigte Silberring hat 6 ovale, facettierte Granate à 7×5 mm, einen runden, 8 mm Cabochon-Granat in der Mitte und 6 halbe Perlen à 4 mm Durchmesser. Aus einem 3 mm breiten und 0,7 mm starken Metallstreifen die Fassungen für die Granate anfertigen. Die Steine sollten genau in die Fassungen passen. Aus einem 2 mm breiten und 0,7 mm starken Metallstreifen die Fassungen für die Perlen herstellen.

2. Den Kordeldraht aus 0,5 mm Runddraht drehen.

3. Den Kordeldraht unten an die Fassungen löten.

4. Als nächstes die Halterungsplatte für die Fassungen und Ornamente anfertigen. Das Motiv aus 1,2 mm starkem Silberblech aussägen. Die Platte hat eine Zierkante, die etwa 1 mm über die Fassungsböden hinausragt. Den Durchmesser für die Halterungsplatte anhand der Größe der Fassungen errechnen.

5. Die gesägte Platte dient reben ihrer dekorativen Funktion der Reduzierung des eingesetzten Metalls. Manchmal tragen solche Plat-

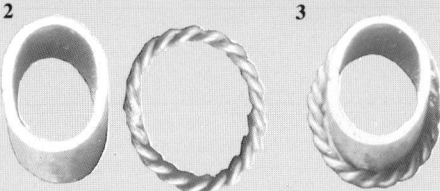

ten Monogramme oder Botschaften.

6. Zwölf runde Blümcher a 2 mm Durchmesser anfertigen. Hierzu gibt es verschiedene Methoden: einen speziellen Prägepunzen herstellen oder mit dem Millegriffes-Rädchen eine Perlleiste rollen und daraus Ringe biegen. In diesem Falle wurde aus einem 0,6 mm starken Blechstreifen ein Scharnier gezogen und davon 2 mm-Stücke abgetrennt. Acht Abschnitte markieren.

7. Die Markierungen pyramidenförmig verfeilen.

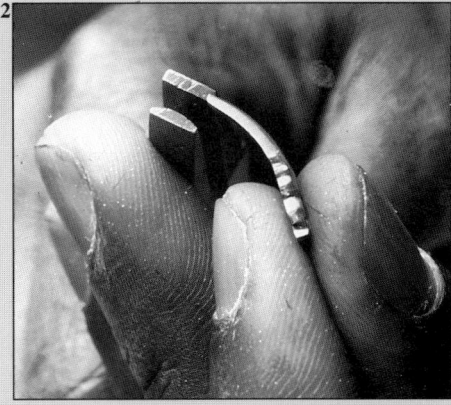

8. Mit dem Korneisen abrunden.

9. Ein Kügelchen aus Silber schmelzen und in die Mitte der Blume löten.

10. Die Halterungsplatte mit einem Punzen in der Kugelanke leicht auftiefen und dann mit der Zange an zwei gegenüberliegenden Seiten der Fingerwölbung anpassen. Die Mittelfassung aufbinden und anlöten. Dann die 6 ovalen Fassungen gleichmäßig um die Mittelfassung anordnen und löten. Je zwei Blümchen zusammenlöten und zwischen die ovalen Fassungen löten. Sie sitzen auf den Kordeldrähten. Zum Schluß wie gezeigt die Perlenfassungen auflöten.

11. Zwei Seitenauflagen aus 1,2 mm starkem Silberblech sägen. Im Fasserkitt befestigen. Das Motiv zuerst flachstich- und dann reliefgravieren.

12. Die Auflagen mit der Halbrundzange biegen.

13. Die Ringschiene aus 3 mm breitem Halbrunddraht biegen. Beide Seitenauflagen auf die Schiene binden und löten.

14. Das Gader überbrückt den Raum zwischen Ringschiene und Oberteil, das auf ihr befestigt ist. Das Gader wird aus einem 1,2 mm starken und 4 mm breiten Silberstreifen oval gebogen und auf die Ringschiene gelötet.

15. Das Gader von innen der Ringschiene anpassen.

16. Das Gader von außen abrunden, so daß es genau unter der Platte sitzt.

17. Die Platte aufbinden und anlöten. Schmirgeln und polieren. Den Ring im Fasserkitt fixieren und alle Steine fassen: zuerst den Mittelstein, dann die ovalen Granate, zum Schluß die Perlen. Anschließend nochmals polieren.

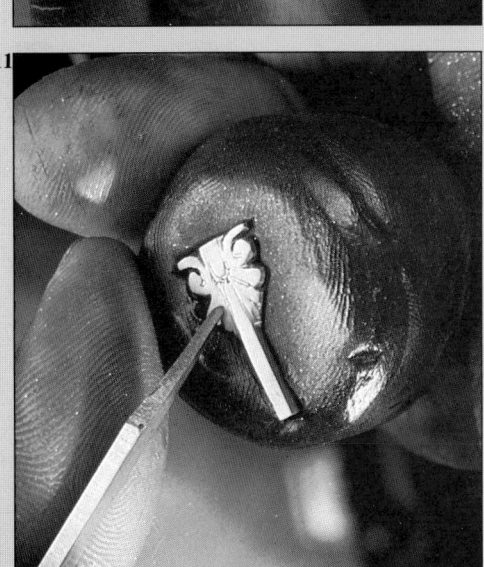

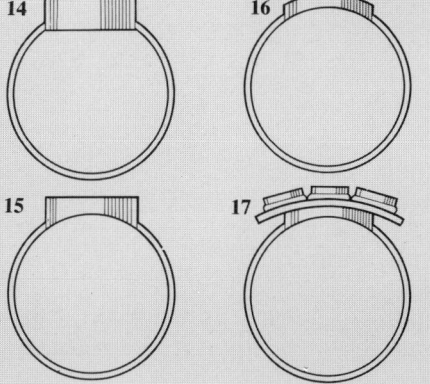

Karmoisierung

Bei dieser Methode kommen die Steine besonders gut zur Geltung. Zuerst werden sie in Plastilin gedrückt, damit Länge und Breite des benötigten Metalls errechnet werden können.

1. Die Steinpositionen einzeln auf dem 1,2 mm starken Metall markieren.
2. Sehr genau messen, um sicherzustellen, daß die Steine gleichmäßig um den Mittelstein angeordnet werden.
3. Die Scheibe außerhalb der Markierungen aussägen.
4. Das Metall in der Kugelanke gleichmäßig von allen Seiten wölben.
5. Sämtliche Steinpositionen in der Mitte zuerst ankörnen und dann bohren.
6. Mit schräg gehaltenem Sägeblatt einen Durchbruch wie gezeigt konkav öffnen, damit der Stein nicht herausfallen kann. Die Rondiste (Außenkante) des Steins sollte auf der Durchbruchkante liegen. Zuerst jedes zweite, dann die restlichen Löcher aussägen.
7. Den Mitteldurchbruch konisch aussägen, so daß die Steinrondiste knapp auf der Kante aufliegt.

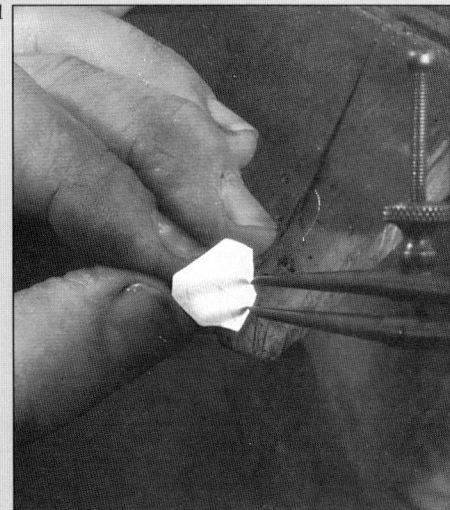

8. Aus einem Vierkantdraht, 0,6 × 1 mm, Krappen anfertigen. Zwischen die Durchbrüche Schlitze für die Krappen sägen. Man kann zwischen alle Steine oder aber nur zwischen jeden zweiten Stein Krappen setzen – je nach Anordnung und Zahl der Steine. Die Krappen leicht schräg in die Schlitze stecken und verlöten.
9. Die Hauptzarge aus einem 3 mm breiten und 1,2 mm starken Metallstreifen so konstruieren,

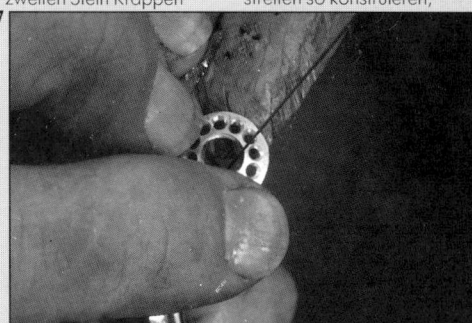

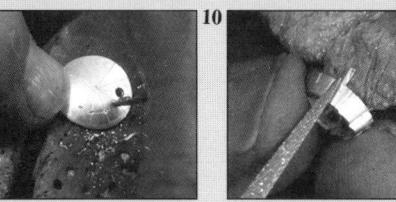

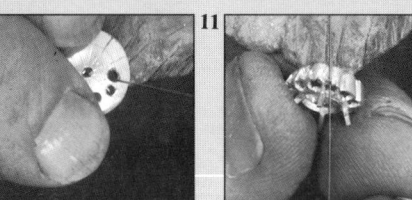

als sollte eine Fassung für einen großen Einzelstein gefertigt werden (Seite 160). Die aufliegende Steinplatte sollte die Hälfte der Fassungswandung bedecken. Die Innenseite der Fassung und die Außenkante der Steinplatte, wie gezeigt, abschrägen. Elemente verlöten.
10. Parallel zu den Steindurchbrüchen die Außenseite bogig feilen.
11. Krappen in die Wandung sägen. Wie bei der Fassung für den Solitärring vorgehen (siehe Seite 160).
12. Die Zähne mit der Säge markieren.
13. Mit der Dreikantnadelfeile die Zähne ausfeilen und von vorne abrunden.
14. Eine Ringschiene wie für den Solitärring (S. 160) konstruieren. Die Positionen für die Stege markieren.

KARMOISIERUNG 167

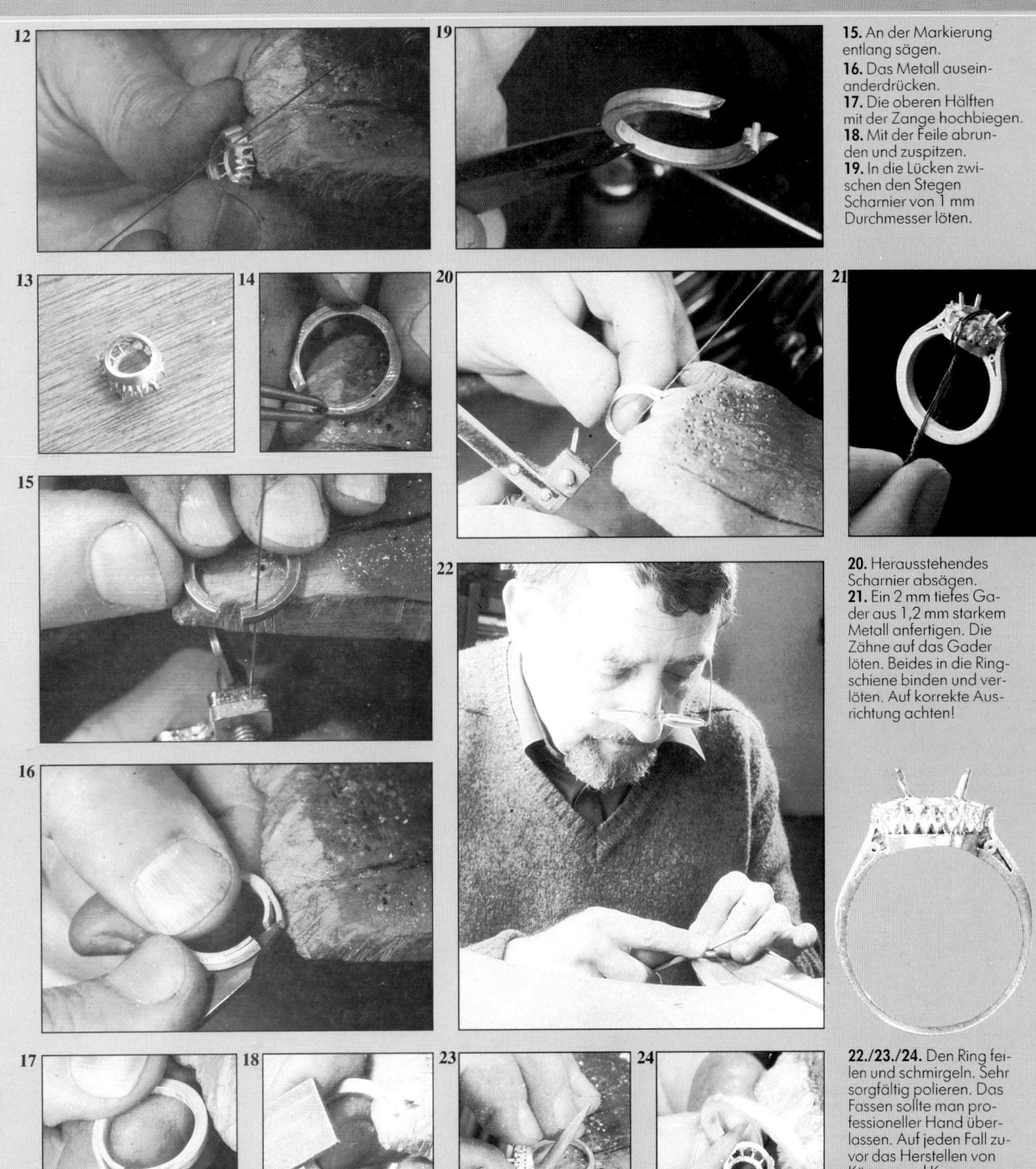

15. An der Markierung entlang sägen.
16. Das Metall auseinanderdrücken.
17. Die oberen Hälften mit der Zange hochbiegen.
18. Mit der Feile abrunden und zuspitzen.
19. In die Lücken zwischen den Stegen Scharnier von 1 mm Durchmesser löten.

20. Herausstehendes Scharnier absägen.
21. Ein 2 mm tiefes Gader aus 1,2 mm starkem Metall anfertigen. Die Zähne auf das Gader löten. Beides in die Ringschiene binden und verlöten. Auf korrekte Ausrichtung achten!

22./23./24. Den Ring feilen und schmirgeln. Sehr sorgfältig polieren. Das Fassen sollte man professioneller Hand überlassen. Auf jeden Fall zuvor das Herstellen von Körner- und Krappenfassungen üben, die beide hier enthalten sind.

GLOSSAR

Alpaka
Siehe Neusilber

Amboß
Stähle unterschiedlicher Form als Unterlage zum Hämmern und Schmieden.

Anlassen
Erhitzen von Metall nach dem Härten, damit es nicht so spröde ist.

Arkansasstein (Ölstein)
Ein feiner Schleifstein.

Ausglühen
Das Erhitzen und anschließende Abkühlen von Metall, um es weicher und somit besser verarbeitungsfähig zu machen. Die erforderliche Ausglühtemperatur, die Dauer des Erhitzens und des Abkühlens variieren je nach Metall.

Ätzen
Das kontrollierte Wegätzen von Teilen einer Oberfläche mit Säure. In der Goldschmiede wird das Ätzverfahren zur Oberflächengestaltung verwendet. das Prinzip der Technik besteht darin, daß eine Metallplatte stellenweise mit säurefestem Lack überzogen ist und in einer Ätzflüssigkeit die unbedeckten Stellen angegriffen werden.

Baguette
Ein länglicher, rechteckig geschliffener Stein mit flacher Oberseite (Tafel). Sein Name ist von dem französischen Stangenbrot abgeleitet.

Beize
Eine Lösung, die Flußmittel und Oxyd nach dem Erhitzen, z. B. nach dem Löten, entfernt. Auch fertige Schmuckstücke können in der Beize gereinigt werden. Häufig wird verdünnte Schwefelsäure als Beize verwendet.

Blaufleckigkeit
Dunkle Flecken, die sich beim Erhitzen auf der Oberfläche von Kupfer/Silberlegierungen bilden. Das im legierten Silber befindliche Kupfer reagiert mit dem Sauerstoff der Luft.

Bleiunterlage
Blei wird als Unterlage benutzt, um freie Formen in eine Metallplatte zu treiben.

Borax
Das am häufigsten verwendete Flußmittel beim Löten. Für den Gebrauch in der Goldschmiede wird ein Spezialborax hergestellt, das leichter aufzulösen und zu schmelzen ist, als gewöhnlicher Borax.

Dublee
Dublee ist ein Doppelmetall und besteht aus einer meist nur dünnen Auflage aus Edelmetall. Dünnes Goldblech wird auf ein dickeres, unedles Metall aufgelegt, im Glühofen erhitzt und unter hydraulischem Pressen bei sehr starkem Druck zusammengeschweißt und dann ausgewalzt. Dubleedraht wird nach dem gleichen Prinzip gezogen.

Edelmetallprüfung
Bestimmung des Edelmetallanteils in eine Legierung. An einem Probierstein aus Kieselschiefer kann man mit Hilfe der Probiersäure Gold- und Silberlegierungen.

Edelsteinschleifer/Lapidär
Handwerker, der Edelsteine (außer Diamanten und Achate) schleift und poliert.

Einbettmasse
Feine Masse zum Einbetten der Wachsmodelle beim Gießen.

Elektrum
Gold kommt in der Natur nie in Reinform vor. Es ist meistens mit Silber legiert. Übersteigt der Silbergehalt die Grenze von 25–28%, spricht man von Elektrum.

Facette
Die flache Einzelfläche eines geschliffenen Edelsteins.

Fassung
Der Teil des Schmuckstücks, der den Stein festhält.

Faulenzer
Ein Instrument zum Anfertigen gleicher Objekte.

Feingehaltsstempel
Unterschiedliche Prägestempel für Gold-, Silber- und Platinschmuckstücke. Der Feingehaltsstempel ist eine Garantie für den Feingehalt des Metalls.

Filigran
Zierwerk aus feinem Gold- oder Silberdraht, entweder auf eine Metallplatte aufgelötet oder als kunstvolles Geflecht in durchbrochener Arbeit. Falsches Filigran entsteht durch Einhämmern von Draht von der Metallrückseite oder durch Abguß einer Original-Filigranarbeit.

Flachstichgravieren
Das Herausstechen von Linien aus einer Fläche mit Hilfe eines scharfen Stahlinstruments – dem Gravierstichel. Häufig werden Monogramme oder Ornamente in Metall graviert. Kameen und Intaglios entstehen durch das Gravieren von Edelsteinen.

Flußmittel
Eine Substanz, die für den Lotfluß sorgt. Die auf dem Metall befindlichen Oxyde hemmen den Fluß des Lotes. Deshalb wird ein Flußmittel an die Lötstelle gestrichen, das diese von der Luft abschließt. Somit kann sich kein Oxyd bilden, das Lot fließt leicht in die Fuge und verbindet das Metall. Am häufigsten wird Borax als Flußmittel verwendet.

Formstück
Ausgestanztes Blechstück.

Furnituren
Massenproduzierte Schmuckzubehörteile wie Verschlüsse, Verbindungsglieder und Clips, die auch bei handgearbeiteten Schmuckstücken Verwendung finden.

Gader
Der Unterbau einer Steinfassung, um sie luftiger und eleganter erscheinen zu lassen und um genügenden Lichteinfall für den Stein zu gewährleisten.

Galerie
Eine Galerie ist ein industriell gefertigter Zierdraht.

Galvanisieren
Beim Galvanisieren wird mit Hilfe elektrischen Stroms eine Metallschicht auf einem Objekt abgelagert. Häufig wird Schmuck aus Unedelmetallen durch dieses Verfahren vergoldet oder versilbert, um ihn aufzuwerten. Es können auch Gegenstände aus Kunststoff oder Nichtmetallen galvanisiert

werden, wenn man sie zuvor mit einer stromleitenden Schicht versieht.

Galvanoformung
Die Gestaltung von Metallobjekten mit Hilfe elektrischen Stroms, der eine Metallschicht in einer Vertiefung hinterläßt. Diese Vertiefung muß mit einer stromleitenden Substanz bedeckt sein. Die Galvanoformung wird manchmal zur Reproduktion antiker Stücke verwendet, aber auch zur Gestaltung neuer Objekte und in der Massenproduktion.

Gemme
Ein Edel- oder Halbedelstein mit vertieftem Bild, wobei die flache Umgebung die höchste Stelle bildet. Als Gegenstück zur Kamee wird die Gemme manchmal auch Intaglio genannt.

Gesenk
Eine Art Schablone, mit deren Hilfe immer gleiche Metallteile hergestellt werden können (z. B. Kugelanke).

Goldschmiedesäge
In der Goldschmiede benötigt man eine Säge mit feinem Sägeblatt, das sich durch ein Bohrloch fädeln läßt und mit dem man Motive aus Blech oder einem anderen Material heraussägen kann.

Gran
Angelsächsische Maßeinheit zum Wiegen von Perlen, wobei 1 Gran 0,05 g = 0,25 Karat entspricht.

Granalien
Kleine Metallkügelchen (siehe Granulieren)

Granulieren
Winzige Gold- oder Silberkügelchen (Granalien) werden auf eine feste Unterlage gelötet, so daß ein figürliches oder geometrisches Muster entsteht.

Gußstotzen
Das Metallstück, das an einem gegossenen Objekt haftet, und das durch den Gußkanal entstanden ist.

Härten
Metall härtet durch Hämmern oder Biegen. Ist es zu hart, muß es durch Ausglühen wieder bearbeitungsfähig gemacht werden.

Hohldraht (Scharnierdraht)
Ein dünnes Metallröhrchen, aus dem man Scharniere aber auch andere Schmuckteile herstellen kann.

Kalette
Die der Tafel gegenüberliegende, winzige Schlifffläche ist ein Kennzeichen für einen älteren Schliff, da sie heute meistens weggelassen wird.

Kamee
Schmuckstein (auch Muscheln) mit erhaben geschnittenem Relief.

Karat (1)
Gewichtseinheit für Edelsteine. 1 Karat (ct) = 0,2 g.

Karat (2)
Feingehaltsbezeichnung für Goldwaren. Die Karatzahl drückt den Feingoldanteil einer Legierung aus. 24karätiges Gold ist reines Gold ohne Legierungsbestandteile. 14karätiges Gold ist eine Legierung mit einem Feingoldgehalt von 14 zu 24 Teilen. In der Bundesrepublik sind die gesetzlichen Standardfeingehalte für Gold 8, 14, 18, 22 und 24 Karat.

Lapidieren
In der Goldschmiede ist lapidieren das Polieren glatter Metallflächen mit einem flachen Filzrädchen.

Löten
Das Verbinden von Metall mit Hilfe einer Legierung — Lot genannt. Das Lot ist so konzipiert, daß es bei einer niedrigeren Temperatur schmilzt als das Metall, das verbunden werden soll. Werkstück und Lot werden erhitzt, bis das Lot schmilzt. Abgekühlt bildet das Lot eine solide Verbindung zwischen den Teilen. Die Begriffe leicht-, mittel- und strengfließendes Lot beschreiben die Lotarten mit zunehmend höherem Schmelzpunkt. So können Lötungen auch bei relativ niedriger Temperatur ausgeführt werden, ohne vorherige Verbindungen, die mit einem Lot mit höherem Schmelzpunkt hergestellt wurden, wieder zu lösen.

Navette
Edelstein mit spitzelliptischer Rondiste.

Neusilber
Eine Legierung aus Kupfer, Nickel und Zink (kein Silber). Man nennt es auch Alpaka. Es wird für Kostümschmuck und als Grundmaterial für versilberte Objekte verwendet.

Paillen
Kleine Lotstückchen

Pavéfassung
Eine Fassungsart für kleine, geschliffene Steine. Sie werden wie Pflastersteine (Pavé) nebeneinander gesetzt.

Polierrot
Polierrot ist rotes Eisenoxyd. Ein feines Schleifmittel zum Polieren von Edelmetall.

Prägen
Das Schlagen eines Motivs in Blech mit einem Stempel. Die Prägung erfolgt mit einem Hammerschlag. Das Verfahren eignet sich für die Massenproduktion.

Punzierung
Kennzeichnung von Goldschmiedearbeiten mit einem Beschauzeichen (Prüfungszeichen, Punze) nach Untersuchung des Feingehalts. Dazu gehören der Feingehaltsstempel sowie u. U. auch der offizielle Metallstempel, das Zeichen des Handwerkers oder der Werkstatt sowie Ort und Datum der Herstellung.

Ringriegel
Ein spitz zulaufender Stahlstab zum Formen von Ringen.

Ringschiene
Der Grundkörper eines Rings, der um den Finger gestreift wird.

Rondiste
Äußerer Rand eines Edelsteines. Die Rondiste ist die Grenzlinie zwischen Steinober- und Steinunterteil.

Schlichten
Das Hämmern mit einem polierten Schlichthammer zur Erreichung einer gleichmäßigen Oberfläche.

Schmiedbarkeit
Die Fähigkeit von Metallen, erheblichen Verformungen ohne Bruch standzuhalten.

Schmieden
Formgebende Bearbeitung von Metall mit dem Hammer.

Schmirgelholz
Ein mit Schmirgelpapier umwickelter Holzstab. Hiermit werden Werkstücke vor dem Schleifen geschmirgelt.

Siliziumfeile
Schleifstein

Spirale
Feine Drahtspirale zum Schutz der Endschlaufen (Kalotten) einer Perlenkette. Die Schlaufen werden durch die Spirale gesteckt und sind so vor der Reibung der Verschlußöse geschützt.

Splint
Ein doppelter Halbrunddraht zum Befestigen von Gegenständen. Der Splint wird durch ein Loch geschoben und seine Enden auseinandergedrückt, um ihn zu fixieren.

Straß
Schmucksteine aus Bleiglas, die meistens als Edelsteinsimiles verwendet werden.

Talmi = Tombak
Eine Kupfer-/Zinklegierung als Goldimitat.

Tombak
Goldfarbige Legierung, hauptsächlich aus Kupfer und Zink bestehend. Zur Herstellung preiswerten Schmucks. Tombak wird häufig vergoldet.

Unedelmetalle
Nicht edle Metalle, wie z. B. Aluminium, Kupfer, Eisen und Nickel.

Vergolden
Das Aufbringen einer dünnen Goldschicht oder Goldlegierung auf ein anderes Material. Dies kann unter anderem durch Auflegen von Blattgold geschehen oder durch Feuervergoldung: Gold und Quecksilber werden vermischt, das entstandene Goldamalgam wird aufgetragen und dann durch Erhitzen abgeraucht.

Vernieten/Nietverbindung
Das Verbinden zweier oder mehrerer Metallelemente durch einen Hohldraht, dessen Enden auf beiden Seiten des Metalls auseinandergespreizt werden.

Vulkanisierpresse
Eine Presse, in der Gußformen durch Komprimierung einer heißen Gummimasse hergestellt werden.

Zieheisen
Eine Platte aus Werkzeugstahl mit abgestuften Löchern. Man zieht Draht durch das Eisen, um seinen Umfang zu reduzieren oder um seine Form zu verändern. Zieheisen sind im allgemeinen mit runden, quadratischen und dreieckigen Löchern erhältlich.

Ziselieren
Das Herausarbeiten eines Reliefs aus Metall durch Vertiefen mit einem Ziselierpunzen.

Zugfestigkeit
Die Kraft, die auf ein Material ausgeübt werden muß, um es zu brechen.

REGISTER

A

Acetat, 71
Afrikanische Perlenarbeiten, 74
Alabastergips, 164
Altägyptische Punzen, 126
Altägyptischer Scarabäus, 138
Altgriechische Punzen, 126
Aluminium, 17, 122
    eloxiertes, 7, 123
Amboßarten, 38, 39
Andrücker, 81, 83, 84, 98f.
Anfängerwerkstatt, 12–15
Anhänger:
    Gänseblümchen, 20f., 28
    gesägt, mit Körnerfassung, 93
    Grubenrelief, Anleitung, 112f.
    Löwe, 48f.
    reliefgravieren, 143
Anstecknadeln, 50f., 54
Antike Brosche, 91, 101
Antike Ketten, Fundort bei Monaco, 74
Armbänder:
    aus Halbkugeln, Anleitung, 129
    Verbindungsarten, 157
    Verschlüsse für, 104
Armreife:
    Anleitung, 40f.
    aus Kunststoff, 70
    aus Tischsets, 51f.
    Verschlüsse für, 104
Aufbaukonstruktion, 149, 164f.
Aufkleber, 51
Auftiefen, 131
Aufziehen von Perlen, 74f.
Ausgeglühte Metalle, 66
Ausglühen, 34, 39f., 67
Aushauer, 132

B

Baguetteringe, Anleitung, 96
Baguettes, 94f.
Bandring, biegen, 34–36
Barettfeile, 25f.
Bauer, Frank, 8
Beize, 13, 28, 31
Bernstein, 158
Biegen, 34–37
Bimsstein, 115
Birnenkernförmige Steine, 85, 87
Blake, Jeanette, 108
Blaufleckigkeit, 47
Blech, Fassung aus, 85
Blechschere, 13, 18
Bleigesenk, 130
Blitzsäge, 18, 21
Blume, ziselieren, 147
Bockscharnier, 103
Bohreinsätze, 22
Bohren, 22–25

Bohrertypen, 22
Bohrfutter, 22, 23
Boraxkegel, 27, 28
Bossierhammer, 38, 39
Bremmer-Goldie, Vivia, 134
Brennan, Siglinde, 43, 108
Brennen:
    Ausrüstung, 110f.
    Vorgang, 112
Brennofen, 111
Bretteisen, 13
Bretthammer, 38
Britanniasilber, 69
Broadhead, Caroline, 73
Bronze, 10
Broschierungen, 100ff.
Brownsworth, Ann, 16
Bunsenbrenner, 28 33
Burch, Sheelagh, 62
Burnett, Gordon, 10
Byzantinische Goldkette, 18

C

Cabochons, 59, 86, 87, 89
Carborundum, 22
Cartier, 64
Cayas, Ramon Puig, 9
Chell, Sophie, 6
Chinesische Emaillierung, 116
Cocktailpicker und -löffel, 50f.
Cousens, Cynthia, 11
Craxford, Alan, 9, 121, 142
Crossland, Julie, 134
Crump, Peter, 134
Cyanolyt 303, 71

D

Degen, Joel, 11, 19, 35, 73, 84
Diamanten, 59, 82, 83, 96
Doppelnadelbroschierung, 102
Draht, 66–69
    zum Perlenaufziehen, 74, 76
Dreikantfeile, 25
Dreul, 13, 22, 23f.
Drillbohrer, 22
Druckluftlötpistolen, 28f.
Durchbrüche:
    bohren, 22–24
    sägen, 20f.

E

Eburah, Brian, 120
Ehering, 14, 34
Einbettmasse, 137
Eingeriebene Fassung, 97
Einlegearbeit, 149, 150f.
Einzelsteine fassen, 94
Elfenbein, 16

Eloxieren, 122f.
    Ausrüstung zum, 125
Email, 58
Emaillot, 109
Emailmalerei, 118f.
Emaillieren, 108–119
    Methoden, 112–119
Epoxydharzgesenk, 131

F

Facettenlose Steine, 91
Fadenpolieren, 46
Fadenstichel, 47
Fadenstichelgravur, 47
Farbgarn, zum Aufziehen von Perlen, 75
Farbtest, 123
Färbemethoden für Metalle, 122–125
Fassen von Steinen, 78–99
    Werkzeuge und Materialien, 99
Fasserkitt, 81, 99
Fassung, »druckfrei«, 158
Fassung aus Scharnierdraht, 86
Fassungen mit Draht, 82f., 85, 86, 90f.
    Kordeldrahtumrandung, Anleitung, 88f.
Fassungsbewegung, horizontal und vertikale, 155
Fassungsbewegung, vertikal, 154
Faßkloben, 98f.
Faulenzer, 152, 153
Favey, Dominique, 10
Federhalsschmuck, 8
Federohrring, 51
Federscharnier, 100
Feilen, 25f.
Feilentypen, 13, 25
Feilheft, anpassen, 25
Feilnagel, 12
Feingehaltsstempel, 126
Fenn, Howard, 9
Fensteremail, 9, 108, 117f.
    Ohrstecker, Anleitung, 117–119
Fisch, Arline, 8, 35
Flacher Ring, Anleitung, 36
Flachfeile, 25
Flachstichgravieren, 140f.
Flewin, Roy, 145
Flußmittel, 13, 31, 32
Follett, Georgina, 9, 54
Fortune, Susan, 15, 72, 145
Fräser, 47, 48, 49
Fuller, Graham, 87
Furnituren, 100–107

G

Gabel, für den Brennofen, 110
Gader, 95, 162
Gagat, 15

Gainsbury, Pauline, 121
Geflochtener Drahthalsschmuck, 68
Gesägte Fassung, 83, 89, 91
Geschwärztes Silber, 121, 123f.
Gestaltung, 50–64
    Ausrüstung, 60f.
    Stufen, 56
    Werkzeuge und Materialien, 60
Gestrickter Drahthalsschmuck, 68
Gießen, 134–39
Gießen mit Wachs, 137
Gipsguß, 139
Glanzbrand, 112
Glanzschnitt, 93
Glas, 16
Gliederkette, Faulenzerarbeit, 152
Gliederketten:
    als Aufziehschnur, 76
    gestalten, 149, 152f.
    polieren, 46
Gold, 14, 17
Goldblechillustration, strukturiert, 58
Goldillustration, konkav, 58
Goldrohrillustration, poliert, 58
Goldrunddraht, Illustration, 58
Goldschmiedesäge, 13, 18–21, 26
Goldschmiedewerkstatt, 16. Jh., 13
Goudji, 10
Gower, Jane, 65
Granat, 94, 95, 164
Graukarton, 60
Gravierstichel, 47f.
    Flachstichgravieren, 140
    Reliefgravieren, 142
    zurichten, 140
Grisaille, 108f., 119
Grove, Cliff, 123
Grubenrelief, 108, 112–115
    Anhänger, Anleitung, 112–115
Grubenschmelzemail, 11, 108, 112–115
Gummiringe, 52
Gummitischsets, Halsschmuck aus, 51

H

Halbrunddraht, 37
Halbrundfeile, 25
Halsreif, 77, 95
    mit Gliederanhängern, 156
Halsreif aus Gummiuntersetzern, 51
Halsschmuck:
    aus Plexiglas, Anleitung 70f., 72
    aus Stoff, 66
    Verschlüsse, 104, 108
Hammertypen, 38, 39
Handfeile, 25
Handschmeichler, 9
Harrison, Simon, 68
Häkeln mit Draht, 68

Hämmern, 38–41
    Techniken, 40
Hängebohrmaschine, 22, 43, 47, 49
Hebelblechschere, 18
Heftzwecken als Ohrstecker, 52
Hellenistischer Schlangenring, 35
Heron, Susan, 16
Hierons, Jayne, 65, 66, 72
Hiramatsu, Yasuki, 14
Hitzebeständige Metalle, 25, 120
Holz, 15
Holzhammer, 13
    Typen, 38, 39
Holzkohlegranulat, 30
Holzkohleguß, 136f.
Hornamboß, 38
Hu, Mary Lee, 69

I

Idiens, Deborah, 108
Illustration, 58f.
Instantschmuck, 50–52

J

Jordan, Lindsay, 72
Justierstichel, 98f.

K

Kafiri, Fortini, 15
Karmoisierung, 149, 166f.
Kasaly, Svatopluk, 16
Kastenfassung mit Schiene, 104
Kastenschloß, 104f.
Kastenschloß, Tonnenform, 104
Kastenschlösser für Armbänder und -reifen, 104f.
Keltische Emaillierung, 108
Keramikformguß, 138f.
Kettenmechanik, Manschettenknopf, 106
Kitchen, Bert, 56
Kittkugel, 144
Kittplatte, 99
Kittstock, 99
Klappmechanik, Manschettenknöpfe, 106
Knebelmechanik, Manschettenknöpfe, 106
Knoten, von Perlenketten, 74f.
Knöpfe, 28f.
Kolumbien, Armreifen aus, 40, 41
Korfu, Bronzegesenk aus dem 6. Jh., 130
Korneisen, 98f.
Körner- und Krappenfassung, 166f.
Körnerfassung, 92f.
Krappenfassungen, 84, 91
Kreuzdraht, Fassung aus, 83
Kreuzdraht, Sicherheitshaken mit, 102

Krinoos, Daphne, 121
Kugelanke, 129
Kugelförmige Steine, 80
Kugelscharnier, gebogen, 103
Kugelscharnier, gefeilt, 103
Kunstharz, 16
Kunstperlen, 15
    auffädeln, 74f.
    Ohrring, Anleitung, 81
Kunststoff, 70–73
Kupfer, 17
Künzli, Otto, 52
Kyte, Robin, 26, 85

L

Lapislazuli, 10
Leach, Rachel, 64
Leder, 15
Lederhammer, 38, 39
Leggett, Judith, 123
Letts, Sarah, 108, 112
Limoges, 108, 118–19
Löt-
    drahtgeflecht, 27, 30
    kohle, 27, 30
    pinzette, 30
    techniken, 31f.
    unterlagen, 13
    werkzeuge und Materialien, 27, 28f.
Löten, 27–33, 155
Lötpistolen, 13, 27, 28, 29f.
Löwenanhänger, Anleitung 48f.
Lugossy, Maria, 16
Lukes, George, 141

M

Maierhofer, Fritz, 11
Manschettenknöpfe:
    flachstichgraviert, 141
    Mechaniken, 106
Materialien, 12, 15
Mattieren, 48
May, Susan, 38
Medaillon, flachstichgraviert, 141
Mehrere Steine fassen, 94
Meißel, 18
Meißelgravieren, 143
Messerfeile, 25
Messing, 17
Messingbürste, 48
Metalle:
    Eigenschaften, 17
    färben, 120–125
    formen und dehnen, 39f.
Metallfassungen, 79
Mexikanischer Halsschmuck, 80
Milburn, Barry und Sally, 15
Millegriffes-Rädchen, 98f.
Mina, Jacqueline, 14, 76

Mitchell, Clarissa, 121
Modellierpunzen, 144
Modeschmuck, 14
Mohssche Härteskala, 98
Mokumé, 14
Molochite, 138
Monaco, Fund antiker Kette, 74
Mondstein, 121
Monture Illusion, 97
Moon, Karla, 15
Morrell, Kathy, 121
Morris, Roger, 10
Multiflexibilität, 155
Musterpunzen, 144
Mykonos, frühe Goldschmiede, 108

N

Nadel, zum Perlenaufziehen, 76
Nadelfeile, 13, 25
Nakayama, Aya, 69
Naßauftrag, Email, 110
Navajo-Indianer, Gürtelschnalle, 126
Neusilber, 17
Niessing, 97
Niob, 9, 17, 53, 121, 125
    färben, 124
Nitzani-Laws, Shula, 8
Nylon, 71, 73

O

Ohrclips, 107
Ohrringe:
    dreieckig, feilen, 26
    Email, 108
    Feder, 51
    Furnituren, 106
    mit Perlen, Anleitung, 81
    mit stumpfer Verbindung, 28, 32 f.
Ohrstecker, Fensteremail, Anleitung, 117
Opale, 59
Opus interasile, 18
Osborn, Sarah, 6
Ossa-Sepia-Guß, 97, 135, 136
Ovale Glieder, Anleitung für Kette, 152
Oxidschicht, 120
Ölstein, 140

P

Pachachi, Reema, 14
Palma, Maria Louisa de, 64
Papierschmuck, 16, 55 f.
Parallelzange, 34
Park, Rowena, 70
Patinierung, 150 f.
Pausen eines Entwurfs, 20 f.
Pavéfassung, 79, 93
Perlen (echte), 59, 76
    aufziehen, 74–77
    Barock, 76
Perlkitt, 74
Perlseide, 75, 76
Pinwandnadeln als Ohrstecker, 52
Pinzetten, Messing, Stahl, 13, 27
Platin, 14
Platinringe, 97
Plexiglas, 16, 71, 141
    Halsschmuck, Anleitung 70 f., 72
Polier-
    maschinen, 13, 42, 43
    werkzeuge, 43
Polieren, 42–48
Polierräder, 44
Polierstahl, 48
Poliertes Silberblech, Illustration, 58
Polyesterharz, 71
Polypropylen, 71
Pompadour, Madame de (Francois Boucher), 64, 65
Pompeji, Goldarmband, 129
Positionsstifte, 135
Prägen, 126
Prägepunzen, 127
Präkolumbianische Perlen, 77
Preece, Selina, 89
Punzen, 126
PVC, 70, 71
Pyrometer, 111

Q

Quadratische Steine, 90

R

Rahmen eines Entwurfs, 63
Ramshaw, Wendy, 8
Rechteckige Steine, 90
Reibahle, 74
Reibahlenhalter, 22
Reid, David, 138 f.
Reihenfassung, 92
Reinigungslösungen, 31
Reißnagel, 13, 23, 49
Reliefgravieren, 142 f.
Richards, Alison, 108
Ringe:
    Aufbaukonstruktion, 164 f.
    Bandring, 36
    mit Baguettefassungen, 95
    mit drei Steinen, 149, 160 f.
    mit »druckfreier« Fassung, 158 f.
    mit Einzelstein, 149, 160 f.
    flacher Ring, 36
    perspektivische Zeichnung, 63
    Schlangenring, 37
Ringeinlagen, 106
Ringriegel, 13, 37, 39
Robert Taylor Stanzsystem, 132 f., 152

Robinson, Ruth, 68
Rondiste, 82
Rostfreier Stahl, 35
Römische Fassung, 97
Römischer Bronzering, 18
Römischer Goldanhänger, Kaiserreich, 145
Rubine, 87
Rundfeile, 25
Russische Zellenschmelzarbeiten, 117

S

Sato, Setsu, 11, 108
Säge, 13, 18–21
Sägeblättchen, 19 f.
Sägetechniken, 20 f.
Scharnierarten, 103
Scharnierverbindungen, 155
Schaumgummi, 72
Schick, Marjorie, 15
Schlangenring, Anleitung, 37
Schleifmittel, 42
Schleifstein, 47, 48
Schlichthammer, 38, 40, 41
Schmiedehammer, 38
Schmieden von Metall, 38
Schmirgelhölzer, 13, 42, 44, 45, 49
Schmirgelpapierhalter 44, 48
Schnecken, 106
Schrotpunzen, 144
Schrotpunzen, Anleitung, 146
Schutzbrille, 48
Sedgwick, Jenny, 16
Seide, Aufziehen von Perlen auf, 76
Setzerlineal, 60
Sewell, Carolyn, 53
Sherburne, Annie, 77
Sicherheit:
    beim Eloxieren, 123
    beim Polieren, 47
Sicherheitshaken:
    aus Halbrunddraht, 101
    Kugelhaken, 100
    mit Kreuzdraht, 102
    Sicherungsacht, 105
Silber, 14, 17
    geschwärzt, 121, 123 f.
Silberdraht, Halsschmuck aus, 69
Silberillustration, konvex, 58
Siliziumfeile, 43, 44, 146
Sitzgelegenheit des Goldschmieds, 12
Skandinavische Zellenschmelzarbeiten, 117
Skizzen, 57
Skulptur, Schmuck als, 10
Small, Susan, 50
Smith, Leonhard, 14
Sortieren von Perlen, 74
Spann- und Polierhammer, 13, 38, 39
Spannungsfassung, 97

Spiegelfassung, 97
Spiller, Eric, 7, 122
Spinell, 94
Spiralbohrer, 22
Spirale, 75, 76
Spitzbohrer, 22f.
Spitzstichel, 98f.
Sportlicher Schmuck, 53, 72
Stahl, 15
   -federn, 8
Standbohrmaschine, 22
Standwerkzeuge, 132, 152
Stechzirkel, 13
Steine fassen, 78–99, 160f., 162f.
   Methoden, 97
Steine mit Smaragdschliff, 90
Steine, Eigenschaften, 98
Stephenson, Carolyn, 62
Strickhalsschmuck, 65
Strickliesel, 67, 68
Strukturieren von Metall, 47f.
Stumpfe Verbindungen, löten, 32
Sumerischer Schmuck, 27

T

T-Verbindung, löten, 28f.
Takahashi, Yuji, 74
Tantal, 120, 125
Taylor, Roger, 133
Textilien, 8, 16, 64–68
Tigar, Yehuda, 43
Tinsley, Dana, 149, 150
Tischsets als Armreife, 51f.
Titan, 17, 19, 38, 58, 120, 125
Tomas, Christine, 55f.
Tragant, 110, 117
Treiben, 127f.
   Gesenk, Anleitung, 128–30
   Punzen, Anleitung, 128
Trennverfahren, 18–21
Trevira, 73
Tripel, 43
Tunesischer Schmuck, 23, 38, 39

U

Uhren, 10

V

Van Leersum, Emmy, 70
Verbindungsarten, 149, 154–157
Vernieten, 49
Verschlüsse, 76
Vertikale Fassungsbewegung, 154, 155
Vierkantsilberdraht, Illustration, 58
Viktorianische Ringe, 83
Viktorianischer Stil, Kette, 152f.
Vogelzungenfeile, 25
Vollendende Techniken, 42–48
   bei flachstichgravierten Stücken, 141

Mattieren, 48
Prinzipien, 44

W

Wachsausgußverfahren, 137
Wachsbein, 98f
Wallis, Julie, 16
Walzen, 38
Watkins, David, 11
Werkbank, 12
Werkzeuge, 12–15
   Bohren, 23
   Emaillieren, 111
   Fassen, 98f.
   Feilen, 25
   Gestaltung, 60
   Löten, 27–30
   Metallformung, 38f.
   Polieren, 43
   Stanzen, 132–35
   Trennen, 20f.
   Ziselieren, 144, 146
Woodeson, Merry Kerr, 134
Würfel, als Anhänger, 24

Y

Young, Ian

Z

Zangen, 12
   -typen, 13, 34
Zargenfassungen, 79, 86, 87, 88, 89, 90, 91
Zeichenausrüstung, 60f.
Zeichenplatten, 60
Zeichenschiene, 60
Zellenschmelzemail, 108, 115–117
Ziehen, von Draht, 67
Zirkonium, 17, 120
Ziselieren, 144–147
Ziselierhammer, 38, 144
Ziselierpunzen, 144
   Zubehör, 44

ADRESSEN

Werkzeughandlungen + Furnituren

Co-Fu Edelmetall, Limburger Straße 21, 5000 Köln 1 (Furnituren)
Firma K. Fischer GmbH, Berliner Straße 18, 7530 Pforzheim
Firma Richard Hund, Schwalbengasse 16–18, 5000 Köln 1
Firma Oskar Leiber, Postfach 10 24 61, 4300 Essen 1
Firma Geb. Ott, Postfach 1964, 6450 Hanau
Firma Schmalz, Museumsstraße 4, 7530 Pforzheim
Firma Peter Paul Schula, Postfach 2216, 2400 Lübeck
Firma Otto Simon, Mainzer Straße 68, 6580 Idar-Oberstein 2 (nur Werkzeuge)
Steinmetz und Sohn, Postfach 01 17 80, 6580 Idar-Oberstein 1 (nur Furnituren)

Steine

Firma K. A. Faller (Diamantschleiferei), Achatstraße 31, 6580 Idar-Oberstein 3
Groh und Ripp (Achat- und Edelsteinschleiferei), Postfach 13 01 27, 6580 Idar-Oberstein 3
Firma Otto und Dieter Jerusalem, Hauptstraße 8, 6581 Herborn
Firma Ruppental, Mainzer Straße 104, 5000 Köln 1
Firma H. Velden (Edelsteingraveur Kameen und Gemmen), Layenstraße 14, 6580 Idar-Oberstein 2
Firma Georg O. Wild, Hauptstraße 156, 6580 Idar-Oberstein 2

Fasser

Armin Schneider, Mainzer Straße 69, 6580 Idar-Oberstein 2

Metalle

Degussa, Zerrennerstraße 23–25, 7530 Pforzheim
C. Hafner, Bleichstraße 13–17, 7530 Pforzheim
Reischhauer, Wilhelmstraße 24–32, 6580 Idar-Oberstein 1

Galerien

Atelier Akut, Südstraße 10, 4150 Krefeld
Das Alte Goldschmiedehaus, Altstädter Markt 6, 6450 Hanau/Main
Galerie Cada, Hans-Sachs-Straße 11, 8000 München 5
Galerie Cebra, Franklinstraße 46, 4000 Düsseldorf 30
Galerie d'Or, Herbartgang 11, 2900 Oldenburg
Galerie Feinschmiede, Windscheidstraße 24, 1000 Berlin 12
Galerie für Schmuck, Großer Bernstah 38, 2000 Hamburg 11
Galerie Orferre, Bastionstraße 31, 4000 Düsseldorf
Galerie Reklau, Alte Gasse 11, 8900 Augsburg
Galerie Spektrum, Türkenstraße 97, 8000 München 40
Galerie Ventil, Kirchenstraße 69, 8000 München 80
Sterntaler, Ermekeilstraße 16, 5300 Bonn 1
Werkstattgalerie, Meierottostraße 1, 1000 Berlin 15

Galerie am Graben, Graben 7, A–1010 Wien
Galerie V & V, Lindengasse 5, A–1070 Wien

Galerie Atrium, Kanonengasse 35, CH–4051 Basel
Galerie Michèle Zeller, Kramgasse 20, CH–3000 Bern 8
Schmuckforum, Zollikerstraße 12, CH–8008 Zürich

Museen

Hessisches Landesmuseum, Friedensplatz 1, 6100 Darmstadt
Museum für Angewandte Kunst, An der Rechtsschule, 5000 Köln 1
Museum für Kunst und Gewerbe, Steintorplatz 1, 2000 Hamburg
Schmuckmuseum Pforzheim im Reuchlinghaus, Jahnstraße 42, 7530 Pforzheim

Zeitschriften

Art Aurea, Ebner Verlag GmbH & Co KG, Karlstraße 41, 7900 Ulm
Gold und Silber, Konradin-Verlag, Postfach 10 02 52, 7022 Leinfelden-Echterdingen
Goldschmiedezeitung, Rühle-Diebener-Verlag, Postfach 70 04 50, 7000 Stuttgart 70

BILDNACHWEIS

Die Abbildungen in diesem Buch erfolgen mit freundlicher Genehmigung der folgenden Personen/Institute:

Seite: 1 Annie Sherburne/Tony Lumb
  6 Joel Degen (l)
  8 David Watkins (l), Joel Degen (or, mr, u)
  9 Ramon Puig Cuyas (or), Alan Craxford (ur)
  10 Electrum Gallery (l, or, mr)
  11 David Watkins (ol), Electrum Gallery (mo), Setsu Sato (m), Joel Degen (ur), Joel Degen and the British Crafts' Centre (ul)
  12 Mary Evans' Picture Library
  14 Electrum Gallery (o), Reema Pachachi (ul), Joel Degen (ur)
  15 Joel Degen (mo, or), Electrum Gallery (mr), Barry and Sally Milburn (ul)
  16 Electrum Gallery (ol), Crafts' Council Collection (or), Joel Degen (mr, ur), Electrum Gallery (ul, mu)
  18 Trustees of the British Museum (o)
  19 Joel Degen (o, u)
  23 Jerry Young (u)
  26 Robin Kyte (ol)
  27 Trustees of the British Museum (or)
  35 Trustees of the British Museum (ol), Electrum Gallery (or), Joel Degen (u)
  39 Joel Degen (ol)
  41 Royston Henry Osborne (ur)
  43 Joel Degen (m, ul, ur)
  52 British Crafts' Centre (o)
  56/7 Bert Kitchen (u)
  64 Cartier Collection, Paris (o)
  65 E. T. Archives (o)
  69 Electrum Gallery (l, r)
  70 British Crafts' Centre (o, ul)
  72 Joel Degen (u)
  73 David Ward (o), Joel Degen (u)
  74 De Beers
  76 Michael Freeman (o), Joel Degen (u)
  78/9 Michael Freeman (mu)
  85 Robin Kyte (ol)
  87 Joel Degen (or)
  97 Electrum Gallery (u)
  108 Joel Degen (o), Sarah Letts (mo), Setsu Sato (m)
  109 Joel Degen (o)
  112 Sarah Letts
  116 Phil Barnes (o, ul)
  120 Joel Degen (m, u)
  121 Joel Degen (ol, mr, ur), Pauline Gainsbury (ml)
  126 Manley Photo-Tuscon (o)
  128 Trustees of the British Museum (r)
  130 Ashmolean Museum (u)
  132/3 Roger Taylor, Taylor Designs
  135 Julie Crossland (ol)
  137 Medina Art Castings Ltd
  149 Dana Tinsley (ol)
  168/9 Joint Committee of the Assay Offices of Great Britain/Broadfield Advertising.

Alle anderen Photos sind Eigentum von Quarto Publishing.
Wir haben uns bemüht alle Copyrightinhaber zu berücksichtigen und bitten etwaige Versäumnisse zu entschuldigen.
(o) = oben, (u) = unten, (r) = rechts, (l) = links, (m) = Mitte